华南师范大学哲学社会科学优秀学术著作出版基金资助出版

园长权力
微观政治学视角的研究

廖　莉◎著

科 学 出 版 社
北　京

内 容 简 介

在幼儿园的社会空间中，园长权力是建立微观政治规范和秩序的一种实践活动。从教育组织的层面来看，权力关系也是引起教育变革的中心。

本书采用个案研究方法，在微观政治学的视角下，运用布迪厄的资本、场域和习性的关键概念，形成园长权力的研究逻辑，推进了园长研究向政治学领域的延伸。本书动态地呈现了实然状态下园长权力的运作，建构了权力资本、权力场域、权力习性三者相互关联的微观政治学园长权力研究模型，在园长权力研究的本土化方面进行了探讨。经由园长权力研究模型，可以进一步探讨园长权力的一般性表现，以及不同园长主体的权力运作方式等。

本书适合幼儿园园长、学前教育专业研究人员及学前教育专科、本科学生阅读。

图书在版编目（CIP）数据

园长权力：微观政治学视角的研究 / 廖莉著. —北京：科学出版社，2018.9
ISBN 978-7-03-058653-7

Ⅰ. ①园…　Ⅱ. ①廖…　Ⅲ. ①幼儿园-管理　Ⅳ. ①G617

中国版本图书馆 CIP 数据核字（2018）第 201491 号

责任编辑：孙文影 / 责任校对：何艳萍
责任印制：张欣秀 / 封面设计：润一文化
联系电话：010-64033934
E-mail：edu_psy@mail.sciencep.com

科学出版社 出版
北京东黄城根北街 16 号
邮政编码：100717
http://www.sciencep.com
北京建宏印刷有限公司 印刷
科学出版社发行　各地新华书店经销
*
2018 年 9 月第　一　版　开本：720×1000　B5
2018 年 9 月第一次印刷　印张：14 1/2
字数：272 000

定价：89.00 元

（如有印装质量问题，我社负责调换）

序

幼儿园园长权力是研究幼儿园管理绕不开的问题。拥有权力，园长才具备了对幼儿园这一社会组织进行管理的基本条件。通常我们会认为，园长的权力多来自先赋性，无论公办园还是民办园，上级部门的任用赋予园长这一职务，因此，园长能够自然地履行管理职能。但事实上，这种职位上先赋的权力并不意味着园长能自然实现管理职能和管理效益。正如福柯所认为的，权力是一种生产性实践。园长通过幼儿园内外人际互动关系的相互作用，产生社会成员之间新的联系，这些社会机理局部的点形成网络，能够体现权力的关系向度。那么，园长权力是如何构成的？这一权力构成及生成的基础是什么？又是什么真正影响、决定着园长在幼儿园管理中实现权力的运作？廖莉借助布迪厄的方法论和理论视角，分析了园长权力这一符号系统，并讨论了园长的权力如何遵循其内在逻辑在幼儿园这一场域中生成，进而发生转化和传递。

布迪厄将社会科学理解为一个二维的关系体系，“既包括群体与阶级间的权力关系，也包括它们之间的意义关系”[①]，强调对社会结构与认知结构的辩证关系进行概念化，应该将现象分析与结构分析相结合，要理解个体行动者和世界的关系，就要将其行动和社会结构相联系。遵循这一方法论思路，对于幼儿园园长权力是什么、它是如何生成的问题，就要回到幼儿园园长及其关系总和来进行思考。

“资本、场域、习性”是布迪厄实践理论体系的三个概念，“它们各有侧重地向我们展示社会结构和心智结构的对应，凸显文化隐蔽的符号权力使社会行动者

① 皮埃尔·布迪厄，华康德. 实践与反思——反思社会学导引[M]. 李猛，李康，译. 北京：中央编译出版社，1998：7.

认可社会等级结构和资本的不平等分布的'幻象'（illusion）"。[①]也就是说，它们能够帮助我们理解园长作为社会行动者在社会结构和系统中如何构建现实权力，如何使得另一些行动者，也即幼儿园员工的行动具有某种规律性和预见性。资本在布迪厄看来是一种权力形式，因此，园长所拥有的资本数量和质量能够发挥其在幼儿园场域中产生冲突与竞争的有效作用。当然，园长自身具有的文化资本、经济资本、社会资本和象征资本之间可以相互"兑换"，这是园长累积资本的一种方式，也能够促使其在"充满各种普遍规则和法规的领域"[②]中形塑、划分场域，使得其在上级权力场域与下级权力场域中寻求变通，进行调适，进一步形成权力及权威。同时我们要思考的是，是什么赋予幼儿教师行动模式？也就是说，园长权力要真正在幼儿园中实际运作，可能依靠的是什么？廖莉认为这种行动模式来自行动者内部，园长的权力运作通过结构性形塑机制（structuring mechanism），也就是习性来产生影响。幼儿教师经由社会化从生物性个人转向个人的集体化，从而使得这一群体以"某种大体上连贯一致的系统方式对场域的要求做出回应"[③]。

廖莉博士对幼儿园园长权力的研究，为我们更全面、系统、深入地理解园长的管理观念及行为打开了另一扇窗。一方面，园长的资本既来自个体的建构，又受到客观环境的影响，这也会影响幼儿园管理中园长权力的构成；另一方面，场域和习性是相互依存的，幼儿园员工在实践场域中自觉地与园长产生无意识的契合关系，园长正是通过权力的交换策略、权力的权威影响和权力的分化催生了习性。对于这两个方面，廖莉博士深入实践、潜心研究，均给出了令人信服的阐述。我坚信，广大读者，尤其是幼儿园园长们如果认真研读一定会有效提高实践智慧和理论思维能力！在此感谢廖莉博士的辛勤耕耘！

袁爱玲

2017年秋于华南师范大学

---

① 胡春光，杨宁芳. 布迪厄的教育社会学思想除魅：作为符号权力的文化[J]. 外国教育研究，2005，(7)：10-13.

② 皮埃尔·布迪厄，华康德. 实践与反思——反思社会学导引[M]. 李猛，李康，译. 北京：中央编译出版社，1998：18.

③ 皮埃尔·布迪厄，华康德. 实践与反思——反思社会学导引[M]. 李猛，李康，译. 北京：中央编译出版社，1998：19.

目　录

序

第一章　绪论 ······ 1

第一节　园长：幼教改革的关键人物 ······ 1

第二节　园长权力研究：微观政治学的转向 ······ 3

第二章　微观政治学视角下的园长权力 ······ 7

第一节　权力 ······ 7

第二节　园长权力 ······ 17

第三节　微观政治学的视角 ······ 24

第四节　质性研究：适合园长权力研究的方法 ······ 37

第三章　权力的面孔——园长权力的构成 ······ 55

第一节　理解资本 ······ 56

第二节　权力的面孔：S 园长的权力构成 ······ 60

第三节　园长的权力构成：多个案的比较 ······ 76

第四章　权力的迷宫——园长权力关系的生成场域 ······ 103

第一节　场域的理解 ······ 103

第二节　权力的迷宫：S园长权力关系的生成场域……107
第三节　园长权力关系的多个案比较……134
第五章　权力的游戏——园长权力影响的习性……143
第一节　理解习性……144
第二节　权力的游戏：S园长权力的影响……149
第三节　园长权力影响的多个案比较……183
第六章　园长权力：见树又见林……195
第一节　解读权力的制衡：交互的影响……195
第二节　揭开权力的面纱：政治的影响……202
第三节　穿越权力的迷宫：文化的影响……208
结语：仰望权力星空的思考……213
附录……217
后记……221

第一章　绪　　论

研究是世界上最大的产业。世界越来越依赖于建立在可靠信息上的明智理念，而可靠信息是可依赖的研究的成果。

——韦恩·C. 布斯等《研究是一门艺术》

第一节　园长：幼教改革的关键人物

一　园长：被忽视的研究对象

古斯塔夫·勒庞（Le Bon）在《乌合之众：大众心理研究》中谈到，“只要有一些生物聚集在一起，不管是动物还是人，都会本能地让自己处在一个头领的统治之下”。他认为，“就人类而言，所谓头领，他的作用也相当重要。他的意志是群体形成意见并取得一致的核心。他是各色人等形成组织的第一要素……”[①]在幼儿园这个群体组织中，其头领是园长，园长对幼儿园的发展起着至关重要的作用。作为幼儿园群体中的管理者，他掌控着幼儿园的发展方向。我们常说：“有什么样的园长就有什么样的幼儿园。”园长的个人能力直接关系幼儿园师资队伍的建设水平。

根据教育部全国教育事业发展统计公报，2015 年中国共有 22.37 万所幼儿园，其中民办幼儿园 14.64 万所，占比 65.4%。如此庞大的园长队伍，关系全国幼儿教育的质量保障。近年来，随着国际幼儿教育的不断发展，国内对于幼儿教育的研

① 古斯塔夫·勒庞. 乌合之众：大众心理研究[M]. 冯克利，译. 北京：中央编译出版社，2014：89-90.

究也呈现多样化，把握国际幼儿教育动态，同时结合中国国情，开展适合幼儿的学前教育，更多的责任与担当放在了园长身上，因为他们处在幼儿教育改革前沿，引领着实践中的幼儿教育前行的方向。毫不夸张地说，园长是实践幼儿教育改革的关键人物。

然而，在现有的研究中，对于园长的相关研究却并不多，笔者在期刊网上搜索到的相关文献也仅有 200 多篇。对于园长的研究多聚焦于园长的素质、角色、专业成长、管理水平、领导力等方面，研究者从不同层面揭示了园长对幼儿园的发展、课程、教师、园所文化等方面的影响。如陈学群提出，园长是决定教师队伍成长的关键人物，并分析了园长和教师之间存在的行政关系（领导与下属的关系）、业务关系（指导与被指导的关系）、同事关系（工作伙伴）[①]；吴振东谈到园长对幼儿教师专业发展这项管理工作的认识与落实程度直接影响着教师专业发展的进程与质量[②]；王志成等指出“园长的课程领导能力决定了课程实施的成败”，园长是园本课程的协调者、园本课程资源的提供者，园长在课程开发和实施过程中担负着重要的责任[③]；侯诗梅也谈到园长素质对幼儿园创新、发展有着至关重要的作用，是创设良好文化氛围的关键[④]。当前缺乏对园长权力的专题研究，为研究者们预留了很多的空间。

二　园长权力：被忽略的研究问题

“在社会生活中，凡是依靠一定的力量使他人的行为符合自己的目的的现象，都是权力现象。”权力现象是人类社会普遍存在的社会现象，广泛存在于社会生活的各个领域和部门。[⑤]美国学者萨拉森认为，组织行为的内核是权力，尤其是有关权力的权力观。权力来自各层人们在组织的每个位置上的共同合作，如果想给学校带来巨大的变革，就必须注重学校中形成信仰的文化权力、激励的权力、试图领导的权力、参与重要决策的权力、引起组织行为的权力，并且处理好学校的权力关系，这是引起教育变革的中心。他由此推导出“校长权力”的核心概念。[⑥]国内的学者也指出，教育研究中不能没有“权力”，因为“权力”是社会科学最基本的概念之一。教育本身作为一个系统，存在一个权力运作的问题；教育研究作为

① 陈学群. 浅谈园长专业引领对幼儿园教师成长的影响力[J]. 早期教育（教科研版），2012，(3)：36-38.

② 吴振东. 略论园长在教师专业发展中的多重角色[J]. 上海托幼，2005，(10)：19.

③ 王志成，杨晓萍. 论园长课程领导的困境与对策[J]. 幼儿教育（教育科学版），2006，(11)：19-21.

④ 侯诗梅. 幼儿园文化与园长素质[J]. 内蒙古教育（职教版），2013，(6)：20-21.

⑤ 黄春平. 大学中的权力：来源、类型与结构[D]. 济南：山东师范大学，2006.

⑥ 转引自：张天雪. 校长权力论——政府、公民社会和学校层面的研究[M]. 北京：教育科学出版社，2008.

应用研究，存在一个权力向度的问题。权力的研究在教育组织内并不是个新鲜的课题，尤其是在高等教育和中小学教育组织中，相关的权力研究早已有所渗透。

幼儿园作为一个社会组织，其中也存在权力现象，权力主体便是园长。园长会对幼儿园的发展，教师、幼儿、幼儿家长，甚至是社区产生影响。这种影响可能是正面的，也可能是负面的；可能是显性的，更多可能是隐性的，需要通过研究去挖掘和发现。因此，研究不可避免要涉及园长权力的影响因素、机制及运作。权力涉及机制，并与运行有关，在运作中实现。园长权力研究不仅对幼儿园的各方发展有着极为重要的意义，而且园长对于园所的影响也关乎整个学前教育的发展。与实然状态下的重要性与紧迫性相比，在应然状态的学术研究层面，多为一线园长的经验总结，相关的学位论文也集中在课程领导力方向。

与其他教育阶段的权力研究相比，园长权力研究尚属空白，从理论上进行探讨也是学前教育现阶段研究的实然需求。

第二节　园长权力研究：微观政治学的转向

一　权力研究的微观政治学转向

权力在政治研究中一直有其独特的地位。尼可罗·马基雅维利（Machiavelli）以严格的政治学权力概念作为政治的核心内容。他指出，政治就是权力，权力产生于基本的政治需要。[①]“政治”的内涵总是和“权力”纠缠在一起，“权力”就像幽灵一样飘荡在“政治”的空间中。因此，如果不对“权力”进行分析，就不足以解释“政治逻辑”的内涵。[②]权力是政治学的核心概念，从某种意义上说，政治学也就是关于权力的学问，政治研究就是关于权力分配方式和权力运行机制的研究[③]。

20 世纪 60 年代产生了一种从宏观政治向微观政治的转向，如安东尼奥·葛兰西（Gramsci）的文化霸权理论、路易·皮埃尔·阿尔都塞（Althusser）的意识形态理论、米歇尔·福柯（Foucault）的权力话语理论等，很快引起世界瞩目，成为

---

① 转引自：李素艳. 从宏观政治到微观政治——解构主义政治哲学研究[D]. 长春：吉林大学，2008.

② 张斌. 学术场域的政治逻辑[D]. 上海：华东师范大学，2013.

③ 俞可平. 政治学教程[M]. 北京：高等教育出版社，2010：29.

声势浩大的世界性的泛文化思潮①，这些新理论让人们看到“政治”在微观层面的运作。②传统的政治学理论只是围绕国家实体展开并列的宏大政治知识汇集，没有形成有着内在逻辑层次的、将活生生的政治生活过程再现出来的科学体系。在这种不完整的宏大政治叙事中，与个体、群体的政治参与密切联系的微观政治知识则很少得到研究和阐释。研究微观政治、建构专门的分支知识既可以帮助人们了解政治行动主体的政治行为，依据规律协调他们的行动，也可以因势利导地转变或改变他们的行为，从而为形成和谐、有序的政治局面提供条件。③

米歇尔·克罗齐耶（Crozier）和埃哈尔·费埃德伯格（Friedberg）批判了19世纪以来实证主义和科学理性主义所预言的“政治的终结”，即会出现理性社会，回归自我并掌握自我，出现一个社会透明的纪元。他们认为，家庭、教会、学校、医疗等权威组织在实质上是强权与统治的关系。凡事均为政治，因为权力无所不在。文治哲学也逐渐从宏观政治转向微观政治。②

权力研究的微观政治学转向为园长权力研究提供了参照。

二　微观政治学的研究范式

微观政治理论的研究始于20世纪70年代，法国哲学家米歇尔·福柯、吉尔·德勒兹（Deleuze）等的后现代微观政治学开始了对微观政治现象和微观权力结构的自觉关注。其次，以厄尼斯特·拉克劳（Laclau）、查特尔·墨菲（Murphy）为代表的后马克思主义政治哲学所强调的建立在各种政治因素连接基础上的领导权和多元的新社会运动，以及他们提出的社会主义策略显而易见属于围绕着领导权展开的微观政治斗争。最后，20世纪法国年鉴学派的总体史学理论和长时段理论，以及意大利的微观史学派、德国和奥地利的日常生活史学派等，还有20世纪西方哲学界的生活世界理论和日常生活批判理论，等等，都在方法论上自觉不自觉地揭示出微观政治的重要性。④

微观政治学研究范式的几个特征如下⑤。

首先，微观政治哲学通过拆除宏观政治和宏观权力的核心地位来解构各种普遍化的宏大叙事，把政治放到人类社会历史的多元意识形态中加以把握，形成多

---

① 李素艳. 从宏观政治到微观政治——解构主义政治哲学研究[D]. 长春：吉林大学，2008.

② 张斌. 学术场域的政治逻辑[D]. 上海：华东师范大学，2013.

③ 严强. 微观政治学缺失的原因与构建的意义[J]. 阅江学刊，2010，(1)：5-13.

④ 李雅玲. 高校微观政治分析及管理研究[D]. 秦皇岛：燕山大学，2008.

⑤ 衣俊卿. 论微观政治哲学的研究范式[J]. 中国社会科学，2006，(6)：23-28.

视角、多维度的社会历史理论。

其次，微观政治哲学在政治现象和政治事物的视野中，充分重视各种边缘的、微观的、多形态的、多元差异的政治权力的地位和作用，形成微观与宏观结合的政治理解模式。它反对把政治的运作简单化为中心化的宏观权力的确立和更替。

再次，微观政治哲学通过各种微观权力机制的分析而深入日常生活世界之中，由此凸显出政治和文化的关联。因此，微观政治哲学在某种意义上也是回归生活世界的文化哲学。

在高等教育和学校教育领域，微观政治学的研究成果丰硕，学校教育中的多元探讨给我们展示了微观政治学研究的空间。权力被理解为人类关系的一种特征，园长权力是在幼儿园的具体情境中发生的，园长会和相关群体产生影响对方的权力活动。微观政治是建立人际关系的活动，园长权力与微观政治间具有内在的一致性。园长权力是一个微观政治，从微观政治学的视角理解园长权力问题是理解园长权力的基本要求。

在幼儿园的社会空间中，园长权力是建立微观政治规范和秩序的一种实践活动。从教育组织的层面来看，权力关系也是引起教育变革的中心。20 世纪 70 年代，微观政治学分析开始进入学校组织的研究领域，近些年在不断深入发展，而学前教育领域的此类研究则屈指可数。本书从微观政治学的视角研究园长权力，推进了园长研究向政治学领域的延伸，动态地呈现了实然状态下园长权力的运作，建构微观政治学的园长权力研究模型，也从园长权力研究的本土化方面进行了探讨。

本书采用个案研究方法，通过观察、访谈、文本的资料收集方法，在微观政治学视角下，运用布迪厄的资本、场域和习性的关键概念，形成园长权力的研究逻辑。在理论分析与实践研究的基础上，建构了权力资本、权力场域、权力习性三者相互关联的微观政治学园长权力研究模型，经由这个模型进一步探讨园长权力的一般性表现，以及不同园长主体的权力运作方式等。

本书第二章详细解读了权力、园长权力的基本概念，以及微观政治学视角下，园长权力研究的逻辑解读。该章还从研究哲学和个案研究的选择方面进行了研究方法的说明。

第三章对园长权力的构成进行了详细阐述。该章对园长的文化资本（家庭环境、学校教育、个人经历）、经济资本（劳动价值体现）、社会资本（家属关系、工作关系、邻居关系）及象征资本（个人力量、个人影响）进行了解读，形成了园长权力构成资本的分析框架。在此基础上，该章对个案的资本构成及累积过程进行了呈现与解析。

第四章对园长权力关系的生成及其场域进行了分析。该章将幼儿园的权力场域区分为上级权力的场域和下级权力的场域。按照权力关系的表现形式将权力关系区分为：隐蔽的权力关系、委托代理的权力关系、象征性的权力关系、正式的权力关系和隐形的权力关系。在这个分析框架基础上，该章呈现并分析了个案在幼儿园场域的区分情况，以及五种权力关系的生成情况、权力维护策略。

第五章将权力交换策略、权力的权威影响、权力的分化影响作为园长权力影响的分析维度。该章呈现并分析了个案在园长权力交换策略中的资本交换、人情交换、恩报交换情况；园长权力、权威影响中的整合效应、凝聚效应、依赖效应，以及园长权力分化影响中的权力危机。

在多个案的比较中，第六章阐述了个体、家庭、社会对园长权力建构的制衡，从性别角色、家庭结构及宏观政策三方面进行了阐述。本书借助布迪厄的资本、场域、习性等概念，发现了权力资本构成的主观性与客观性；权力场域区分的层次性与多样性；权力习性影响的自主性与历史性特点，三者之间是相互建构的关系。通过个案研究，该章提出了对权力、自由、理性三者关系的思考。园长权力不再是空洞的术语，在实际的情境场域中，园长权力研究变得可见；在微观政治学视角下，园长权力实践可以被看作一种追求理性的现实政治学。在微观政治学视角下，园长权力研究深受中国文化的影响，研究发现了威权主义、差序格局、人情关系、恩报交换对园长权力的文化烙印。

最后，对于研究存在的不足及在现有的研究基础上，园长权力研究仍然有进一步拓展的空间的思考，本书提出了对权力运用之外的权力主体、权力动机的研究，以及个案研究之外的定性与定量方法相结合对不同园长群体的研究等。

第二章　微观政治学视角下的园长权力

芸芸众生，无不有权力欲望，这种渴望是植根于人性的。人类渴求权力，不仅表现在无所不用其极地争取权力，也表现在尽其所能地保持权力。①

——吴亚力《政治学：从权力角度之政治剖析》

权力广泛存在于社会生活的各个领域，园长权力是幼儿园这个组织领域中的实然存在。从对园长的研究现状来看，园长权力的研究并未有深入的认识。在本章中我们将分别回顾权力、园长权力、对政治及微观政治学概念，厘清微观政治学视角下园长权力研究的逻辑关系。

第一节　权　　力

一　权力的概念化脉络

（一）权力的界说

在《辞海》中，权：秤锤。《广雅·释器》："锤谓之权。"亦指秤。《汉书·律历志上》："权者，铢、两、斤、钧、石也，所以称物平施，知轻重也。"权力：掌

① 吴亚力. 政治学：从权力角度之政治剖析[M]. 台北：东华书局，2008：3.

权；当权；有职有权。[①]力：威力、权力。《孟子·公孙丑上》：“以力服人者，非心服也。”[②]

权力，英语译为“power”，源于法语“pouvior”；而法语又来自拉丁文“potestas”或“potenia”（意指“能力”，作为词根的“potere”本意是“能够”）。[③]

权力理论不仅是概念定义，还是实质主张，这些主张涉及以下几点[④]：①权力意味着某些社会实体（个体行动者、集体行动者或结构）对于其他类似的实体来说具有特定的影响（“效力”）。②权力与社会中的资源分配保持着一种特定关系。③权力表现出一种特定程度的集中趋势。④权力融入了所有或绝大多数人的人类关系。⑤权力包含与人的意向性或目的论的特定关系。⑥权力的使用和运用往往会趋向于一个被称为国家或政体的社会制度领域内专门化。

关于权力的界定有各种说法，几种具有代表性的界定介绍如下[⑤]。

1. 支配说

马克斯·韦伯（Weber）指出：“权力”就是在一种社会关系内部某个行动者将会处在一个能够不顾他人的反对去贯彻自身意志的地位上的概率，不管这种概率的基础是什么[⑥]。《教育大辞典》中对权力的定义为：管理活动中指能够改变团体和个人行动的支配力量[⑦]。

2. 能力说

托马斯·戴伊（Dye）认为“权力不过是担任某种职务的人在做决定时所具有的能力或潜力，而这种决定却能影响这个社会制度中的一些人”[⑧]。丹尼斯·朗（Wrong）认为，权力是某些人对他人产生预期效果的能力[⑨]。彼得·布劳认为权力的定义应扩展为，通过威慑——以撤销有规律地提供报酬的形式，或以惩罚的形式，因为事实上前者和后者都构成了一种消极的制裁——个人或群体不顾他人反抗，将其意志强加给他人的能力[⑩]。

---

① 辞海编辑委员会. 辞海（中）[M]. 上海：上海辞书出版社，1979：2886.

② 辞海编辑委员会. 辞海（上）[M]. 上海：上海辞书出版社，1979：1059.

③ 戴维·米勒，韦农·波格丹诺，邓正来. 布莱克维尔政治学百科全书[C]. 北京：中国政治大学出版社，1992：595.

④ 马尔科姆·沃特斯. 现代社会学理论[M]. 杨善华，等译. 北京：华夏出版社，2000：232.

⑤ 王爱冬. 政治权力论[M]. 保定：河北大学出版社，2003：5.

⑥ 韦伯. 经济与社会（第一卷）[M]. 阎克文，译. 上海：上海人民出版社，2009：147.

⑦ 顾明远. 教育大辞典（增订合编本下）[M]. 上海：上海教育出版社，1998：1235.

⑧ 转引自：张天雪.校长权力论——政府、公民社会和学校层面的研究[M]. 北京：教育科学出版社，2008：45.

⑨ 丹尼斯·朗. 权力论[M]. 陆震纶，等译. 北京：中国社会科学出版社，2001：3.

⑩ 彼得·M. 布劳. 社会生活中的交换与权力[M]. 李国武，译. 北京：商务印书馆，2012：191.

3. 控制说

克特・W. 巴克（Back）认为，权力是“在个人或团体的双方或多方之间发生利益冲突或价值冲突的形势下，执行强制力的控制”。所谓权力，米歇尔・福柯指的是通过引导人们用以理解其选择的术语来达到对行动的改变（控制）的行为。[①]

4. 关系说

权力体现了社会生活中支配与服从的关系，因此，它构成了社会生活和社会秩序的基础。在现实生活中，人们结成广泛的权力关系，并通过形成和规定各种社会角色之间复杂的权力关系，使社会生活制度化和秩序化。[②]权力被普拉斯理解为人类关系的一种特征，是对人类关系中影响、控制、操纵、对抗、抵制等力量关系现象的界定和描述。[③]

5. 动原说

权力的心理学概念把权力看作一个过程，在这一过程中，具有某种动机和目标的持有者（P），通过利用他们权力基础中包括技巧因素在内的各种资源，有能力确保改变一个对应者（R）——人或动物的行为及其环境。[④]

也有学者将欧美学者对权力的定义概括为影响力说、强制力说、变更关系说、法律支配说。[⑤]

第一种是影响力说，认为权力是“一些人对另一些人造成他们所希望和预定影响的能力”。

第二种是强制力说，认为权力是“一个人或一部分人具有强加于他人的一种强制力”。

第三种是变更关系说，认为权力是“一个人或许多人的行为使另一个人或者其他许多人的行为发生改变的一种关系”。

第四种是法律支配说，认为权力是“一种组织性之支配方——是制定法律、维持法律与运用法律之力”。这个定义限于指国家权力。

---

① 巴里・艾伦. 知识与文明[M]. 刘梁剑，译. 杭州：浙江大学出版社，2010：176.

② 俞可平. 政治学教程[M]. 北京：高等教育出版社，2010：33.

③ Prus R. Beyond the Power Mystique[M]. State University of New York Press，1999：152.

④ 詹姆斯・麦格雷戈・伯恩斯. 领导学[M]. 常健，等译. 北京：中国人民大学出版社，2013：7.

⑤ 郭道晖. 社会权力与公民社会[M]. 南京：译林出版社，2009：1-2.

（二）权力的特征

丹尼斯·朗认为权力具有以下特征：①权力的有意性，即权力就是有意和有效的影响。②权力的有效性，当企图对他人行使权力而未获成功时，当胸怀大志的用权者的预期效果实际上未能产生时，就面临权力的落空或失败。③权力的潜在性，从事控制行为的能力和它们的实际表演不是一回事，权力是一种意向性的概念。④权力关系的非对称性与平衡。权力关系其中一个参与者对另一参与者行为的控制是与其中一参与者的控制行为互换的。非对称存在于每个人的行为反应序列中，但在他们的互动过程中，参与者不断更换掌权者的角色和权力对象角色。[①]

我国学者认为权力具有如下特征：①不对称性，是命令和服从的不对称关系。②相关性，权力失去其作用对象便不称其为权力。③工具性，权力本身不是掌权者所追求的最终目的，只是掌权者为达到某种目标、实现某种价值、取得某种利益的工具和手段。④二重性，一是权力对掌权者的影响和作用具有二重性。权力的主体是人，它体现着人的意志，而且人都具有首先和认识发展的局限性，这就使得权力潜在的侵犯性和腐蚀性随时都有转化为现实的可能。二是权力具有双向发展、双向作用的可能性。⑤资格性或合法性，权力总是同某种合法地位联系在一起的，是通过特定的社会机构来组织和传达的。[②]

还有国内学者提出了权力的如下属性：①对象性，作为社会关系存在的权力，必定有其特定的作用对象。权力的作用对象只能是权力的相对人。②强制性，权力关系以相对人对权力主体的服从为内容，是权力主体对相对人的支配与控制。权力意味着权力主体得以以其单方意志加之于相对人。③实效性或后果性，权力能造成某种特定的局面或后果，从而或使资源配置的既有状态得以维护，或改变资源的既有配置状态而使之发生某种流动，或增加了资源的现实总量。④工具性，权力作为主体实现特定利益的手段或媒介。⑤限度性，权力作为主体实现利益的手段存在功能上的限度。[③]

（三）权力的形式

权力的本质形式包括[④]：权威性（凡符合本团体的准则和价值体系，得到权力所能及的范围内共同体成员的认可，行使权力才能得到共同体成员的认可和支持，

---

① 丹尼斯·朗. 权力论[M]. 陆震纶，等译. 北京：中国社会科学出版社，2001：3-12.

② 王爱冬. 政治权力论[M]. 保定：河北大学出版社，2003：11.

③ 陈振明. 政治学——概念、理念和方法[M]. 北京：中国社会科学出版社，1999：260.

④ 郭道晖. 社会权力与公民社会[M]. 南京：译林出版社，2009：10.

以权力相对人的服从，从而取得行使权力的权威）、不可放弃性（权力者不得放弃行使权力，这主要是对国家公权力的要求）、可交换性（权力本身是一种资源，可以滋生利益，同其他社会资源进行交换）、扩张性（权力是一把双刃剑，人类需要权力，又难以控制权力，常常受权力的侵害）。

（四）权力的要素

有学者将权力分为四个要素。①权力主体：包括人与人的统合体即组织。②主体意志：指主体怀有的目的，以及为此目的而表观出来的对象性控制行为与关系。③权力客体：权力主体指向的对象，包括人与物，但一般主要研究对人的权力。④权力结果：指权力主体目的的实现及不能实现时给权力客体所带来的后果。①

还有学者将权力分为七个要素：第一，权力主体；第二，目的性（利益）；第三，权力资源（主要是各种强制性的力量资源，亦包括各种非强制性的力量资源）；第四，权力作用的对象（权力客体）；第五，权力主体对权力客体的一定作用方向和方式；第六，一定的权力格局（权力作用的结果）；第七，权力关系的稳定程度。②

（五）权力的分类

从权力的性质和结构方面，我们可以将权力分为政治权力、经济权力、社会权力、宗教权力、心理权力等。从权力作用的方式和手段方面，又可将权力分为强制性权力（利用物理力量进行强制或威胁的权力）、奖酬性权力（利用物质资源来奖励或处罚的权力）、规范性权力（利用象征性资源来奖励或处罚的权力）等。从权力作用结果的格局和意义方面，又可将权力分为绝对的权力和有限的权力，集中的权力和分立的权力，平衡的权力和不平衡的权力等。③

权力在横向上有政治权力、公共权力等，这是权力的层次。政治权力在纵向上有中央权力和地方权力、基层权力；上级权力和下级权力，这是政治权力的层次。④

---

① 姜朝晖. 权力论：合法性合理性研究[D]. 苏州：苏州大学，2005.

② 李景鹏. 权力政治学[M]. 北京：北京大学出版社，2008：序言.

③ 李景鹏. 权力政治学[M]. 北京：北京大学出版社，2008：27.

④ 王爱冬. 政治权力论[M]. 保定：河北大学出版社，2003：9.

（六）影响权力的因素①

1. 上级的权力

权力不是绝对的，常受高一级权力的限制。

2. 重叠交叉的权力

不同部门为了各自组织的利益，依法正常行使组织固有的权力，常会出现权力的重叠和交叉或双重权力的问题。组织间发生的冲突虽不能取消权力，但在力量对抗未解决之前，权力会暂时失效。

3. 下级的接受程度

下级若不服从或拒绝权力，虽不能取消权力，但会使权力在某一特定情况下无效。

（七）权力资源

构成权力资源的诸要素包括硬权力要素和软权力要素。硬权力要素：物质财富，组织、规则和制度，社会地位，暴力。软权力要素：意识形态，社会舆论，专业知识、道德（表 2-1）。

表 2-1 构成权力资源的诸要素

硬权力要素	软权力要素
（1）物质财富（wealth） ● 物质财富既是一种力量，也是获取力量的手段，它包括生产资料、生活必需品、自然资源。在政治生活中，掌握了对物质财富的支配权，就意味着拥有了对他人和社会的控制力。 ● 经济社会中，物质财富作为权力的要素，其重要性日益突出。 ● 对物质财富的占有有不同方式：直接占有和间接影响财富分配	（1）意识形态（ideology） ● 意识形态是一种思想的支配力量，它体现为“文化的领导力”或“文化的霸权”（hegemony）。掌握了社会意识形态的主导权，也就拥有了对他人和社会的控制力。 ● 意识形态主要表现为思想的说服力和影响力。 ● 需要说明的是，意识形态作为权力要素，具有可变性，一种不合时宜的意识形态理论不仅不能构成权力，反而会消减权力
（2）组织、规则和制度（organizations，rules & institutions） ● “团结就是力量”。在社会生活中，组织本身就是力量。同时，组织也提供使别人不得不服从的法定权威。政府组织和非政府组织是政治权力最主要的构成要素。 ● 各种社会规则和制度（包括正式和非正式的、政治的、经济的、法律的）提供了规制人们行为的准则和力量	（2）社会舆论（consensus） ● 社会舆论作为一种公共意见，是一种道义力量。它也被认为是行政、立法、司法三权之外的“第四种权力”。代表或主导社会舆论，意味着拥有了某种道义力量。 ● 控制社会舆论，垄断舆论工具（媒体）既是权力实现的手段，也是权力实施的结果

① 顾明远. 教育大辞典（增订合编本下）[M]. 上海：上海教育出版社，1998：1235.

续表

硬权力要素	软权力要素
（3）社会地位（social status） ● 社会地位作为一种客观的符号和象征，代表了社会成员在社会关系中的身份和角色	（3）专业知识（knowledge） ● “知识就是力量”。专业知识作为权威的力量，对于权力个体具有更加重要的意义。它也会强化个体的社会地位作为权力要素的作用
（4）暴力（violence） ● 暴力或军事力量是最直接的强制力。 ● 暴力是权力的后盾，一般作为一种威慑力而存在。暴力的使用往往是最后的选择	（4）道德（moral） ● 道德观念作为社会心理认可的行为准则，它本身不能成为权力，但道德评价却构成权力的因素。 ● 道德观念和其他社会价值观念一样，是文化积淀的产物，它的作用在于为行为人提供道义力量

资料来源：俞可平. 政治学教程[M]. 北京：高等教育出版社，2010：39-40

美国学者肯尼思·博尔丁（Boulding）在其著作《权力的三张面孔》中区分了武力与胁迫（threat）、交易（exchanges），以及忠诚和服从义务（love）的培养三种方式（表 2-2）。

表 2-2 权力实施的三种方式

方式	武力与胁迫	交易	忠诚和服从义务的培养
特点	强力胁迫	多重互惠式交换	形成一体关系
服从的动机	畏惧（fear）	获利（gain）	承担义务（commitment）
制度体现	军事的	经济的	社会的

注：根据 Boulding K. Three Faces of Power（London：Sage Publications，1989，1990）改编
资料来源：俞可平.政治学教程[M].北京：高等教育出版社，2010：42

二 权力与权威

权威是人类社会的一种客观现象，是一种特殊的社会关系，是与人类社会相伴始终的社会现象。从一定意义上讲，权威就是权力与威望的统一。权威的体现总是通过一定的个人或组织，它总是集权力与威望于一身，其权力一般来说是被社会所赋予的，因而相对来说具有较强的客观社会性，而威望则多同权威主体自身的素质有关，包括其理解能力、判断能力及阐释能力等。①

（一）权威

《辞海》中对“威”及“威望”的解释，威：尊严。《论语·学而》：“君子不

① 薛广洲. 权威论[M]. 北京：中国社会科学出版社，2013：1-4.

重则不威。”威望：人所共仰的声威、名望。《宋史·宗泽传》：“泽威望素著。”①

权威（authority）是指管理者自身所具有的使人信从的力量和威望，来自管理者本人的专长权和个人影响权，不是靠权力机关或上级任命获得的。专长权是管理者因具有某些专门知识、特殊技能而获得的权力；个人影响权是由于管理者自身的人格、品质等受到尊敬，使下属愿意接受其影响而获得的权力。这两种权力作用的发挥不是靠强制，而是靠下属发自内心的尊敬和甘心情愿的服从，具有相对的稳定性和不可取代。在管理过程中，它是有效行使职权的基础，当职权行使必要性最小时，管理者的权威最高。②威望是一种令人崇敬的威势和声望，它的实现通常有两个因素：一个是主体自身的素养，另一个是客体对这种素养的心理认同。威望总是把支配力量限制在非强制性的方式之内，凡以强制手段迫使他人服从的方式，必然难以获得他人的崇敬，尽管他人可能绝对的服从。③

权威是成功的命令或嘱咐。伊斯顿坚持认为：“经常被人服从的是权威。”马克斯·韦伯把“权威”定义为任何命令和服从关系，也把它称为“权力的特例”。④

权威在于期望和要求服从的权利。帕森斯把权威定义为一种优越地位，它“包括在社会关系体系中控制他人的行为的被合法化了的权利（或者责任）”。⑤

（二）权威的分类

权威可以分为5个类别。①强制性权威。②诱导性权威：基于诱导的权威，或靠给予奖励，以积极制裁而不是以消极制裁来威胁，使权力对象服从。③合法权威：一种权力关系，其中掌权者拥有公认的发布命令的权力，而权力对象有公认的服从义务。是任一特定命令的来源而不是其内容赋予合法性并引起接受命令之人的自愿遵从。④合格权威：仅仅依赖于对象对其卓越知识或技能的信任，而不是依赖于其在公认权威等级中的正式地位。⑤个人权威：对象出于愿意讨好或效劳另一人的服从，仅仅是由于后者的人品。可能看作“纯粹”型的权威，其中命令的发布与服从，无须发布命令者拥有任何强制性权力、可转让的资源、社会授予的特殊资格或合法性。⑥

权威的其他分类。当下属认可他人的统治时，权威关系就存在了。与下属目标的两大层次相应，存在两种认可基础：非理性基础和理性基础。相应地存在两

---

① 辞海编辑委员会. 辞海（下）[M]. 上海：上海辞书出版社，1979：3788-3789.

② 顾明远. 教育大辞典（增订合编本下）[M]. 上海：上海教育出版社，1998：1235-1236.

③ 薛广洲. 权威论[M]. 北京：中国社会科学出版社，2013：24.

④ 转引自：丹尼斯·朗. 权力论[M]. 陆震纶，等译. 北京：中国社会科学出版社，2001：42.

⑤ 转引自：罗德里克·马丁. 权力社会学[M]. 陈金岚，等译. 石家庄：河北人民出版社，1992：67.

⑥ 丹尼斯·朗. 权力论[M]. 陆震纶，等译. 北京：中国社会科学出版社，2001：48-67.

种类型的权威：感召力权威和合法理性权威。依次，又存在两类合法理性权威：程序权威和后果权威。感召力权威和合法理性权威的差别一定程度上取决于下属的目标和需要的差异，一定程度上又取决于上级基础的相应的差异，即拥有感召力的统治者通过领受他们个人的杰出性而获得依从，承认合法的、有理性的领导者，因为在下属看来依从实际上是合理的。①

（三）权威关系的效应

1. 权威关系的特性

权威与其支配对象是一种绝对性的支配关系，表现为被支配对象对权威的信服和服从。一是这种关系具有不可逆性，绝对排斥被支配对象对权威的超越。因此，权威关系一旦形成，也就确立了权力运行的单一方向。这一方向若发生变化，也就意味着权威关系的瓦解。二是这种关系具有盲目性。权威关系是靠崇拜来维持的，而这种崇拜在很大程度上来自非理性的因素，从而使它带有极大的盲目性。三是权威关系具有稳定性。凡是一种政治关系中渗透或贯穿着权威关系，它便得到极大的稳定性，从而有利于政治关系的维持和权力的运行。②

2. 权威关系的效应

权威关系一旦形成，会产生如下效应：整合效应，通过众多的意志对于权威意志的服从而自愿形成的意志的合力；凝聚效应，权威关系能够造成以权威者为核心的被支配者向着中心的巨大凝聚力，从而把这种主体—客体结构造成一个新的主体，并由这种凝聚力而积累起巨大的权力势能，从而在政治过程中发挥作用；依赖效应，权威关系的消极方面或负效应就是产生被支配者对权威的依赖性，人们习惯于以权威的意志为自己的意志，以权威的思想为自己的思想，从而逐渐丧失自己的独立性，甚至忘掉自己的存在，与此相联系的是一旦人们失去了权威，便会失去生活的重心。③

3. 权力与权威的关系

所谓权威指某个确定群体的人们对来自某个确定源泉的命令至少是最低限度的自愿服从的概率④。

---

① 罗德里克·马丁. 权力社会学[M]. 陈金岚，等译. 石家庄：河北人民出版社，1992：128.

② 李景鹏. 权力政治学[M]. 北京：北京大学出版社，2008：150.

③ 李景鹏. 权力政治学[M]. 北京：北京大学出版社，2008：152.

④ 姜朝晖. 权力论：合法性合理性研究[D]. 苏州：苏州大学，2005.

作为政治学的一个重要范畴，权威与马克斯·韦伯的名字是联系在一起的，“他提出的合法性思想以及建立在合法性基础之上的权威的三种类型说，使在他之后的权力研究都难以避开权威问题”。韦伯认为合法性有三种来源：传统、超凡魅力与法定理性。在此基础上产生三种不同类型的权威：传统型权威、超凡魅力型权威与法定理性型权威。

达伦多夫认为权力和权威之间的重要差别在于权力在本质上与个体的人格相联系，而权威则常常和社会地位与角色相联系……权力仅仅是事实性关系，而权威则是合法性关系。①

第一，权威是一种权力，这是权威第一个层面的内涵，也是权威的主要内涵。此外，权威还有其他层面的含义。第二，权威是一种普遍的规范力量，主要包括法律的权威和道德的权威。第三，权威指具有杰出才能与品质的人物“法律和道德的权威与制度、传统、习惯等联系在一起，其行愈久则惯性力量愈大”，这种权威没有具体的执行主体，一般表现为组织和舆论的力量，并由它们加以维持。第四，权威是一种人格化的权威，与地位、声誉相联系，主要表现为一种感召力。②

从严格的学理上讲，权力强调的是影响他人的能力，而权威强调的是影响他人的正当性。权力主要体现为奖惩能力，它来自某种强力和操纵，具有强制的性质；而权威体现为使人信从的力量和威望，它主要来自理性的说服力，通常与合法性和威信相联系。从行为结果来看，权力带有被迫服从性，而权威产生的是自愿的服从。权力和权威都要求服从，但前者的服从可能是强制服从，而后者的服从则是一种自觉自愿的服从。一个人可能拥有某种权力，但不一定具有权威。权威是权力的一种形式或实施方式，它通过命令来安排或联合其他行动者的行为。③

我们借用丹尼斯·朗在《权力论》中的一个图解来诠释权力与权威的关系（图 2-1）。

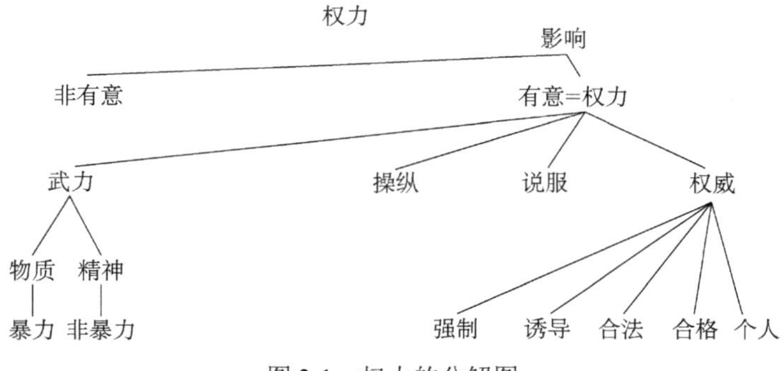

图 2-1　权力的分解图

资料来源：丹尼斯·朗. 权力论[M]. 陆震纶，等译. 北京：中国社会科学出版社，2001：29

① 罗德里克·马丁. 权力社会学[M]. 陈金岚，等译. 石家庄：河北人民出版社，1992：58.

② 姜朝晖. 权力论：合法性合理性研究[D]. 苏州：苏州大学，2005.

③ 俞可平. 政治学教程[M]. 北京：高等教育出版社，2010：44-45.

关于权力的研究主要集中于对“权力”的界说和分析。一是权力概念的厘清。从权力的各概念界定来看，主要集中于几个关键词：“能力”“控制”“影响”“关系”。从这里我们可以解读出，权力主体需要具备一定能力，主体的地位是合法取得的，权力主体对于权力客体要产生影响或控制，权力主体与客体之间会形成一定关系。二是权力本质的厘清。权力的本质集中于几个关键词：“有效”“不对称”“工具”“合法”。从这些关键词中我们可以理解权力只有在权力主体对权力客体发生作用时才会有效；权力主体和权力客体之间是不对称的命令与服从的关系；权力本身是权力主体用以达成某种目标的工具；权力主体的地位是合法取得的，并由一定秩序约束。三是关于权力形式、要素、分类、影响因素、来源的分析，对于全面理解权力概念提供了帮助。四是权威作为一种特殊的社会关系，是权力与威望的统一。权威的分类、权威的效应，以及权力与权威的关系如图 2-2 所示。

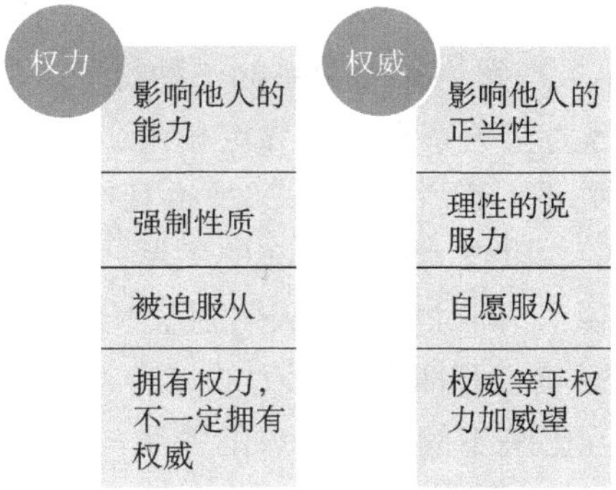

图 2-2　权力与权威的比较

第二节　园长权力

只有在对权力深入理解的基础上才能更好地理解园长权力。本章从园长和园长权力两个层面来对本书的关键概念“园长权力”进行界定。

一　园长

《简明教育辞典》中对“园长”的解释是：“园长是幼儿园的主要领导人或负

责人。”园长的职责是贯彻执行党的教育方针政策；全面领导幼儿园的教养、教研和卫生保健等工作。园长能否完成本职工作，决定于园长的思想水平、业务修养和品德作风。具体地说，园长必须做到：忠诚党的教育事业，热爱本职工作；克己奉公，按原则办事；加强团结，使每个成员有职、有权、有责，能大胆、主动地工作；有胜任领导的专业知识和文化修养等。[①]英文文献中对园长的表述为“Kindergarten principal”，因此，在进行英文文献搜索时也以此为准。

本书所采用的是《简明教育辞典》中对园长的界定，将园长理解为幼儿园的主要领导人或负责人。

二　园长权力

权力被普拉斯（Prus）理解为人类关系的一种特征，是对人类关系中影响、控制、操纵、对抗、抵制等力量关系现象的界定和描述。[②]权力作为微观政治学视角的核心，其实质是力量关系，而关系本身又是相互作用的状态，可以说权力是由多种力量相互作用而成的、以合力形态存在的关系。[③]因此，在权力的多种概念解读中，本书采纳“关系说”，同时参照张天雪对校长权力的界定[④]，将园长权力界定为：园长权力是专业影响力和职业动源力的结合，具有很强的教育属性，是政治、经济和社会文化交互影响下的动态生成的关系与过程。

（一）园长权力的定义

园长权力是一种关系，且是基于主体间的交往而形成的，如园长与教师、保育员、后勤人员等的交往，这是一种纵横交错的网络，是相互关联的。关于动源力，丹尼斯·朗曾说过，“作为产生效果的能力，权力可以赋予该动原以意向性，即使在行动中并不显露这种能力”[⑤]。因此，园长权力的形成与稳定，需要作为权力主体的园长具备一定权力资源（能力等各方面，可用资本表述），生成一定权力关系，并形成对关系对象的影响。根据这个定义，我们将园长权力的概念分解为三个部分：权力资源、生成关系、形成影响（图 2-3）。

---

① 姜文闵，韩宗礼. 简明教育辞典[M]. 西安：陕西人民教育出版社，1988：236.

② Prus R. Beyond the Power Mystique[M]. State University of New York Press，1999：152.

③ 佘清臣. 权力关系与师生交往[M]. 北京：北京师范大学出版社，2009：32.

④ 张天雪. 校长权力论——政府、公民社会和学校层面的研究[M]. 北京：教育科学出版社，2008：61-62.

⑤ 丹尼斯·朗. 权力论[M]. 陆震纶，等译. 北京：中国社会科学出版社，2001：引言 3.

图 2-3 园长权力的概念图

（二）园长权力的特征

关于权力的特征不同学者提出了不同的观点，丹尼斯·朗提出权力的三个特征，我国学者王爱冬提出权力的五个特征，陈振明提出权力的四个特征。权力的特征必然受其地域性影响，综合考虑，本书采用王爱冬提出的权力的五个特征：不对称性、相关性、工具性、二重性（权力对掌权者的影响和作用具有二重性；权力具有双向发展、双向作用的可能性）、资格性或合法性。[①]本书通过对园长权力特征的解读来分析园长权力的动态影响。

（三）园长权力的形式

郭道晖将权力的本质形式分为权威性、不可放弃性、可交换性和扩展性，其中不可放弃性主要是对国家公权力的要求，而扩展性主要相对人类的权力而言。[②]因此，本书中园长权力的形式主要取权威性和可交换性来进行解读。

通过文献中对权威的解读，参照李景鹏的观点，本书将园长权力的权威性理解为被支配对象对于园长权威的信服和服从。权威性的形成具有：①方向的单一性，即权力运行的单一方向。②盲目性，即权威关系靠崇拜来维持。③稳定性，这有利于权力关系的维持。李景鹏同时提出了权威关系的三种效应，园长权力的权威性同样会产生这三种效应：一是整合效应，二是凝聚效应，三是依赖效应。

（四）园长权力的要素

学者对权力要素进行了分类，有姜朝晖的四要素和李景鹏的七要素之分。从分类的全面性考虑，本书选取李景鹏的七要素分类，即权力主体、利益、权力资源、权力客体、权力作用方式、权力格局（权力结果）、权力关系的稳定性，作为园长权力的构成要素。布迪厄直接用“资本”概念表述“资源”，他把“资本”分

① 王爱冬. 政治权力论[M]. 保定：河北大学出版社，2003：11.

② 郭道晖. 社会权力与公民社会[M]. 南京：译林出版社，2009：10.

为社会资本、经济资本、文化资本和象征资本。本书将园长权力的七个构成要素用下图进行描述（图 2-4）。

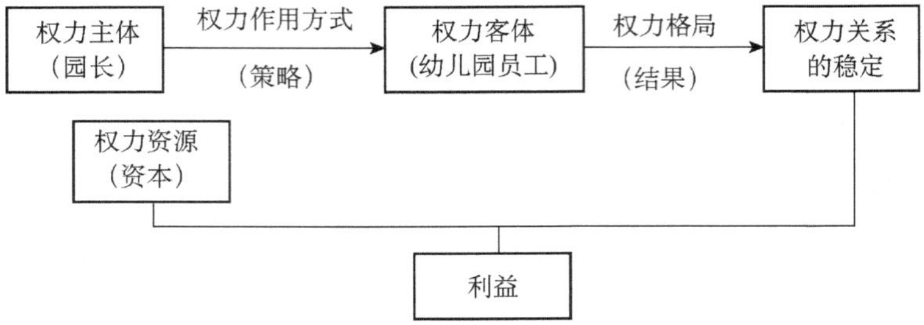

图 2-4　园长权力的构成要素

（五）园长权力的分类

根据园长权力在幼儿园空间领域的实践，可以从纵向层次上对园长权力进行分类，可分为上级权力和下级权力。管理者对于园长来说是上级权力层，而幼儿园的员工对于园长来说是下级权力层。

（六）影响园长权力的因素

本书参照顾明远的分类，将影响园长权力的因素分为上级权力、重叠交叉权力和下级的接受程度三个因素。

三　园长权力研究的基本回顾

笔者在文献搜索时未能查到以“园长权力”为主题的相关研究。笔者将“权力”的概念拓展，选取与“权力”相关的关键词“能力”“控制”“影响”“关系”作文献回顾，从园长的素质、园长的领导力、园长的课程领导力、园长的管理能力、园长与教师的关系、园长与园所文化六个相关方面进行回顾。

（一）园长素质的研究

关于园长的素质，多位学者将园长素质归为四类：文化素养、专业水平、思维方式、协调能力。[①]也有学者特别提出了园长的心理素质，认为园长的心理素质包括心理问题[②③]、主观幸福感[④]、园长的工作压力，以及亲密朋友的支持关系。[⑤]

（二）园长领导力的研究

学者关于园长领导力的研究主要集中在六个方面。一是提升园长的教育领导力的途径：现场观摩、作品分析、叙事研究、学习共同体、专家点评、反思报告。[⑥]二是研究了影响女性园长领导魅力的因素：道德权威、文化权威、专业权威、情感动力。[⑦]三是对园长领导风格的研究，以浙江省部分园长为研究对象，运用布莱克和莫顿（1964）提出的 5 种著名的比较典型的领导风格，即权威—顺从型、乡村俱乐部型、贫乏型、中庸之道型、团队型，作为分析框架进行分析。[⑧]四是探讨园长的非权力影响力，其由品格、能力、知识、情感等因素构成。[⑨]五是关于园长领导力现状的研究，学者以 26 个省（自治区、直辖市）的 90 名园长为对象，主要研究了园长的结构领导力、人际领导力、文化领导力和象征领导力，园长领导力主要指园长激励和引导师幼建立并实现共同愿景的能力，它是幼儿园管理和发展的首要与核心问题；[⑩]关于香港园长领导力的个案研究。[⑪]六是关于园长领导力对教师工工作表现的影响的研究。[⑫]

（三）园长课程领导力的研究

园长课程领导力也是园长研究中相对侧重的方面，学者们从不同的侧面对园长课程领导力进行了解读。

---

① 陈雅芳. 试论管理视野中园长的理性思维[J]. 学前教育研究，2007，（2）：58-61.

② 黄俊官. 民办幼儿园园长心理健康状况及应对策略论析[J]. 高教论坛，2012，（12）：28-34.

③ 庄静. 园长的心理素质[J]. 学校管理，2012，（4）：54.

④ 杨静. 幼儿园园长主观幸福感的现状调查与影响因素分析[D]. 上海：华东师范大学，2012.

⑤ Rosen S，Wong K S，Cheuk W H. Kindergarten principals in Hong Kong. [J]. Journal of Educational Administration. 2000，38（3）：272-287.

⑥ 高宏钰. 对工作坊提升园长教育领导力的实践与思考[J]. 早期教育（教师版），2012，（2）：7-9.

⑦ 麻建玲. 提升女性园长领导魅力的五大建议[J]. 新课程（上旬），2013，（8）：2-3.

⑧ 黄冲，李克建. 幼儿园园长领导风格研究[J]. 幼儿教育，2011，（12）：24-27.

⑨ 易灿华. 园长非权力性影响力浅谈[J]. 湖南教育（教育综合版），2008，（6）：45.

⑩ 罗丽，洪秀敏. 园长领导力的现状调查与分析[J]. 幼儿教育，2012，（7-8）：25-28.

⑪ Tricia Kwok Sai Wong. A case study of leadership of kindergarten principals in Hong Kong[D]. Centre for learning Innovation Queensland University of Technology，2006.

⑫ Jao-Nan Cheng. The effect of kindergarten principals' leadership behaviors on teacher work performance[J].Social behavior and personality，2013，41（2）：251-262.

1）园长课程领导力存在的问题：意识欠缺、凌乱的行政工作、园内共同体建设不乐观、相关培训不足。①

2）园长课程领导的困境：课程开发和课程领导专业知能不足、园长疏离课程开发和教学工作、其他人员参与园本课程开发的意愿不强。②

3）民办园园长课程领导力现状研究，以山东省济南市部分民办园为例。③

4）民办园园长园本课程领导权力：奖赏权、专家权、参照权、法职权、强制权、道德权，并从更新观念、提升能力与创设环境三个角度提出建议。④

5）园长课程领导策略：从愿景、计划、实施、评价纵向四个阶段总结和分析园长课程领导策略，提出三方面建议，即提升课程与领导的知识和素养、改变园内环境、改善外部环境。⑤

6）园长课程领导力的个案研究：将课程领导力分成课程组织结构领导力、课程专业技术领导力、课程师资力量领导力、课程组织文化领导力、课程公共关系领导力，并提出策略，促进园长从课程领导的“自由”走向“自觉”。⑥

7）园长课程领导面临的困境（两所幼儿园个案）：意识薄弱、角色职能模糊，缺少同行者。⑦

8）探讨园长课程领导的现状与策略的调查问卷，包括五个维度：课程专业技术领导力、课程组织结构领导力、课程师资力量领导力、课程组织文化领导力和课程公共关系领导力。⑧

（四）园长管理能力的研究

关于园长的管理能力，学者们将其归纳为六个方面：管理意识⑨、自我管理⑩、管理能力⑪、管理艺术⑫、有效管理、沟通与时间管理。⑬

---

① 王怡. 对幼儿园园长课程领导力的理性思考[J]. 陕西教育学院学报，2012，（1）：117-120.

② 王志成，杨晓萍. 论园长课程领导的困境与对策[J]. 幼儿教育（教育科学版），2006，（11）：19-21.

③ 崔玉芹. 民办幼儿园园长课程领导现状研究——以山东省济南市民办幼儿园为例[D]. 重庆：西南大学，2009.

④ 徐兰. 民办幼儿园园长园本课程领导权力研究：以山东省济宁市为个案[D]. 重庆：西南大学，2013.

⑤ 冯慧. 幼儿园园长课程领导策略的个案研究[D]. 重庆：西南大学，2013.

⑥ 邹鲁峰. 幼儿园园长课程领导力的个案研究[D]. 南京：南京师范大学，2011.

⑦ 马楠. 幼儿园园长课程领导面临的困境及对策研究[D]. 哈尔滨：东北师范大学，2008.

⑧ 王段霞. 园长课程领导的现状与策略研究[D]. 上海：华东师范大学，2008.

⑨ 颜燕. 浅谈园长应如何管理幼儿园[J]. 新校园（中旬刊），2013，（6）：230.

⑩ 李晖，陈姝娟. 粤西民办幼儿园园长管理自我效能感研究[J].教育评论，2010，（3）：109-111.

⑪ 夏信荣. 幼儿园长管理能力解析[J]. 新课程（教育学术版），2008，（1）：19.

⑫ 王晓花. 浅谈幼儿园园长的管理艺术[J]. 新课程（教师版），2013，（2）：16-17.

⑬ 庄淑幸. 园长时间管理及其有效性研究[D]. 上海：华东师范大学，2007.

（五）园长与教师关系的研究

在园长与教师的关系研究中，当前的研究侧重于园长对教师专业成长的影响。园长在教师专业发展中扮演多重角色：保障者、引导者、先行者、学习者[①]。园长的专业引领对教师成长的影响力包括传递教育理想和精神追求、做教育研究的领头人[②]。园长引领教师专业成长的角色定位包括引领者、践行者、支持合作者[③]。

学者们还对园长与教师的沟通进行了多方面的研究：以洛阳部分园长为对象对教师管理沟通有效性进行研究[④]；园长与教师互动存在的问题（个案研究）包括倾斜、表面化的问题，这导致园长领导效能弱化[⑤]；管理中园长与教师的情感交融策略包括施爱于细微之处、施爱于意料之外、施爱于批评之时、施爱于困难之际、施爱于关键之刻、施爱于工作之余、施爱于宽容之巅[⑥]。

同时也有学者研究了园长对教师文化的影响，如园长在教师文化中的角色转换包括：超越管理者，成为领导者；超越监控者，成为服务者；超越教育者，成为共同成长者。[⑦]

（六）园长与园所文化的研究

园长作为幼儿园的管理者，在塑造园所文化方面具有一定的主观性。因此，学者们深入研究了园长与园所文化之间的关系。

1）园长素质对幼儿园文化的影响：园长是幼儿园的带头人，幼儿园的发展、建设水平直接取决于幼儿园园长的素质。园长应具备专业素质、政治素质、道德品质、能力素养。[⑧]

2）园长的人文管理：人文管理，顾名思义就是对人文进行足够的关怀。人文主要体现在园长与幼儿及幼师的关系，以及对外界的宣传上。存在的问题有：没有给予足够的人文关怀；没有制定富有人文气息的园规；对人文管理的贯彻没有展开实质行动。园长采取的对策包括：人文教育与人文熏陶。[⑨]

---

① 吴振东. 略论园长在教师专业发展中的多重角色[J]. 教育导刊. 幼儿教育，2005，（10）：15-17.

② 陈学群. 浅谈园长专业引领对幼儿园教师成长的影响力[J]. 早期教育（教科研版），2012，（3）：36-38.

③ 张颖萍. 园长引领教师专业成长的角色定位[J]. 江西教育，2013，（21）：124.

④ 乌兰格日勒. 提高园长对教师管理沟通有效性的研究[D]. 呼和浩特：内蒙古师范大学，2011.

⑤ 陈小慧. 园长与教师互动存在问题与对策[J]. 内蒙古师范大学学报（教育科学版），2011，（12）：82-84.

⑥ 陶纪秋. 幼儿园管理中园长与教师的情感交融策略[J]. 山东教育（幼教版），2012，（11）：16-18.

⑦ 杜丽静. 园长：建设合作型教师文化的灵魂[J]. 幼儿教育（教育科学版），2013，（1）：61-64.

⑧ 侯诗梅. 幼儿园文化与园长素质[J]. 内蒙古教育（职教版），2013，（6）：20-21.

⑨ 郭映霞. 幼儿园园长对幼儿园的人文化管理研究[J]. 科教文汇，2012，（12）：195-196.

3）园长对文化发展的重要性：幼儿园文化是校园文化的一个独特方面，它是幼儿园的生命特征，是一所幼儿园里教育活动、人际关系背后的价值判断和潜在规则，是一种以群体行为为表现形式、以共同价值取向为核心的隐形文化，包括物质文化、制度文化、精神文化等多方面的内容。

4）园长文化就是园长的价值观、人格特征、品德修养、行为方式和习惯在职业实践中的系统反映，其核心是园长的价值观、价值引领、行为辐射。①

本章借用“权力”的相关概念进行了六个方面的文献回顾，发现当前研究以一线园长的经验总结居多，多以期刊论文的形式呈现；学术型的学位论文主要集中于课程领导力的研究；权力关系隐现在园长与教师、园长与园所文化两个部分中，研究者并未对其做进一步的拓展，如园长与家长、园长与主管等关系研究少见；权力的表现及权力关系在现有的文献研究中多从局部进行研究，未能从权力的整体去研究。

国内外的研究多从教育学、管理学的角度探讨园长问题，尚未发现从政治学的角度研究与园长相关的问题的文献。

第三节　微观政治学的视角

谈到政治，人们大多想到的是国家层面的宏观政治。所谓宏观政治是指国家制度的安排、国家权力的运作等宏观的、中心化的权力结构和控制机制。宏观政治学主要以国家权力的运作、政治制度的安排，以及与此密切相关的正义、平等、自由、民主、法治、权威、权利、义务等基本政治概念为对象。然而，社会生活层面的、边缘化的权力结构和日常生活领域的微观控制机制也是不容小视的研究对象。在当代政治哲学中，“微观政治学成为一种强有力的发展趋势”。②

一　政治

“政治”（politics）源于古希腊语“polis”，译为“城邦国家”，是指城邦中对

① 张宏云. 园长：幼儿园文化发展的核心[J]. 网络科技时代，2008，（14）：88-89.

② 衣俊卿. 论微观政治哲学的研究范式[J]. 中国社会科学，2006，（6）：23-28.

于公共事务的管理或统治。[①]

《辞海》中，政指政治、政事。《孟子·梁惠王上》："察邻国之政，无如寡人之用心者。"政亦指政令、政策。《论语·为政》："道之以政，齐之以刑。"[②]

治指治理、管理。《商君书·更法》："治世不一道。"亦指有秩序、安定，与乱相对，如大治、治世。《孟子·滕文公下》："天下之生久矣，一治一乱。"[③]

"政治"一词的本意来源于人们对事物的一种基本看法，当人们之间存在不同利益时，社会应为此而考虑并采取相应的手段或通过相应的途径，以协商与谈判来协调各自的差异，并由此建立起社会的规范和秩序。[④]

政治具有如下特点：①政治是经济的集中表现。产生于一定的经济基础，又为经济基础服务，给予经济发展以巨大影响，并在社会上层建筑中居于统率地位。②国事得以治理。《说苑·敬慎》："[晋]政治内定，则举兵而伐卫。"[②]

上述对于政治的定义，不管是古希腊还是中国古代学者的理解，都从政治的存在关系、存在空间和存在方式这三个方面进行阐述。根据余清臣的阐释，"关系是特定实践的产物，而实践又是在一定关系的基础上进行并生成关系，把政治当成生成关系的实践是比较合适的"[⑤]。因此，进一步解读政治的存在关系、存在空间和存在方式，可以将其分别对应为：某一群体的实践活动、群体所处的社会空间和群体活动建立的规范和秩序（图 2-5）。

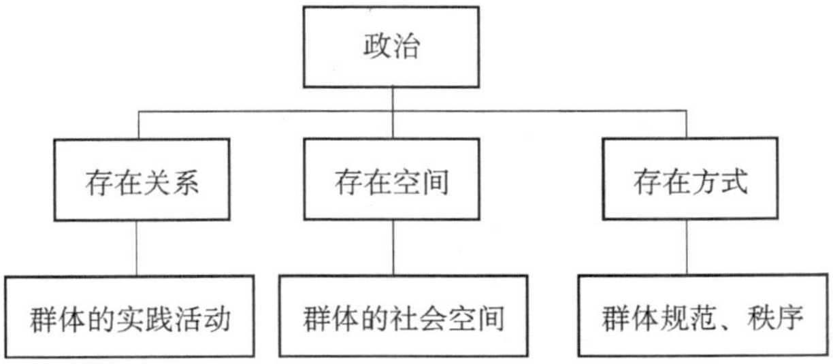

图 2-5　政治的概念图表

二　微观政治

从字面上来说，微观政治可以被解读为微观的政治，也即政治存在层次的微

① 李素艳. 从宏观政治到微观政治——解构主义政治哲学研究[D]. 长春：吉林大学，2008.

② 辞海编辑委员会. 辞海[M]. 上海：上海辞书出版社，2000：1773.

③ 辞海编辑委员会. 辞海[M]. 上海：上海辞书出版社，2000：1101.

④ 王志明，陈小愚. 微观政治学与组织领导管理体系建设[J]. 中国软科学，2001，(3)：79.

⑤ 余清臣. 权力关系与师生关系[M]. 北京：北京师范大学出版社，2009：25.

观化。[①]所谓微观政治，是指在社会微观层面上发展起来的反体系性的、反中心的、多元化的，强调主体行动的、自主的政治，是以家庭、性别、性、欲望、身体、知识等日常生活作为关切对象的政治。“微观政治关注日常生活实践，主张在生活风格、话语、躯体、性、交往等方面进行革命，以此为新社会提供先决条件，并将个人从社会压迫和统治下解放出来。”[②]

美国学者霍依尔（Hoyle）认为，微观政治是一系列策略，是组织中的个人和团体通过政治策略寻求运用权威的影响进而扩展其利益的行为。布拉思（Blasé）认为，微观政治是关于权力及人们如何运用它影响他人、保护自己的活动，是人们为了得到想要得到的东西彼此竞争和冲突，以及人们之间如何建立互相支持与合作的关系而达到目的的活动。[③]

微观政治在肯定宏观政治管理的同时，指出了宏观政治管理的局限和不足，即其否认或忽略周围多元差异的、分散的微观政治现象。在微观政治管理理论中，管理者开始重视每个组织和个人的潜在的微观政治现象，并积极地寻求策略来引导和影响他们走向协作，以确保组织有一个积极、向上、团结、协作、平等、民主的氛围，确保每位组织成员能切实发挥自身的积极性和创造性，去不断突破自身的上限，保持进步，从而推动组织整体迈上一个新的台阶。[③]

根据对政治的解读及上述微观政治的定义，微观政治可以说是独特组织群体的实践活动，以及在特定的群体组织中产生相互影响的关系，并依靠一系列策略来影响和扩展组织中的个人或团体的利益。我们可以将微观政治解读为特定群体的实践活动、在群体所处的社会空间中生成的相互影响的关系，并依靠一定的策略来影响特定群体关系（图 2-6）。

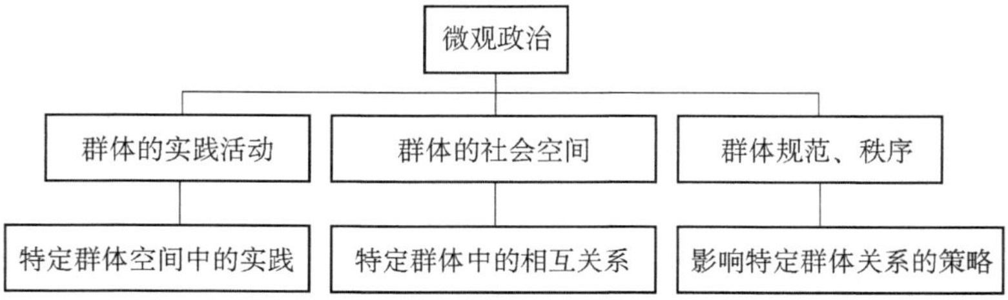

图 2-6　微观政治的概念

三　微观政治学在教育领域的研究历程

微观政治学是研究一定政治制度下政治运行的科学。政治运行包括政治体制运

① 余清臣. 权力关系与师生关系[M]. 北京：北京师范大学出版社，2009：26.

② 李素艳. 从宏观政治到微观政治——解构主义政治哲学研究[D]. 长春：吉林大学，2008.

③ 李雅玲. 高校微观政治分析及管理研究[D]. 秦皇岛：燕山大学，2008.

行、权力运行、决策运行和法制运行四个方面，它们既是具体的政治过程，又是不同的政治途径，既有一定的独立性，又统一于政治治理的实践活动中。①

西方教育政治学的最新进展体现在国家与教育不平等、课程与政治、文化政治与教育等方面的研究中：①多学科融合的综合性研究成为主流。②更加关注社会转型所引发的教育问题，通过对教育实践真实状态的研究，揭示教育改革背后隐含的深层政治学原因。③研究取向发生转变，当代西方教育政治学研究更加注重经验与理论之间的融合，更加注重对教育问题的深度因果解释。一些研究者主张突破话语和语言层面进入事实层面，如对市场化冲击下教育问题的经验研究就体现了这种研究取向。②

微观政治学在教育领域的研究近些年来方兴未艾，按照教育情境的不同，下面将微观政治学在教育领域的研究分为高等教育、学校教育、学前教育三个领域进行梳理。

（一）高等教育的微观政治学研究

高等教育微观政治研究的逻辑起点是把高校作为一个政治系统来看待，认为高校组织是围绕利益关系形成的一定权力和权力结构，这种权力结构不仅仅是韦伯官僚组织理论所描述的自上而下的等级权力，而且包含着自下而上的及横向的权力扩散。组织中的资源分配和利益冲突引起个体之间、组织之间的竞争。③

高等教育微观政治学的研究内容主要集中于微观政治的成因分析、策略分析、伦理探讨。高等教育微观政治学的专题案例研究集中于师生之间的微观政治学分析、高校工作人员与高校管理者之间的微观政治学分析。③除此之外还出现了以下研究：①对大学的权力现象的探讨。④②大学生参与学校管理的探讨，包括微观政治下，寻求学生代表沟通的做法；通过半结构化访谈，发现大学生在大学管理中只有有限的政治影响力。⑤③课程领导力的探讨，包括微观政治学中的微观领导力探讨，以英国大学的课程领导力为研究对象，通过访谈两所大学的 25 位课程领导者，探讨他们遇到的困难及面临的挑战。⑥

---

① 商红日. 建立微观政治学的构想[J]. 理论探讨，1990，(3)：98-102.

② 闫引堂. 当代西方教育政治学研究的主要进展及启示[J]. 湖南师范大学教育科学学报，2008，(2)：118-121.

③ 李雅玲. 高校微观政治分析及管理研究[D]. 秦皇岛：燕山大学，2008.

④ 黄春平. 大学中的权力：来源、类型与结构[D]. 济南：山东师范大学，2006.

⑤ Kroeger N. "Micropolitics' and Communication：An exploratory study on student representatives" communication repertoires in university governance [D]. London School of Economics and Political Science（"LSE"），2014.

⑥ Mark Murphya，Will Curtisb. The micro-politics of micro-leadership：Exploring the role of programme leader in English universities [J]. Journal of Higher Education Policy and Management，2013，(1)：34-44.

（二）学校教育的微观政治学研究

学校组织微观政治（micropolitics of school）研究起源于公共行政与管理领域，是20世纪70年代中期在西方兴起的教育组织研究的一个分支。最初的研究主要关注学校决策过程的权力与影响，并逐渐采用政治学的方法探讨学校政策的实施，以及学校微观政治的动力和过程。伊纳克恩（Iannanccone）是把微观政治学的观点应用于学校组织研究的早期理论家之一，他从学校组织内部成员的政治互动、外部与内部的政治互动两个方面探讨了学校微观政治问题。巴查拉（Bacharach）、劳勒（Lawler）、鲍尔（Ball）、米歇尔（Mitchel）、布莱斯（Blasé）和霍伊尔（Hoyle）是教育组织微观政治研究的早期代表人物。①学校组织的微观政治研究成果颇为丰富，我国学者对于20世纪80—90年代的相关研究进行了总结，发现研究集中于组织互动、政策执行、组织控制、组织责任与道德等方面，而近几年的相关研究主要集中于以下几个方面。

1. 校长和教师之间的关系

研究者运用微观政治学理论视角，对校长在做决定的过程中，领导活动、校长和教师之间的关系进行研究。这个质性研究采用了包含课堂观察、文本分析、焦点团体和个别访谈4种方法，研究对象包括1位校长、7位新教师和1位指导老师。②

有研究者进行了校长接班人和教师的微观政治学研究。该研究提出了从微观政治学的视角，教师和校长之间在管理的持续阶段，权力和权威之间的互相改变。③

有研究者进行了校长与同事关系的微观政治学研究。研究者专注于校长角色的建构和维护，选取两所中学进行个案研究，为期8个月，对2位校长和18位教师进行深入访谈。该研究利用微观政治学的概念框架来分析校长和学校同事的关系。④

2. 教师之间的关系

有研究者进行了教师合作的微观政治学研究，以两个城市的公立学校进行个案研究，分析共同体中的教师如何管理冲突。⑤

也有研究者进行了学校中的微观政治学研究，探讨了政治技巧和影响策略在

---

① 程晋宽. 学校微观组织政治学研究的历史与前沿[J]. 中国人民大学教育学刊，2012，(3)：67-84.

② Elizabeth Ann Greninger. The Role of an Elementary School Principal in the Retention of Novice Teachers: Amicropolitical Case Study[PD]. Texas A&M University，May 2012.

③ Matthew J M，Robert B M. Principal succession and the micropolitics of educators in schools：Some in cidental results from a larger study[J]. Canadian Journal of Educational Administration and Policy，2011，2：26.

④ Joseph Wanyama Mulongo.The role of the principal in the micropolitical context of secondary school-community partnerships[D]. Department of Theory and Policy Studies University of Toronto，2011.

⑤ Betty Achinstein. Confilict amid community：The micropolitics of teacher collaboration[J]. Teahcer College Record，2002，104（3）：421-455.

教师领导力中的使用，并考察了学校情境中教师领导力与其他人的日常政治互动的策略知识、影响因素和结果。[①]

3. 师生交往的关系

有研究者进行了师生交往研究，探讨了师生交往的力量交互作用[②]，以及师生交往的权力关系[③]。

也有研究者进行了微观政治学和宏观政治学结合的研究，以津巴布韦伯学校为研究对象，探讨了津巴布韦伯学校中的暴力形式，并与国家的宏观政治学进行了比较。研究者对300名学生和80位教师进行问卷调查，其中包括30位实习教师和7位讲师。[④]

有研究者对小学班级中的微观政治学进行了研究[⑤]，通过质性研究检测一个小学班级中的微观政治互动情况。

4. 学生之间的关系

有研究者对校园霸凌和女孩八卦纠纷进行了研究，借鉴人类学的田野调查，对一组11岁女孩的儿童语言实践进行分析（加入了谈话分析和分类分析）[⑥]。

5. 家校之间的关系

有研究者在微观政治学下探讨学校和家庭的伙伴关系，通过对香港两所小学的家长参与学校管理进行质性研究，发现学校和家长之间的三种权力关系，并指出“家长作为学校管理者”是空洞口号，家长和学校之间的权力关系其实是不对等的[⑦]。

6. 语言教育中的微观政治研究

研究者通过各种语言教育背景下的教学案例分析，强调了微观政治在制定、推动及实施语言教育项目过程中的重要性[⑧]。

---

① Donald Borsky. Micropolitics in the School：Teacher Leaders' Use of Political Skill and Influence Tactics[J]. The International Journal of Educational Leadership Preparation，Volume 6，Number 1，January-March，2011，ISSN 2155-9635.

② 温晓雷，王较过，郭俊龙. 微观政治学视角下师生交往中力量的交互作用[J]. 教育与教学研究，2013，(1)：20-22.

③ 余清臣. 权力关系与师生交往[M]. 北京：北京师范大学出版社，2009.

④ Icarbord Tshabangu. Education and violence：The schools' micro-politics and the macro-politics in Zimbabwe[J]. Educational Research and Review，2008，3（6）：219-228.

⑤ Angela Mcnabb Spaulding. The micropolitics of an elementary classroom[D].Texas Tech University December，1994.

⑥ Ann-Carita Evaldsson，Johanna Svahn. School bullying and the micro-politics of girls' gossip disputes [J]. Social and Moral Orders of Children and Young People Sociological Studies of Children and Youth，2012，15：297-323.

⑦ Shun-wing N G .The micro-politics of parental involvement：Ethnocentrism，utitarianism or rhetoric. ISS & MLB，2013，9：24-26.

⑧ 王捷. 语言教育中的微观政治——《语言教育中的政治学——个人与机构》评介[J]. 中国外语，2012，(6)：102-108.

7. 课程中的微观政治研究

研究者把课程作为政治文本进行研究，以期揭示出课程知识受权力控制或意识形态渗透的既定事实，剖析为社会主流阶级所认同的合法性课程的不公平一面，并就如何维护课程正义提出了建设性策略。①

8. 全纳教育的微观政治研究

研究者以民族志研究方法，探讨了全纳教育的微观政治。②

9. 学校中的微观政治学模型

有研究者从一个新的微观政治学视角，研究学校领导的权力控制、权力分享、权力传递，提出了新的微观政治学模型，研究并指出，学校领导在学校的组织情境中有可能会用到其中的一种或是几种权力类型来处理相关事情。权力控制接近于泰勒的科学管理模式；权力传递是建立在开放组织中的，是一种民主的结构；权力分享则促进合作，以促使组织成员达到共同目标。三种权力形式如图 2-7 所示。

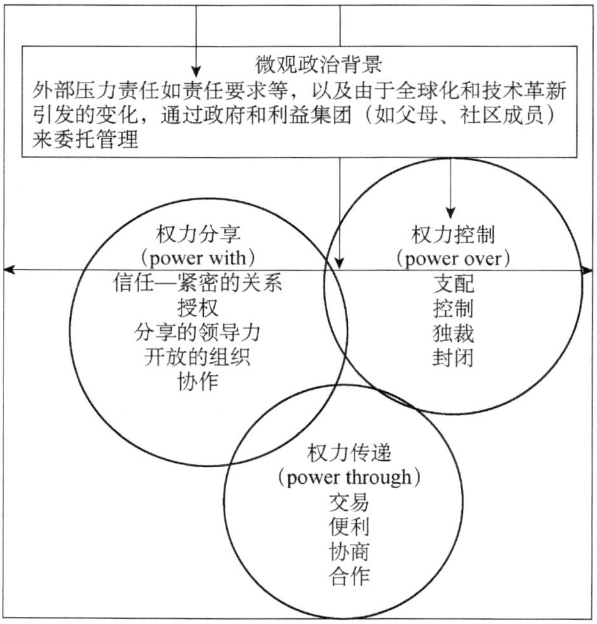

图 2-7　一种新的微观政治学模型

资料来源：Smeed Judy L，Kimber Megan，Millwater，et al. Power over，with and through：Another look at micropolitics[J]. Leading & Managing，2009，15（1）：26-41

---

① 郝明君. 知识与权力：课程作为政治文本之研究[D]. 重庆：西南大学，2006.

② Shereen Benjamin. The Micropolitics of Inclusive Education：An ethnography[M]. Buckingham：Open University Press，2002.

（三）学前教育的微观政治学研究

从现有的文献来看，从微观政治学的视角来探讨学前教育问题的，仅有一篇关于家园互动的微观政治学研究[①]，该文利用个案研究的方法，探索利益、冲突、策略、父母和教师、管理员之间的互动模式。研究发现了四种模式的政治互动，包括操作合作、面对冲突、预防冲突和压制冲突。研究通过对一家位于德克萨斯州的非营利性社区儿童早期发展中心进行访谈、观察、学校文本的资料收集和田野调查来进行。

微观政治学的研究在高等教育和学校教育领域中成果丰硕，尤其是学校教育的相关研究，涉及面极为广泛，从宏观层面的权力模型到微观层面各种权力关系，涵盖了校长与教师、师生、教师之间、家校之间、课程领域、语言教育等多个方面。

相比之下，学前领域的微观政治学探讨仅涉足于家园之间的研究。学校教育中的多元探讨给我们展示了微观政治学研究的空间。20 世纪 70 年代至今，微观政治学在学校教育领域的研究一直保持着上升的态势，学前教育领域也应踏着这个研究的足迹，去探寻自己领域内的研究问题，并努力在这个领域中结出硕果。

四 微观政治学视角下的园长权力研究逻辑

通过对权力、园长权力、政治及微观政治的概念解读，笔者进一步梳理了微观政治学视角下的园长权力研究逻辑，并在此基础上建构了本书的分析框架。

（一）园长权力的微观政治性

前文谈到权力被理解为人类关系的一种特征，政治科学的研究对象由根据不同观点而采取行动的个体行为所构成，这些个体行为可以整合进复杂性各异的群体之中。[②]微观政治是建立人际关系的活动，从这种共通点来看，园长权力与微观政治间具有内在的一致性。

---

① Shan-Shan Cheng. Micropolitics of Parent-school Interactions in an Early Childhood Education Setting[D]. The University of Texas at Austin May，2012.

② 哈罗德·D. 拉斯韦尔，亚伯拉罕·卡普兰. 权力与社会——一项政治研究的框架[M]. 王菲易，译. 上海：上海世纪出版集团，2012：16.

1. 幼儿园中的群体构成了微观群体

权力的组成要素有权力主体、权力客体。幼儿园组织领域中的权力主体为园长，而权力客体则是教师、保育员、后勤人员等。园长也可能转变为权力客体，例如当园长面对上级主管领导时。但不管怎样，园长权力是在幼儿园的情境中，园长与相关群体在共在的时空中发生的现实联系，我们可以把园长看成微观层面的权力主体群体。

2. 园长与不同群体交往生成权力关系

园长在具体情境中与不同的群体生成相应的权力关系：在幼儿园内部，园长与教师、园长与保育员、园长与后勤人员生成权力关系；在幼儿园外部，园长与主管领导、园长与行政部门人员生成权力关系。这些关系的生成都是共时性的，具有变化性和相对稳定性。

3. 园长的权力关系是一种秩序

权力具有其资格性或合法性，园长权力是同合法地位联系在一起的，是通过特定的社会机构来组织和传达的。这种合法性也意味着存在一定的约束关系。园长权力关系生成在具体的情境中，是融合在多维关系之中的，体现了一定的微观秩序。

在幼儿园的社会空间中，园长权力问题是建立微观政治规范和秩序的一种实践活动，这种规范和秩序的建立融于实践的权力关系的形成与维护之中。因此，园长权力的机制分析是一种微观政治活动分析，具有内在的微观政治性。从微观政治的视角来解读园长权力，可以更好地理解园长权力影响的形成与权力关系的生成。

（二）园长权力的微观政治学视角

通过对权力的概念梳理，本书把园长权力看作一种关系，是处于幼儿园这个特定群体场域中的作为领导者的园长与幼儿园员工之间的关系。在这个基础上对园长权力构成要素所做的分析，展示了权力的动态生成过程。约翰·格莱德希尔指出，权力的微观机制分析迫使我们回归到这样的论题上来，那就是权力如何落实在日常生活中。[①]微观政治学分析需要考察园长权力关系在群体中的建立，在建

① 约翰·格莱德希尔. 权力及其伪装——关于政治的人类学视角[M]. 赵旭东，译. 北京：商务印书馆，2011：174.

立过程中使用的策略（规范、秩序），是什么构成了权力关系的稳定。

布迪厄把人与人之间的“力的紧张关系”“正当性”“信仰”作为贯穿于人类社会生命体中的三大主要力量，这三大因素相互渗透，共时地来回穿梭于社会及生活于社会中的人际关系之间。[①]现代社会一方面是人与人之间、人及其所创造的文化之间的复杂相互关系的产物，而这个复杂的相互关系，无非就是由各种象征性的权力网络为基干所构成的相互竞争的力的紧张关系网；另外，社会又是人与人之间的相互关系及其所创造的文化不断地进行更新和再生产的基本条件。[②]政治过程是权力的形成、分配和运用过程。[③]因此，对园长权力的构成、关系和影响的考察组成了微观政治学视角下理解园长权力实践的基本路径。

（三）微观政治学视角下园长权力的研究逻辑

通过对政治及微观政治的解析可知，对于微观群体的研究离不开群体的实践活动、群体所处的社会空间及群体的规范和秩序。

从微观政治学的视角来看，园长权力探讨的是园长在幼儿园的实践活动中的权力问题。从园长权力研究的路径来看，我们需要探讨的是园长权力生成的内在规则与外在机制，这实际上是一个实践逻辑问题。实践逻辑有两种含义：一是指人们有关实践的“理论图式”或“前有假设”，属于观念形态的范畴，这是一种主观形态的实践逻辑；二是活动要素之间及各要素内部因素之间的辩证逻辑关系，这是一种规律形态的实践逻辑。[④]从这个含义来看，可以将园长权力视为权力主体的主观形态与形成权力关系的内在规则的一种实践逻辑，而这种实践不可避免地受到外在政治、经济、文化的影响，总体上可以将其视为一种内在规则与外在机制的双重存在，以及主观与客观的相互关系。

行动者在哪里实践、如何实践及用什么实践构成园长权力实践研究的三个问题，具体来说，就是行动者的实践场所、实践工具和实践逻辑是什么。

权力不只在政治领域，不只表现为立法和执法权，而且表现在社会生活的各个方面和领域。争夺权力的斗争贯穿于社会的各个领域和各个阶层。不同的资本及其权力象征，在不同的领域有不同的表现形式。[⑤]权力斗争和再分配无时不在、

---

① 郭海青. 试述布迪厄关系主义视角下的场域惯习理论[J]. 湖南文理学院学报（社会科学版），2008，(5)：45-48.

② 高宣扬. 布迪厄的社会理论[M]. 上海：同济大学出版社，2004：2.

③ 哈罗德·D. 拉斯韦尔，亚伯拉罕·卡普兰. 权力与社会——一项政治研究的框架[M]. 王菲易，译. 上海：上海世纪出版集团，2012：83.

④ 余清臣. 权力关系与师生关系[M]. 北京：北京师范大学出版社，2009：32.

⑤ 高宣扬. 布迪厄的社会理论[M]. 上海：同济大学出版社，2004：77.

无孔不入地渗透到社会的各个领域和角落，主宰着整个社会运转的速度、节奏、方向及其重构走势。所以，整个社会就是由权力斗争所造成的各阶级和各群体间的张力关系网所组成的。现代社会的权力斗争实际上就是各种各样“赌注游戏”式的斗争网络。①

作为微观政治学视角的核心，权力其实质是力量关系，而关系本身又是相互影响作用的状态。权力生成和运作的基本脉络也是微观政治认识的基本脉络。②因此，从微观政治学视角对园长权力的实践逻辑的认识，应当从这个路径来进行，认识园长权力生成与产生影响的场所、园长权力关系的生成作用方式、影响园长权力运作的外在机制与内在规则，在这个前提下深入理解园长权力的生成及运作过程。

根据对微观政治学视角下的园长权力的研究路径，本书需要考察园长权力的构成、园长权力关系生成的场所，以及园长权力关系的影响。布迪厄的资本、场域和习性三个关键概念及它们之间的关系，创造性地回答了这三个相互联系的实践观的基本问题。③

布迪厄将实践理解为行动者的习性、资本与结构的互动关系。结构可以分为两个层次来解读：第一个层次是传统社会意义上的结构；第二个层次是现代社会意义上的结构，布迪厄称之为场域。④他认为实践是一个极为复杂的过程，提出了这样一个公式：（惯习×资本）+场域=实践。从这个公式中我们可以直观地发现惯习、资本、场域和实践的关系，即实践是惯习（习性）、资本和场域相互作用的产物。惯习（习性）为实践提供规则，场域为实践提供场所，资本则作为场域内斗争的武器。惯习（习性）和资本相互作用，与场域一起为实践提供了可能。反之，实践又产生新的原则作用于惯习（习性），形塑场域的结构，并导致资本的转化或获得。因此，它们之间是一个循环往复、相互作用的有机整体。⑤

从微观政治学视角对园长权力进行研究主要包括以下几个方面。

1. 实践工具——资本

布迪厄把资本定义为行动者的社会实践工具。资本之所以为资本，是因为具有产生利润和复制自身的潜在能量，行动者排他性地拥有资本，就可以占有体现

---

① 高宣扬. 布迪厄的社会理论[M]. 上海：同济大学出版社，2004：75.

② 余清臣. 权力关系与师生关系[M]. 北京：北京师范大学出版社，2009：32.

③ 宫留记. 场域、惯习和资本：布迪厄与马克思在实践观上的不同视域[J]. 河南大学学报（社会科学版），2007，(3)：76-80.

④ 朱国华. 场域与实践：略论布迪厄的主要概念工具（下）[J]. 东南大学学报（哲学社会科学版），2004，(2)：41-45.

⑤ 周冬霞. 论布迪厄理论的三个概念工具——对实践、惯习、场域概念的解析[J]. 改革与开放，2010，(1)：192-193.

为物化的或活动的劳动形式的社会能量。[①]所谓权力，就是通过使某种资本向象征性资本转换而获得的那种剩余价值的总和。“政治场域是由力量构成的场域，而这些力量的结构，是同各种形式的政权或各种不同类型的资本之间的力量对比状况所确定的。”[②]资本是实践的资源与结果，是行动者在场域中所持有的筹码。[③]作为实践工具的资本表现为四种形式，即经济资本、文化资本、社会资本和象征资本。[④]

资本（权力资源）是园长权力构成的前提条件，园长具备一定的权力资源和能力，才能生成一定的权力关系，并在这过程中维持权力的稳定。从微观政治学的视角来看，园长权力的利益驱动、资本构成及资本对于权力关系形成所产生的作用，是理解园长权力构成的前提。

2. 实践场所——场域

场域是实践的社会空间，是权力竞争的所在之处，是各种位置之间存在的客观关系的一个网络或一个构型。[⑤]权力场是行动者或机构之间的力量关系空间，这些行动者或机构的共同点是拥有必要的资本，以在不同场（经济场或文化场）中占据统治位置。权力场是不同权力（或各种资本）的持有者之间的斗争场所，这些斗争如同 19 世纪的艺术家与“资产者”之间的象征斗争，以各种不同资本的相对价值的转变或保留为赌注，而这种价值本身每时每刻都有可能增加这些斗争的力量。[⑥]

布迪厄认为实践活动是在场域中发生的，所有场域都是依靠权力关系来运作和维系的，作为一种社会关系和社会力量的权力在不同场域以不同方式表现出来，各个场域中的权力斗争的不同形式反映出社会正当化程序的复杂性与多样性。[⑦]场域（社会空间）是影响园长权力运作的外部环境。政治行为并不是在“真空”中实施的行为，政治行为受到所处环境的影响。[⑧]微观政治学探讨的是在特定群体中的实践活动。具体环境对个体的作用既包括群体所处的特定的社会空间层面的影响，又包括群体所在的宏观社会空间层面的影响。在这种意义上，环境并非特定物理环境，而是对特定行为具有弥散影响力的场域。我们需要对园长所处的各个

---

① 宫留记. 布迪厄的社会实践理论[J]. 理论探讨，2008，(6)：57-60.

② 高宣扬. 布迪厄的社会理论[M]. 上海：同济大学出版社，2004：151.

③ 周彦汐. 重拾布迪厄实践理论对质性与量化研究的融合[J]. 长江大学学报（社科版），2013，(2)：199-202.

④ 宫留记. 场域、惯习和资本：布迪厄与马克思在实践观上的不同视域[J]. 河南大学学报（社会科学版），2007，(3)：76-80.

⑤ 皮埃尔·布迪厄，华康德. 实践与反思——反思社会学导引[M]. 李猛，等译. 北京：中央编译出版社，2004：133-134.

⑥ 皮埃尔·布尔迪厄. 艺术的法则——文学场的生成与结构[M]. 刘晖，译. 北京：中央编译出版社，2011：192.

⑦ 朱伟钰. 权力与时尚再生产——布迪厄文化消费理论再考察[J]. 社会，2012，(1)：88-102.

⑧ 余清臣. 权力关系与师生关系[M]. 北京：北京师范大学出版社，2009：33.

层次的场域（不同权力层的社会空间）的影响进行探讨，这对于理解园长权力关系的生成是非常重要的。

3. 实践逻辑——习性（惯习）

习性是一种身体维度的实践逻辑，是一种持久的、可转换的潜在行为系统，它一方面作为主观性的社会结构，将外部强制和可能性内在化；另一方面作为建构性的结构，又赋予了行动者行动的意义与理由，习性对实践的引导往往是一种无意识的。[①]策略（规范与秩序）是园长权力产生影响的方式。以往的微观政治学研究深入关注了个体（微观）政治行为的策略性，这种策略性实际上是个体对如何施加影响作用力量的筹划性。策略性是个体行为的基本特征，其功能是引导个体对对方有效施加力量，最终达到个人的利益追求。[②]实践被认为由基于利益或欲求的发生原则所驱使，这些发生原则体现为习性，推动行动者进行种种实践。在习性对结构的具体作用方式上，行动者在实践中遵循的并不是规则，而是基于习性的策略（习性乃是策略的前策略基础，它总是倾向于再生产使策略行动成为可能的那些条件[③]），这也是一种实践感，或者说是一种游戏感。[④]实践就是个体或群体内在所拥有的习性、具体地使用他们自身所拥有的各种资本、在特定场域中出现的特定行为。[⑤]习性在实践中的操作是通过策略来实现的。这里的"策略"是遵从客观规律，向着积极方向展开的某种行动倾向。由于策略受习性规定而展开，所以策略表现出习性的基本特点，即潜在性、社会制约性和社会客观性。此外，策略还是实践活动中的产物，它类似于游戏中的感觉，是一种永久性的创造能力。[⑥]

从微观政治学视角对园长权力进行研究，把习性作为园长权力产生影响的方式，以及构成群体内部规范和秩序的手段。习性的构成、作用方式构成了理解园长权力产生影响的核心任务。

基于上述对实践逻辑的认识，本书将资本比喻为权力的面孔，将场域比喻为权力的迷宫，将习性比喻为权力的游戏，同时各自对应园长权力的构成、园长权

---

① 朱国华. 习性与资本：略论布迪厄的主要概念工具（上）[J]. 东南大学学报（哲学社会科学版），2004，(2)：33-37.

② 余清臣. 权力关系与师生交往[M]. 北京：北京师范大学出版社，2009：33.

③ 华康德认为："所谓策略，它指的是客观趋向的'行为方式'的积极展开，而不是对业已经过计算的目标的意图的、预先计划好的追求；这些客观趋向的'行为方式'乃是对规律性的服从，对连贯一致且能在社会中被理解的模式的形塑，哪怕它们并未遵循有意识的规则，也未致力于完成由某位策略家安排的事先考虑的目标。"——引自：皮埃尔·布迪厄，华康德.实践与反思——反思社会学导引[M]. 李猛，等译. 北京：中央编译出版社，2004：27.

④ 朱国华. 场域与实践：略论布迪厄的主要概念工具（下）[J]. 东南大学学报（哲学社会科学版），2004，(2)：41-45.

⑤ 胡春光. 惯习、实践与社会空间[J]. 重庆邮电大学学报（社会科学版），2013，(4)：120-128.

⑥ 冯润，雷韵. 布迪厄的实践逻辑[J]. 长春理工大学学报（社会科学版），2013，(10)：69-71.

力关系的生成及园长权力的影响。在第六章中，本书将解读对园长权力产生影响的政治和文化因素，通过解读权力的制衡、揭开权力的面纱、穿越权力的迷宫来深入分析。在本书的结语部分，笔者以“仰望权力星空的思考”来回顾总结园长权力研究的不足和研究展望。本书中园长权力研究的分析框架如图 2-8 所示。

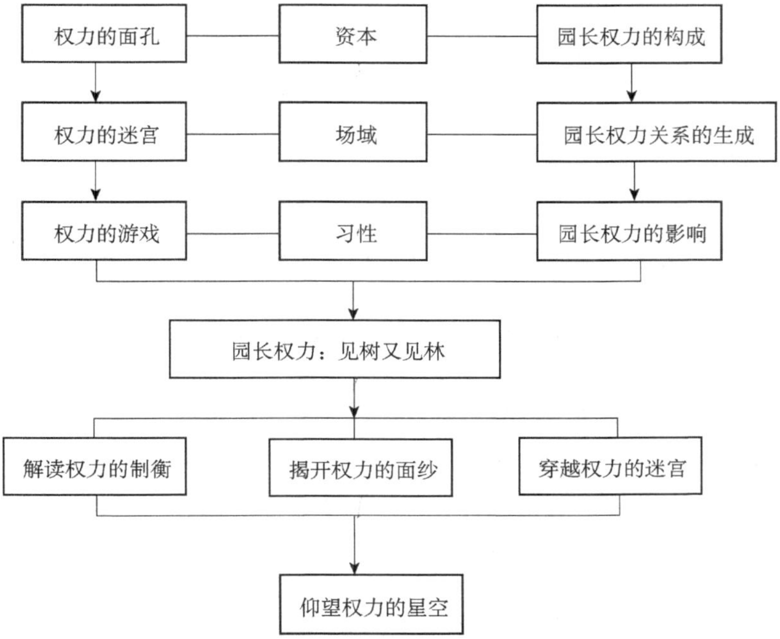

图 2-8　园长权力研究分析框架

第四节　质性研究：适合园长权力研究的方法

选择正确的研究方法是保障研究有效进行的关键。政治社会学研究需要把握的重要原则有以下几方面：①客观的精神及符合科学解释的意愿。②致力于问事实（是什么），并试以描述和解释，而不只是强调或追问（应该如何）的规范性问题。③抱持追求实然的态度和立场，敢于研究，并向禁忌挑战，揭开社会事实的面纱，而不是为习以为常的传统做辩护，要能了解社会的困境，找出社会“矛盾”和“对立”的问题所在，并寻找解决方案。④研究过程中，研究的态度应是价值中立，先搁置情绪化的偏好，严防陷入中心主义的窠臼，避免只关心自己社会的地域偏见。⑤检视政治现象，应采取宏观的研究途径，并建立宏观的理论，在理论的导引下，理解当代社会问题的成因，并检测种种可能的发展趋向。社会中的任何情境无不受到结构因素的影响，认识总体结构，探究结构交错的因素，才能较好地掌握社会困境的成因。⑥政治社会学一定是比较的、归纳的、研究的，目的是理解社会的变迁发展。[①]本书选择微观政治学的视角进行园长权力研究，也将力图遵循政治社会学研究的基本原则，以确保研究的可行性与规范性。

一　研究哲学

选择研究方法首先要明确研究哲学。研究方法主要分为定量与定性的研究方法，两者对应不同的研究哲学。定量与定性研究之间的根本区别在于：研究者是将人当作客体加以研究的中立的观察者，还是通过主观努力把人当作研究对象或服务对象去接触的独立变量。实证主义和自然主义就是两种对立本体论的代表。[②]从所检索的文献来看，微观政治学的研究多以定性的质性研究为主，本书也采用质性研究，遵从自然主义的研究哲学。

自然主义被认为是拒绝实证主义而赞成一种本质上是人文的和诠释的独立研究方法，它关注社会意义和行动者的信念、动机、目的与理由，以及由它们导致的“社会行为”，而不是发生频率。自然主义寻求在自然发生的场景中研究日常生活。自然主义是经验的：研究者试图通过“对象”的眼睛去看世界，并且理解人们的感受、认识和行为。情绪、观念、认同和信念是自然主义的研究材料。自然主义的研究主要是归纳的，其研究的主要原理为：①在对象的家庭或工作场所等自然生活环境中寻访他们。②询问他们的观点和寓意。③提问的方式应当让他们能够以自己的语言、方言和措辞来回答，达到深度询问。④关注他们的社会环境和个人处境。[③]

本研究也遵循自然主义的研究哲学，深入研究现场，通过访谈、观察、文本分析等方式收集资料，并试图理解和诠释研究问题。

二　个案研究的选择

20 世纪 40 年代，政治学的研究逐渐摆脱了思辨推理的思考方式，从宏观的政治体制研究转移到微观的人的政治行为研究，一些学者则更多地采用实证方法去论

---

① 王晧昱. 政治社会学[M]. 台北：三民书局，2008：31.

② 罗杰 • 皮尔斯. 政治学研究方法：实践指南[M]. 张睿壮，等译. 重庆：重庆大学出版社，2014：19.

③ 罗杰 • 皮尔斯. 政治学研究方法：实践指南[M]. 张睿壮，等译. 重庆：重庆大学出版社，2014：24.

证人们的政治行为的特点，从而验证政治学理论在分析现实问题时的有效性。[①]在本书中，笔者遵从微观政治学的研究趋势，采用质性研究方法，选取一所幼儿园的园长作为个案，在幼儿园的微观政治背景中探讨园长的权力问题。

罗伯特·斯特克对于个案的界定是：个案可以简单，也可以复杂，它可以是一个儿童、一间儿童教室，或是一个事件，一次发生……它是许多中间的一个……个案是一个"有界限的系统"。[②]费孝通曾经指出：人文世界中的"整体"并不是数学上一个一个加总而成的"总数"，基于学习和教育英雄所见略同，人文世界中的"个别是整体的复制品"，通过个案的细致研究，可以认识整个人文世界。[③]

在本书中，研究对象为幼儿园群体中的园长，研究个体与群体成员的关系生成与关系影响，因此，选择个案研究的方法能有效保障研究目的的达成。

在社会学/人类学的研究脉络中，个案研究有三种研究取向，分别是费孝通的"类型比较法"、格尔茨的"深描说"和布洛维的"扩展个案法"。费孝通的类型比较法是从个别到类型，通过类型比较可以从个别逐步接近整体；格尔茨的深描说是在个案中进行概括；布洛维的扩展个案法是从特殊抽取一般，从微观移到宏观。这三种研究取向在理论层面实现了超越，却在事实层面有着未能克服的问题，其原因在于它们对现实世界持有实体论的假定。[④]

有学者建议对现实采取非实体论的"关系的"本体论，提出关系个案研究。布迪厄是极力提倡关系视角的社会学家，他主张关系的首要地位。[⑤]布迪厄特意把黑格尔的"现实的就是合理的"这一著名公式改为"现实的就是关系的"，就是为了强调在社会世界中存在的都是各种各样的关系，不是行动者之间的互动或个人之间交互主体性的纽带，而是各种马克思所谓的"独立于个人意识和个人意志"而存在的客观关系。[⑥]场域和惯习概念的提出是他的关系主义思维方式的体现[⑦]，他提出：①关系具有本体论意义上的地位。②应从事物之间的角度构建研究对象。他的核心概念"场域"被界定为一个关系空间或一个网络，分析的核心是揭示场域的运行逻辑，只有如此，个体行为才能得到真正理解。布迪厄所指的场域的形成不仅是成员之间的关联，更重要的是这些直接关系背后的结构力量。[④]因此在对

---

① 吴志华，郝宇青. 政治学概论[M]. 北京：中国人民大学出版社，2012：35.

② Robert E S. Qualitative Case Studies，In Norman K.Denxin and Yvonns S. Lincoln（eds.），The Sage Handbook of Qualitative Research，Sage Publications，2005：444. 转引自：卢晖临，李雪.如何走出个案——从个案要研究到扩展个案研究[J]. 中国社会科学，2007，（1）：118-130.

③ 转引自：王富伟. 个案研究的意义和限度——基于知识的增长[J]. 社会学研究，2012，（5）：161-183.

④ 王富伟. 个案研究的意义和限度——基于知识的增长[J]. 社会学研究，2012，（5）：161-183.

⑤ 皮埃尔·布迪厄，华康德. 实践与反思——反思社会学导引[M]. 李猛，等译. 北京：中央编译出版社，2004：15.

⑥ 宫留记. "哲学资本"——布迪厄社会理论的"工具箱"[J]. 自然辩证法研究，2007，（3）：35-39.

⑦ 王树生. 布迪厄的"实践理论"及其对社会学研究的启示[J]. 社会科学研究，2007，（5）：97-103.

“关系性整体”进行界定时，一方面要在经验层次关注各种关联要素形成的直接和间接关系，另一方面要利用理论工具识别出这些要素背后的整体逻辑。关系个案研究所持的“关系的”本体论认为，个案与整体是相互生成、相互界定的，可以追求更大范围内与个案相关的事实，实现一种有限的超越。①

本书主要研究的是在幼儿园这个特定群体中，园长与群体成员之间的权力互动关系，考察这个微观群体的权力互动方式，以及其与宏观层面的社会文化结构之间的联系。因此，本书选取的个案研究取向为关系个案研究，将关系视角用到具体的个案研究中。研究方法如图 2-9 所示。

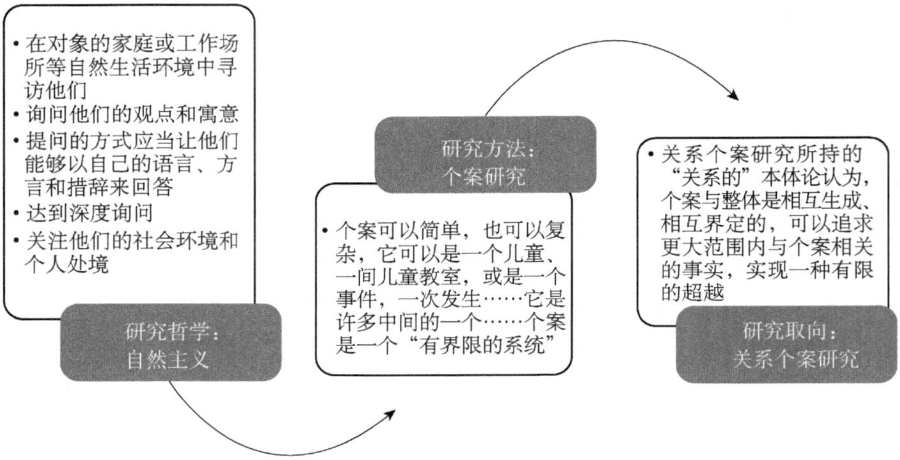

图 2-9　本书研究方法图示

三　S 园长的选择

关于研究对象的选择，笔者采用目的性抽样方法，即按照研究的目的抽取能够为研究问题提供最大信息量的研究对象②。抽样策略采取的是关键个案抽样，即选择那些可以对事情产生决定性影响的个案进行研究，目的是将从这些个案中获得的结果逻辑地推论至其他个案。③

（一）个案选择的原则

为了从个案中获取尽可能多的信息，使得本书研究能够在相互信任和合作的

① 王富伟. 个案研究的意义和限度——基于知识的增长[J]. 社会学研究，2012，(5)：161-183.
② 陈向明. 质的研究方法与社会科学研究[M]. 北京：教育科学出版社，2000：103.
③ 陈向明. 质的研究方法与社会科学研究[M]. 北京：教育科学出版社，2000：108.

关系中进行，以保证资料的可靠性，根据研究需要，本书研究采用目的性抽样方法，并确立以下选择原则。

1. 民办幼儿园

一方面，在当前中国，民办幼儿园依然扮演着重要的角色。根据教育部 2016 年全国教育事业发展统计公报：2016 年全国共有幼儿园 23.98 万所，其中民办幼儿园 15.42 万所，占比达 64.3%。因此，选择民办园的园长作为研究对象更有研究代表性。另一方面，民办幼儿园的园长属于聘任制，与公办园的任命制不同，园长权力关系的稳定性程度更取决于园长本人是否能够维持稳定的权力格局，对园长个体的挑战更为明显，更能体现园长权力研究的真实性和深入性。S 园长所在的 G 幼儿园是一所全日制民办园。G 幼儿园作为一所典型的小区配套民办幼儿园，前后经历了三次主管单位更换，这当中既有微观层面的原因，也有宏观社会背景的影响，符合本书研究需要。

2. 园长的任期较长

园长对幼儿园各方的影响较为深入，这是研究可行的基础。S 园长 2002 年应聘到 G 幼儿园任园长，彼时的幼儿园正处在混乱时期，此后虽经历三任主管单位的更迭，S 园长一直受到重用，地位稳固（前后 13 年）。S 园长也曾颇为骄傲地向研究者谈起“这个幼儿园老板换了三任，而园长还是我这一个!”足见 S 园长在 G 幼儿园的影响之深。园长任期长更能体现个体的影响力和影响策略。

3. 幼儿园相对成熟

权力关系较为稳定的幼儿园，便于深入探讨研究对象及其影响。G 幼儿园于 2001 年成立，至今已有 17 年的历史，经历了发展成长期，相对稳定成熟，符合研究条件。这样一所经历了三任主管单位更迭的幼儿园，教师队伍却一直很稳定，有近一半的教师是在该园工作 10 年以上的员工，其稳定性背后的原因是值得探讨的。

4. 研究的便利

G 幼儿园从 2003 年开始由笔者所在的单位接管，由于工作的安排，笔者自 2005 年 3 月便开始以教学督导的身份对这所幼儿园进行每周定期下园的教育教学支持，并负责教师的培训工作。2010 年，G 幼儿园经历了与笔者所在单位的剥离，由所在小区开发商接管，G 幼儿园与笔者所在单位在工作关系上没有了隶属关系，但因为多年积累的工作感情仍然存在，每个学期笔者也会到园进行 1～2 次的指导。

也正因为如此，笔者对G幼儿园的S园长和教师都较为熟悉。选择这所幼儿园，相比较而言有更多的便利条件。另外，G 幼儿园所在的区域与笔者住所处于同一个行政区，有地铁线路直达，这给定期的下园调查带来交通上的便利。

（二）个案的背景信息

1. S园长的个人信息

S园长为本科学历，高级教师职称，在2013年已经从事幼教工作35年，在G幼儿园担任园长已12年。她1979年开始从事幼教工作；1983—1999年在公办园N幼儿园从教师成长为园长；1999年因个人选择，从公办园N幼儿园辞职，进入民办园Y幼儿园担任园长；2002年因个人身体原因离开Y幼儿园，应聘进入民办园G幼儿园担任园长至今。

2. G幼儿园的信息

G幼儿园创办于2001年9月，位于G市某住宅小区，属于小区配套的全日制民办幼儿园。2001年至2004年，G幼儿园由某私人开办的公司负责中学、小学、幼儿园一体化的经营与管理，2004年因管理不善，教学质量得不到保障，G幼儿园所在的中学、小学家长及小区业主公开要求更换管理机构。2004年由H高校全面接管，G幼儿园走上正常、有序的发展轨道。2010年，因为政府对相关区域公用教学机构的调整，与G幼儿园一体的中学、小学被收为公办学校，由于当时政策并未涉及幼儿园的归属，当年G幼儿园也脱离H高校的管理，由所在小区的开发商接管。2014年G幼儿园通过G市一级幼儿园评估。

（三）个案资料的收集

1. 访谈对象的选择

本书研究主要采取半开放式的访谈，笔者事先备有一个粗线条的访谈提纲，根据研究设计对受访者提出问题。对于主要研究对象——S 园长采用的是深度访谈，事先经与S园长沟通，列了一个访谈提纲，经过3次深入访谈收集资料（附录1）。在访谈对象上主要涉及研究对象S园长、幼儿园群体中的行政人员、教师、保育员、后勤人员（厨房、保健人员）、其他人员（上级主管领导、姐妹幼儿园园长）。访谈法主要用来了解园长权力表现中的能力、影响与关系。访谈对象的选择依据以下原则进行：①关注不同岗位的员工。在本次的访谈对象中，群体的选择基本覆盖幼儿园的各个岗位。②关注不同任职年限的员工。此次参与访谈的员工中，有工作时间只有几个月的，也有工作年限最长的，尽量选择有着不同工作年限的员工代表。本书研究共进行 41 人次的访谈，受访对象清单如表 2-3 所示。

表 2-3 G 幼儿园受访对象一览表

访谈分类	访谈对象	入职年限（年）	访谈资料编号（F）
园长（P）	P	12	FP1.1-2014-09-02
			FP1.2-2014-09-23
			FP1.3-2014-11-05
			FP1.4-2-14-11-18
行政人员（A）	A1	10	FA1.1-2013-12-04
			FA1.2-2013-12-19
	A2	11	FA2-2014-02-17
	A3	11	FA3-2014-03-18
	A4	10	FA4-2014-02-17
	A5	1	FA5-2014-07-08
教师（T） 实习教师（IT）	T1	12	FT1-2013-12-11
	T2	1	FT2-2013-12-19
	T3	12	FT3-2014-03-18
	T4	4	FT4-2014-04-02
	T5	11	FT5-2014-04-15
	T6	2	FT6-2014-04-17
	T7	2	FT7-2014-04-17
	T8	5	FT8-2014-04-23
	T9	12	FT9-2014-04-23
	T10	3	FT10-2014-07-14
	T11	6	FT11-2014-07-14
	T12	12	FT12-2014-07-14
	T13	10	FT13-2014-07-14
	T14	10	FT14-2014-09-17
	IT1	0.5	FIT1-2014-04-15
保育员（N）	N1	11	FN1-2014-04-02
	N2	3	FN2-2014-04-23
	N3	3	FN3-2014-04-23
	N4	6	FN4-2015-01-30
	N5	10	FN5-2015-01-30
	N6	12	FN6-2015-01-30
	N7	7	FN7-2015-01-30
后勤人员（S）	S1	7	FS1-2014-04-23
	S2	12	FS2-2014-07-14
	S3	2	FS3-2015-01-30

续表

访谈分类	访谈对象	入职年限（年）	访谈资料编号（F）
后勤人员（S）	S4	12	FS4-2015-01-30
	S5	11	FS5-2015-01-30
	S6	7	FS6-2015-01-30
其他人员（Q）	Q1	（分管）12	FQ1-2014-06-11
	Q2	（认识）8	FQ2-2014-11-18
	Q3	（认识）3	FQ3-2014-12-18

2. 观察对象的选择

本书研究采用的是参与式观察法。观察者在与被观察者密切地相互接触与直接体验中倾听和观察他们的言行，这种观察的情境比较自然，观察者不仅能够对当地的社会文化现象有比较具体的感性认识，而且可以深入被观察者文化的内部，了解他们对自己行为意义的解释。①本书研究的主要观察内容是 S 园长及其工作团队在自然工作情境中的各种表现。观察主要为了了解园长权力的建构与生成、权力资源的运用、权力生成的场域影响，以及影响权力关系的策略。观察主要包括以下几方面：①S 园长的日常管理活动；②S 园长组织的园内会议；③S 园长外出的交往活动；④S 园长与不同群体（员工、家长、幼儿）之间的对话，等等（附录 2）。主要通过观察录音和观察日记的形式进行记录。笔者从 2013 年 11 月 21 日进入研究现场到 2014 年 12 月 18 日前后持续一年，撰写观察日记 41 篇、转录观察录音 40 篇（有些观察因各种原因未能同期录音）。观察清单如表 2-4 所示。

表 2-4　G 幼儿园观察一览表

序号	观察录音编号（W）	观察日记编号（D）
1	W-2013-11-22-001	D-2013-11-21
2	W-2013-11-22-002	D-2013-11-22
3	W-2013-12-04-001	D-2013-12-04
4	W-2013-12-04-002	D-2013-12-11
5	W-2013-12-04-003	D-2013-12-19
6	W-2013-12-11-001	D-2013-12-27
7	W-2013-12-11-002	D-2013-12-30
8	W-2013-12-19	D-2014-02-25
9	W-2013-12-27-001	D-2014-02-17
10	W-2013-12-27-002	D-2014-03-13
11	W-2013-12-27-003	D-2014-03-18
12	W-2013-02-27-004	D-2014-04-02
13	W-2013-02-27-005	D-2014-04-09

① 陈向明. 质的研究方法与社会科学研究[M]. 北京：教育科学出版社，2000：228.

续表

序号	观察录音编号（W）	观察日记编号（D）
14	W-2014-02-25-001	D-2014-04-10
15	W-2014-02-25-002	D-2014-04-15
16	W-2014-02-25-003	D-2014-04-17
17	W-2014-02-17-001	D-2014-05-12
18	W-2014-02-17-002	D-2014-06-03
19	W-2014-03-13	D-2014-06-11
20	W-2014-03-18-001	D-2014-06-12
21	W-2014-03-18-002	D-2014-06-19
22	W-2014-03-18-003	D-2014-06-24
23	W-2014-04-02	D-2014-07-02
24	W-2014-05-12-001	D-2014-07-04
25	W-2014-05-12-002	D-2014-07-06
26	W-2014-05-12-003	D-2014-07-08
27	W-2014-05-12-004	D-2014-09-02
28	W-2014-06-11-001	D-2014-09-12
29	W-2014-06-11-002	D-2014-09-17
30	W-2014-09-23-001	D-2014-09-23
31	W-2014-09-23-002	D-2014-10-10
32	W-2014-10-10-001	D-2014-10-17
33	W-2014-10-10-002	D-2014-10-22
34	W-2014-10-10-003	D-2014-11-14
35	W-2014-10-10-004	D-2014-11-18
36	W-2014-10-10-005	D-2014-11-25
37	W-2014-10-10-006	D-2014-11-26
38	W-2014-10-17-001	D-2014-12-12
39	W-2014-10-17-002	D-2014-12-13
40	W-2014-10-17-003	D-2014-12-14
41		D-2014-12-18

3. 实物的收集

“实物”包括所有与研究有关的文字、图片、音像、物品等，可以是人工制作的东西，也可以是经过加工的自然物。[①]本书研究中的实物资料主要包括：①各种发放给幼儿园的通知和幼儿园的日常通知。②幼儿园的记录、报告等的复印资料。③幼儿园的相关档案资料。④S 园长的相关工作记录、来往短消息等（表 2-5、表 2-6）。实物分析可以用来进一步研究园长的权力表现及权力关系，一方面指引我们观察和访谈；另一方面也是佐证我们的解释的重要资料。

① 陈向明. 质的研究方法与社会科学研究[M]. 北京：教育科学出版社，2000：257.

表 2-5　G 幼儿园文本资料一览表

文本资料名称	文本资料编号（N）
G 幼儿园家长委员会章程	N1-2013-11-22
G 幼儿园 2013 学年家长委员会议程	N2-2013-11-22
G 幼儿园 2013 学年家长委员会名单	N3-2013-11-22
G 幼儿园 2013 学年家长委员会工作计划	N4-2013-11-22
G 幼儿园 2013 学年工作目标	N5-2013-11-22
G 幼儿园投诉（关于动物医院的投诉）	N6-2013-11-22
G 幼儿园申报市一级幼儿园自评报告	N7-2013-11-22
G 幼儿园家长会邀请函	N8-2013-12-04
G 幼儿园 2013 年学前评估专项工作小结会安排	N9-2014-01-17
G 幼儿园开学典礼致辞	N10-2014-02-17
G 幼儿园工作人员作息时间表	N11-2014-09-01
T 区园长跟岗学习安排	N12-2014-11-26
“雨后彩虹”办学五周年教师心声集	N13-2009-05-01
2014 年 T 区学校及幼儿园灭蚊除害、防控登革热工作检查表	N14-2014-10-10
S 园长个人简历	N15-2014-03-31
G 幼儿园教职工花名册	N16-2013-12-20

表 2-6　S 园长短信资料一览表

短信资料往来	短信资料编号（M）
P→A4	M1-P-2013
P→A1、A2	M2-P-2013
P→A1、A2	M3-P-2013
P→A1、Q2	M4-P-2013
P→Q4	M5-P-2013
A2→P	M6-A2-2014
P→Q5	M9-P-2014
P→Q2	M7-P-2014
Q2→P	M8-Q2-2014
P→Q5	M9-P-2014
P→Q2	M10-P-2014
P→Q2	M11-P-2014
P→A1；A1→P	M12-P-2014
P→Q6	M13-P-2014
P→Q3	M14-P-2014

注：表中的 P、A1、A2、A4、Q2、Q3 分别对应表 2-3 中的受访对象，Q4、Q5、Q6 分别为与幼儿园相关的人员，属于其他人员，故延续 Q3 的编号

（四）笔者进入G幼儿园

1. 取得“守门员”的同意

笔者进入现场重要的一环是取得“守门员”的同意。“守门员”指的是那些在被研究者群体内对被抽样的人具有权威的人，他们可以决定被抽样的人是否参加研究。①

在本书研究中，S园长既是主要的研究对象，也是本书研究中的“守门员”。因此，当一切研究条件均符合研究者需要时，园长是否愿意参与是至关重要的。虽然笔者和S园长相识8年（2005—2013年），但毕竟是工作关系，更何况从2010年开始，这层工作关系也变得很薄弱，因为我们之间不再存在隶属关系。为了获取S园长的支持，笔者准备了一份简单的研究方案，并备上了《校长办公室的那个人》一书，以打消S园长的顾虑。这里必须说明的是，在研究初期，笔者的研究问题并不明确，只是有个初步的想法，研究框架基本是参照《校长办公室的那个人》中的研究框架，这也是研究的一个过程。S园长对于笔者提出的方案并未当场答应。

> 一直想着如何找S园长谈论文之事。通过与H的沟通，她建议我找个合适的机会，以免S园长直接拒绝我。只有S园长全力接纳和支持，我的研究才有可能进行下去。趁着今日请她去中山指导的机会，我决定和S园长提出这件事。上午的家长开放日活动结束后，我们一行准备出去用餐，刚好S园长和我聊起等会儿的一些安排，我趁此机会向S园长提及了我个人的事情，将事先准备好的论文方案和《校长办公室的那个人》一书一起给了S园长，希望能得到她的支持。她推脱了几句，问我她是否有那么优秀，又问起L园长和Q园长是否合适，我说了几点理由：①G幼儿园是民办园；②我们间有多年建立的基础；③S园长本身的特点适合做研究对象，如师资队伍的稳定，几任管理者更换她都一直稳定，这些是内在的原因。最后她问了句，Y教授（导师）是否知道，我说知道，也很支持（我之前确实和导师聊过论文意向和研究对象人选，她表示支持）。S园长表示她需要回去看看方案，看看书。我说可以。其实我心里没什么底，想着如果G园拒绝，我该如何继续，心中暂时无解，想着也许不会被拒绝，希望与失望并存！（D-2013-11-21）

第二天，因为工作关系，笔者去了G幼儿园，并见到了S园长，就在这一天，笔者的研究进程有了质的飞跃，让笔者深感幸运。

---

① 陈向明. 质的研究方法与社会科学研究[M]. 北京：教育科学出版社，2000：151.

昨日，S 园长提及因为评估需要我的一些下园照片，邀请我今日去补些照片。我 9：30 到达幼儿园，见到 Q2 园长（G 幼儿园聘请的顾问），S 园长不在，原来她一早去教育局处理三方协议之事。我和 Q2 园长就评估报告交换了意见。10：45 S 园长回来。我忍不住问她几点去的教育局，为这事花了多长时间，S 园长起初很奇怪我问这个问题，很快她意识到，我已进入研究状态。突然间，我意识到自己过于性急，毕竟，S 园长并未正式答应我，意识到自己操之过急，很快我没再追问。吃完午饭 S 园长让我下午参加他们幼儿园家长委员会的会议，同时让我准备讲话，我有些茫然，问讲些什么，我参加方不方便，她说你不是要……很快我明白，S 园长已接受我的研究方案，让我开展幼儿园观察。我很高兴，S 园长这么快就接受了我的研究方案。中午回到幼儿园后，S 园长开始处理事情，我询问她是否介意我在她办公室进行观察，她说不介意。于是我开始了观察记录，中间一度也会纠结：我和研究对象之间应是种怎样的关系距离？我的观察应该保持一种怎样的频率？我如何做才不会干扰到 S 园长？我应以一种怎样的角色在幼儿园出现？有些问题似乎要和园长详细沟通。只是一切来得太突然，我突然进入现场，扮演研究者的角色，有些不知所措，只能详细进行观察记录。参加完下午的家长委员会会议，趁着告别之际，在园长办公室，我向 S 园长表示感谢，谢谢她接受我的研究方案，愿意作为我的研究对象，也希望不会打扰到她的工作。对于我以怎样的角色进入幼儿园，我还想和她商量，同时对于我入园的真正目的，出于研究伦理考虑，我告知她不希望太多人知晓。她也告知，在幼儿园只和 A1 提及了此事，没再告诉其他人。因为大家忙着回家，没再细谈，而后告辞。（D-2013-11-22）

选定了研究对象，也获取了“守门人”的同意，接下来，笔者的研究得以顺利开展。笔者决定每周下园一次，进行随机观察和访谈。

2. 进入研究现场

2013 年 12 月笔者开始进入研究现场，边观察、边访谈。笔者主要是利用中午休息的间隙找对象进行访谈，随机选择幼儿园内安静无人的场所进行，在征得访谈对象同意的情况下，笔者对所有的访谈进行录音，并全部转换为文字材料。在持续一年下园观察的 41 天中，笔者每天进行观察日记的撰写，共记录 41 篇观察日记，同时对观察活动进行同期录音，除几次研究对象外出和操作原因未能同期录音，共录音 40 份，并全部转换成文字材料。

笔者多年来和 G 幼儿园一直在接触，与“守门员”即研究对象（S 园长）熟悉，没有“守门员”的障碍，彼此之间较为信任。多年来笔者均是以“专业指导者”的身份不定期地进入 G 幼儿园。进入研究现场后，除了研究对象和几位“线人”知晓笔者的“真正目的”，在园内笔者仍然以“专业指导者”的身份出现，研究现场的人员对于笔者的出现也不觉得突然，能以平常心对待，这从心理上消除了被访者对笔者的戒心。

> 因为连续三周 S 园长不在园，我的下园身份并不明朗和清晰，只是能明显感觉到，老师们对于我的下园行为已经习惯，虽然他们并不清楚我下园的目的。前几次我的观察者角色似乎让老师们放松了很多。对于我的出现他们也表现得很淡然，包括我跟在 A1 的旁边，观察和记录 A1 与老师们的一些对话，他们表现得也很自然，并不因为我的存在而掩饰什么。当天 A1 在巡班的过程中，指出了 T3 老师在户外活动中幼儿衣服摆放的问题，T3 老师对于 A1 的建议显得有些不情愿，皱着眉头和 A1 争论，在她看来她的做法并无不妥，但 A1 坚持自己的意见，T3 也在极不情愿的情况下指导孩子重新摆放衣服。我一直在 A1 的身边观察，很高兴 T3 并未因我在旁而掩饰自己的情绪，从这点来说，老师们已习惯我的“在场”。从下园第一天起，我就希望老师们能习惯我的存在，习惯到无视我的存在。从今天的事情来看，已基本达到此种情境，这是我进入现场的第一步。（D-2013-12-19）

在顺利进入现场一段时间后，被访者对笔者的研究者身份并未引起太多戒心，也对笔者的定期下园行为开始适应，这为笔者进一步的深入研究打下良好的基础。

3. 资料的分析与整理

对收集的资料转录完后，笔者会即时地进行一些简单的分析，通过初步的编码进行关键词记录。

集中进行资料分析和整理是在离开研究现场之后开展的。笔者在提炼的分析框架之下对所有的资料进行分析和整理，在初级编码的基础上进行筛选和归类，建构出其中的意义结构。

资料分析是由三种活动组成的，即资料简化、资料展示与结论引出/确证。这三种活动其实是同时进行的，在资料收集的前、中、后阶段，它们互相纠结在一起，共同构成一个领域，就是所谓的“分析”[①]，可以借用图 2-10 来呈现。

---

① 迈尔斯，休伯曼. 质性资料的分析：方法与实践[M]. 张芬芬，译. 重庆：重庆大学出版社，2008：17-18.

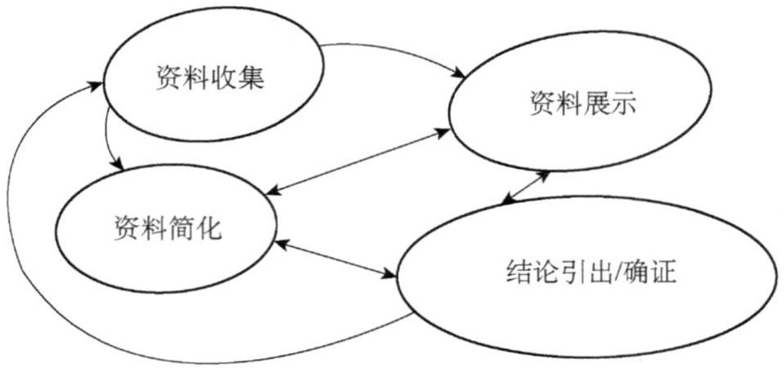

图 2-10　资料分析的互动模式

资料来源：迈尔斯，休伯曼. 质性资料的分析：方法与实践[M]. 张芬芬，译. 重庆：重庆大学出版社，2008：18

（1）质性资料的储存与检索

根据 Levine 的建议，我们将质性资料进行统一的“管理”，表 2-7 所列为一份资料清单。

表 2-7　应保留、备取用的资料

1. 原始资料：田野札记稿、录音带、现场文件。
2. 半成品资料：札记、录音转稿、论文初稿、修改稿、被清理稿、加评注稿。
3. 被编码的资料：加上代码的资料。
4. 编码系统或词库：包含历次版本。
5. 备忘录或其他分析性的材料：研究者对资料在概念上的意义所做的反思。
6. 搜寻与检索之记录：分析时研究者会寻找已编码的文块或段落，均应存档；包含其中所写的分析性文字和各次修正版本。
7. 资料展示：为展示所取用的资料，以及各式图表均应存档；包含其中所写的分析性文字和各次修正版本。
8. 分析的历次记录：为了绘制出图表，并写出分析文字，研究者逐步所做的事情，会产生一些相关文件，这些应予保存。
9. 报告：研究者对研究设计、方法与研究发现，历次所写的草稿均应保留。
10. 一般按日记录的工作日志或文件。
11. 上述所有资料的索引。

资料来源：迈尔斯，休伯曼. 质性资料的分析：方法与实践[M]. 张芬芬，译. 重庆：重庆大学出版社，2008：65

（2）初步的资料分析

资料整理主要分以下步骤进行。

第一步，资料的转录。根据录音和笔录，将所有文字转换成电子文档资料，将电子文档资料全部打印出来，进行全面、认真地阅读。

第二步，资料的分类。按照资料的不同类型进行分类编号，一是访谈类（F）；二是观察类，包括观察录音（W）和观察日记（D）；三是实物类，包括文本资料（N）和短信（M）（表 2-8）。对上述资料分类进行编号等资料处理。

表 2-8 资料的分类编号

资料分类	编号
访谈类	F
观察录音	W
观察日记	D
文本资料	N
短信	M

第三步，资料的编码。在资料整理归类的基础上进行初级编码，并进行资料的阅读，将相关的概念记录下来，写在一张大白纸上。

（3）编码分析

编码要做的就是检阅一组札记，并有意义地切割它们，但要保留部分与部分之间的紧密连接关系。①当初级编码完成之后，需要进行模式编码。模式编码是一种解释性或推论性的代码，显示了浮现的主旨、结构、解释，这类编码可以把大量的材料汇集在更有意义、更为精练的分析单位中。模式代码是一种后设代码。第一层次的编码是用来精简文段的，模式编码则是把精练的文段汇集在少数的几个群组、主题或结构下。模式编码通常有 4 类，彼此可能有所重叠，包括主旨、原因或解释、人际关系、更理论性的结构。②

笔者边观察边对所有观察日记会进行简单的编码，当天将笔记转为电子文档，同时进行初级编码。访谈录音和观察录音转录完成后也会即时进行初级编码。

（4）资料的探究与描述

首先是类属分析，尽量发掘资料背后的结构，整合出一个初步的框架。其次进行情境分析。“一个类属可以有自己的情境和叙事结构，而一个情境故事也可以表现一定的意义主题。”③在资料收集的中后期，在资料编码的基础上，我们开始资料的分析进程，进行探究和描述。这是由描述到解释的分析进程，Carney 指出这是一种“抽象化的阶梯”：先准备一份文本；然后为文本编上类目；再找出主旨与趋势；然后检测出研究者的灵感与研究发现；接着勾勒出“深层结构”；最后把资料整合，放入一个解释架构中。因此，资料转化就是依序将资料压缩、聚类、分类与连接。④整个过程如图 2-11 所示。

① 迈尔斯，休伯曼. 质性资料的分析：方法与实践[M]. 张芬芬，译. 重庆：重庆大学出版社，2008：80.
② 迈尔斯，休伯曼. 质性资料的分析：方法与实践[M]. 张芬芬，译. 重庆：重庆大学出版社，2008：97-99.
③ 谢翌.教师信念论[M]. 广州：广东高等教育出版社，2010：91.
④ 迈尔斯，休伯曼. 质性资料的分析：方法与实践[M]. 张芬芬，译. 重庆：重庆大学出版社，2008：128-129.

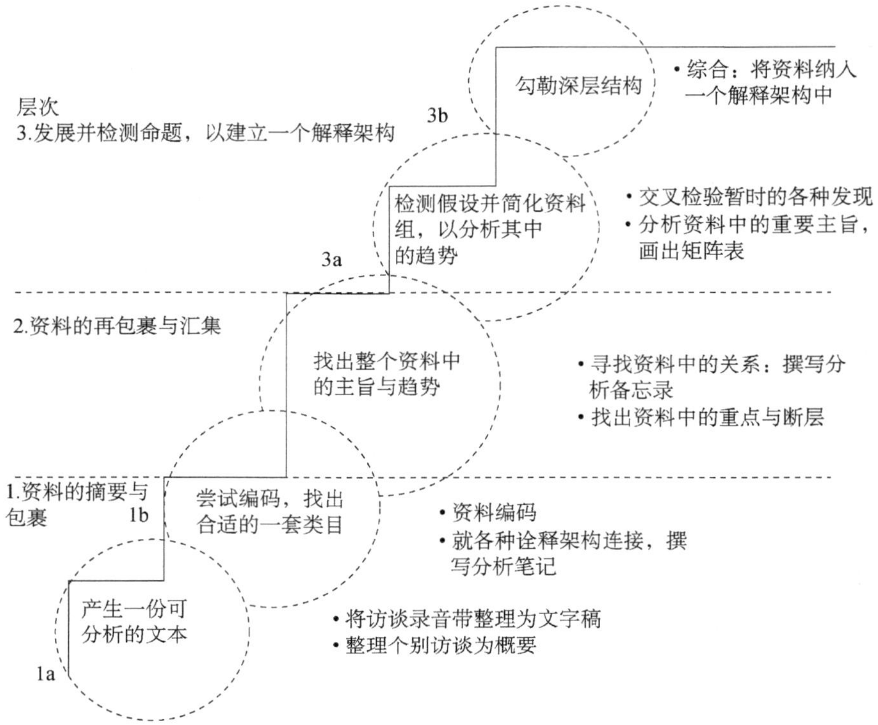

图 2-11　分析性抽象化的阶梯

资料来源：迈尔斯，休伯曼. 质性资料的分析：方法与实践[M]. 张芬芬，译. 重庆：重庆大学出版社，2008：130

本书研究在整理资料的同时，根据分析视角及理论建构分析框架，通过园长权力解读与微观政治学的相关分析，从资本、场域、习性三个方面构建了园长权力的构成、园长权力关系的生成场域、园长权力的影响的分析框架。构建出分析框架后，笔者再将完成初级编码的资料进行深描和分类，如表 2-9 所示。

表 2-9　园长权力的资料分类

权力构成——资本	权力关系的生成场域	权力的影响——习性
经济资本	权力场域的区分	权力影响：策略
文化资本	权力关系：上下级权力层	权力影响：日常工作
社会资本	权力关系：话语分析	权力影响：特殊事件
象征资本		S 园长的社会事务
		S 园长的社会关系网络
		S 园长的前台形象
		团队的氛围
		S 园长遭遇的危机
		下属的反馈

（5）资料的发现与呈现

Mills 在《论心智技巧》中谈到，书写开始时是一发现之旅，然后是一呈现之旅。这一工作通常又会再次把我们带回发现之旅。书写就是思考，书写并不是思考的一种报告。图 2-12 展示了资料展示与逐渐定型的分析性文字间的互动。[①]

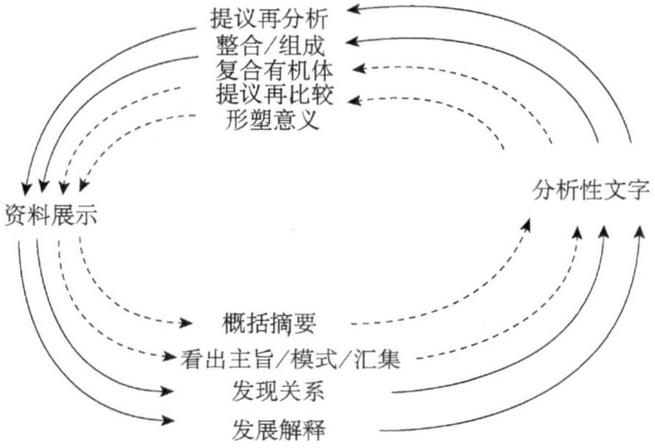

图 2-12　资料展示与分析性文字之间的互动

资料来源：迈尔斯，休伯曼. 质性资料的分析：方法与实践[M]. 张芬芬，译. 重庆：重庆大学出版社，2008：141-142

在提出分析框架和分类整理资料中，正如 Mills 所言，资料与分析性文字间是不断互动的过程。当资料在分类之下越来越细化，研究者会不断思考并不断地调整分析框架，以便进行更深入的分析。分析的深入也会不断地分化资料的分类和细分，如图 2-12 所示，是一个反复循环的过程。

（五）对 S 园长研究的反思

1. 研究的代表性

个案研究所面临的最普遍的质疑是所谓“代表性”问题，即个案研究中的发现能否推论到总体？作为对个别的有限系统进行研究的方法，个案研究主要面临的问题是超越性。对于超越性问题的处理主要从两个维度展开：一是将个案视为“整体”中的“部分”，探寻事实层面上通过“部分”认识“整体”的途径；二是着眼于个案研究的理论意义，试图通过个案进行理论启发或检验。人文世界中的“个别是整体的复制品”，通过对个案的细致研究，可以认识整个人文世界。[②]在本书研究中，笔者试图通过个案研究去分析园长权力的运用，从这个特殊的个案背

① 迈尔斯，休伯曼. 质性资料的分析：方法与实践[M]. 张芬芬，译. 重庆：重庆大学出版社，2008：141-142.

② 王富伟. 个案研究的意义和限度——基于知识的增长[J]. 社会学研究，2012，（5）：161-183.

后，去追寻园长权力的一般性存在，最终建构研究视角下的园长权力分析模型，从而使研究的成果可以用于认识整个群体的权力运用。

2. 研究的效度

内在效度最关键的问题是所谓的真实性。效度本身并不是一个单一的概念。以古典的、测量导向的观点来看，效度可以分为表面效度、内容效度、聚敛效度、辨别效度与预测效度。Kvale 曾强调：效度是一个检验、提问与理论化的过程，而并不是一种策略——为了找出实在界的规律性，为了使研究结果符合“真实的世界”，而采用的一种方法。[①]外在效度就是要知道研究发现是否有更广的意义。在本书研究中，笔者尽力保持价值中立，主要通过观察记录来进行真实地呈现，因此可以尽量保证研究的内在效度。在研究的推进过程中，个案所呈现出来的特殊性同样具有一般性的表现，在此基础上，通过理论的建构使得个案研究的结果更具有普适性的价值，从这个侧面保障研究的外在效度。

3. 研究伦理

参照哈里 • F. 沃尔科特的做法，保持匿名是整个研究进行的一贯原则，而不仅仅限于写作中。研究者是研究期间唯一能够获得大量资料的人。对于研究中的反馈，研究者也是采取面对事情而不对事件表示赞同或反对等个人观点。研究者的目的是观察、记录，而不是判断。[②]在会议、座谈中不加评论很简单，在只有两三个人在场时，研究者只能尽可能少反馈，或是集中注意力记笔记。但在实践操作中，完全记笔记有点困难，有时候会适当地参与他们的谈话，然后做好现场录音，也不失为一种好的“参与式观察”方法。

在研究当中，研究者和研究对象保持适当的距离也很重要，过于亲密的关系并不利于研究的开展[②]，所以在本书研究中，笔者的目标是扮演一个温馨、具有共鸣的观察者角色。在本书研究中，笔者尽力遵循研究伦理，与研究对象保持合理的研究距离，以确保研究的真实性。为保护相关人员的隐私，对于研究需要呈现的人员均做了处理。本书研究中所呈现的所有幼儿的名字均为化名，需要呈现的相关人员的名字皆用大写字母代替。

---

① 迈尔斯，休伯曼. 质性资料的分析：方法与实践[M]. 张芬芬，译.重庆：重庆大学出版社，2008：394.

② 哈里 • F. 沃尔科特. 校长办公室的那个人——一项民族志研究[M]. 杨海燕，译. 重庆：重庆大学出版社，2009：4.

第三章　权力的面孔
——园长权力的构成

力是一种多维的复杂现象，不能简化为一个简单的类别或数字。不过，我们还是可以想象这60亿人会有某种“权力结构”。[①]

——肯尼思·E. 博尔丁《权力的三张面孔》

资本是权力的实践工具，园长权力的构成是以权力资本的形式来展现的。布迪厄这样定义资本：“资本是一种积累起来的劳动（它以物质化形式或是‘肉体化’、身体化形式存在）。当行动者或行动者群体在私有的——也就是独占排外的——前提下占有利用它时，他们便可以因此占有利用具有物化形式，或者体现为活生生的劳动的社会能量。”[②]资本包含了坚持其自身存在的意向，它作为一种植根于客体或主体结构中的力量，强调社会世界的内在规律性，排斥赌博游戏式的随机性和偶然性。各种资本的分布结构体现了特定时刻社会世界的内在结构，这里实际上也意味着一种“本体论的契合”。[③]布迪厄的定义中隐含了资本的三个特征：第一，资本的生成性，即资本是积累的劳动；第二，资本的排他性，即资本应与私人占有关系一致；第三，资本的获利性，即资本是一种能获得更多资源的资源。[④]在本章中，我们将从对资本的理解中去探寻权力资本的分析路线。

---

① 肯尼思·E. 博尔丁. 权力的三张面孔[M]. 张岩，译. 北京：经济科学出版社，2012：25.

② 皮埃尔·布迪厄，华康德. 实践与反思——反思社会学导引[M]. 李猛，等译. 北京：中央编译出版社，2004：302.

③ 洪进. 论布迪厄社会学中的几个核心概念[J]. 安徽广播电视大学学报，2004，(4)：8-12.

④ 林克雷，李全生. 广义资本和社会资本——布迪厄的资本理论解读[J]. 烟台大学学报（哲学社会科学版），2007，(4)：63-68.

第一节 理解资本

资本是现代社会中进行权力斗争的基本手段。在斗争场域掌握资本的数量越多，在斗争场域中就越占据优势地位。根据布迪厄的分类，现代社会中的主要资本是文化资本、经济资本、社会资本和象征资本。①

一 文化资本

文化资本泛指任何与文化及文化活动有关的有形或无形资产。②布迪厄关注文化资本，更主要的是因为在现代发达社会，文化资本日益成为一种权力资源。③

文化资本具有几个特征：一是个体性。"这种具体的资本是转换成个人有机组成的外来财富，是转换成个人习性的外来财富，和金钱、产权以及贵族头衔不一样的是，它无法通过馈赠买卖和交换进行当下的传承。"二是无意性。"可以在不同程度上、不同阶段里通过社会和社会中的阶级来获得文化资本。这种获得并不需要经过精心的策划，因此，人们是在无意识中获得文化资本的。"三是独特性。"文化资本的获得总是带有最初条件的印记，在这一获取过程中遗留下来的或明或隐的印记（例如某个阶级或地区的发音特征），决定了一种文化资本区别于其他文化资本的特征。"四是符号性。"由于在传承和获取的社会条件方面文化资本比经济资本带有更多的隐秘色彩，因此，文化往往首先是作为一种符号资本而起作用的，即人们并不承认文化资本是一种资本，它只是承认它是一种合法的能力，一种能获得社会承认的（也许是误认的）权威。"④

文化资本本身的存在形式有三种：身体化的、客观化的和制度化的。⑤

---

① 高宣扬. 布迪厄的社会理论[M]. 上海：同济大学出版社，2004：75.

② 朱伟钰. 文化资本与人力资本——布迪厄文化资本理论的经济学意义[J]. 天津社会科学，2007，(3)：84-89.

③ 宫留记. 布迪厄的社会实践理论[J]. 理论探讨，2008，(6)：57-60.

④ 薛晓源，曹荣湘. 文化资本、文化产品与文化制度——布迪厄之后的文化资本理论[J]. 马克思主义与现实（双月刊），2004，(1)：43-49.

⑤ 朱伟钰. 文化资本与人力资本——布迪厄文化资本理论的经济学意义[J]. 天津社会科学，2007，(3)：84-89.

（一）身体形态文化资本

身体形态文化资本通常指通过家庭环境及学校教育获得，并成为精神与身体一部分的知识、教养、技能、品位等文化产物。“身体化”与“成为精神与身体的一个有机组成部分”之间，借用布迪厄本人的话说就是一种“惯习化”。第一，身体化资本只有通过特定的个人才能得以实现。文化资本的身体化过程必然伴随着大量的时间消费。[①]作为身体化状态的文化资本必然要求个人性的投入，这首先意味着个人性时间的投入，衡量文化资本最为精确的标准就是获取利益所需的时间长度。第二，这种文化资本具有特殊的累积性，这种累积与个人及其生物特性有着密切的联系，它不能超越个体行动者及其表现能力，并随着拥有者的身心能力一起衰落和消亡；与累积过程相对应，还伴随着生成性的过程。第三，此种文化资本具有继承式的传递性。布迪厄在这里强调的是文化资本在实践过程中的获取、积累、传递和实现。[②]

（二）客观形态文化资本

客观形态文化资本具体指书籍、绘画、古董、道具、工具及机械等物质性文化财富，这是一种可以直接传递的物化形态文化资本。布迪厄认为不存在纯粹意义上的物质形态文化资本，任何事物若想要作为文化资本发挥作用，就必须具备某些身体形态文化资本的特征。

（三）制度形态文化资本

制度形态文化资本是一种将行动者的知识与技能以考试的形式予以认可，并通过授予合格者文凭等方式将其制度化的资本形态。这是一种将个人层面的身体形态文化资本转换成集体层面客观形态文化资本的方式。文凭是制度形态文化资本的典型形式。

根据布迪厄对文化资本的解析，综合文化资本的三种存在形式，我们可以从园长的家庭环境、学校教育、个人经历三个方面对园长权力的文化资本进行考察。

---

① 朱伟钰. “资本”的一种非经济解读[J]. 社会科学，2005，（6）：117-123.

② 洪进. 论布迪厄社会学中的几个核心概念[J]. 安徽广播电视大学学报，2004，（4）：8-12.

二 经济资本

经济资本是由土地和劳动等不同的生产要素、经济财产、各种收入及各种经济利益所组成的。布迪厄认为，经济资本在不同的社会中具有不同的特性。[①]经济资本是所有其他类型资本的根源，其他类型的资本，只有在掩盖了经济资本是其根源这一事实的情况下，才能产生其特有的效应。[②]

综上所述，对于园长的经济资本，本书将从园长本身的劳动价值体现来进行分析。

三 社会资本

社会资本是指某个个人或是群体，凭借拥有一个比较稳定又在一定程度上制度化的相互交往、彼此熟识的关系网，从而积累起来的资源的总和，不管这种资源是实际存在的还是虚有其表的。[③]布迪厄认为，这种关系网络首先具有集体性和制度化的基本属性，但这种制度化的网络既不是自然形成的，也不是社会规定的，而是由亲属关系的家谱体系的定义来体现的，因此它还意味着一种生成的过程，其中行动者采取特定的策略来确定或再生产某些社会关系，即将一些偶然性关系（如邻居关系、工作场所的关系和亲属关系等）转变为选择性的持久关系，这种关系既可以引起行动者主观上的需要（如感激、尊敬、友谊等），又可以进一步转变为在体制上得到保障的权力关系。其次，制度化关系网络的确立和维持必须以稳固的物质性交换和符号性交换为基础。交换在社会关系网络的形成中起着关键性的作用，处于特定社会体制中的行动者通过各种交换活动（如礼物、言语、女人等）将偶然性的关系不断转换为稳定的权力关系，并通过彼此之间的承认和合法化，进行不断的再生产，如农业社会礼物馈赠和婚姻关系的建立。最后，这种关系网络及其相应的团体组织还存在不同程度的制度化代理形式。[④]

社会资本是一种关系资本，它与个人在特定社会网络结构中的地位相关联。社会资本是由彼此有“交往”的人们之间的社会义务构成的。社会资本是一种有意识或无意识的投资策略的产物，这些策略形式包括对社会关系的选择、对关系

① 李全生. 布迪厄的社会结构理论述评[J]. 济南大学学报（社会科学版），2008，(6)：81-85.

② 宫留记. 布迪厄的社会实践理论[J]. 理论探讨，2008，(6)：57-60.

③ 皮埃尔·布迪厄，华康德. 实践与反思——反思社会学导引[M]. 李猛，等译. 北京：中央编译出版社，2004：161-162.

④ 洪进. 论布迪厄社会学中的几个核心概念[J]. 安徽广播电视大学学报，2004，(4)：8-12.

的“象征性建构”、对关系的积累和维护等。社会资本具有极强的自我增值能力，如果运用得当，“从一种关系中自然增长出来的社会资本，在程度上要远远超过作为资本对象的个人所拥有的资本”。可由两种不同层次的渠道来推测某社会成员社会资本量的拥有状况：第一，个人所属的社会集团（如家庭、职业群体、业余交际圈）所拥有的总的社会资本，这是由该集团在社会中的结构位置或行为模式所决定的；第二，个人从集团中获得的社会资本，这与个人在集团中的地位及其活动形式有关。社会资本只能在实践中表现出它的存在，社会资本应该是一种制度化的资本。它的存在、消长与社会对它的认可是一致的。①

综上所述，根据社会资本的拥有状况，即个人所属的社会集团（家庭、职业群体、业余交际圈）、个人从集团中获得的社会资本来看，老师、园长权力的社会资本可以从亲属关系、工作关系、朋友关系来进行分析。

四 象征资本

象征资本是某种特性，是物理力量、财富、战争价值，这一特性被赋予能够感知它、认识它并承认它的各种感知范畴和鉴别范畴的社会行动者所感知，而这些东西就像一种真正的神奇力量变成象征性的有效：一种特性因为符合社会建构成的“集体期待”，符合信仰，而发挥一种远距离的、无身体接触的作用。②最为重要的特征就是，这个象征资本是团体内全体成员所有的。因为它是一个知觉存在，存在于行为者掌握的特性和各种类别的感知力（高/低，男/女，大/小，等等）之间的关系中，这些类别的感知力就这样组成并建构以联合（结交、经常共餐、婚姻）和疏远（接触禁忌、地位不相称的婚姻等）为基础的社会范畴（上层人/下层人，男人/女人，大人物/小人物）；象征资本附属于团体——或者说，附属于团体的名称、家庭、氏族、部落，而且，它既是力求保全或增加它的个人策略的手段和赌注，又是力求获取它或保存它的个人策略的手段和赌注，与此同时，它参与那些拥有它的团体（通过馈赠交换、经常共餐、联姻等手段），而且，区别于较少拥有它或没有它的团体（受谴责的种族）。③

象征资本不是一种特殊的资本，而是任何一种资本变成的东西，当它作为资

① 林克雷，李全生. 广义资本和社会资本——布迪厄的资本理论解读[J]. 烟台大学学报（哲学社会科学版），2007，(4)：63-68.

② 皮埃尔·布尔迪厄. 实践理性：关于行为理论[M]. 谭立德，译. 北京：生活·读书·新知三联书店，2007：167.

③ 皮埃尔·布尔迪厄. 实践理性：关于行为理论[M]. 谭立德，译. 北京：生活·读书·新知三联书店，2007：169.

本也就是作为力量、权力或（当前或潜在的）开发能力不为人知却被承认为是合法的时候。更为确切地说，作为象征资本（它提供象征利益，如同一句箴言所说的，诚实是最好的计谋）的资本在与一个习性的关系中存在和发挥作用，这个习性预先具有将这种资本视为符号和重要符号的倾向，也就是按照某些认识结构认识它和承认它，这些认识结构有能力并倾向于承认这种资本。作为一种力量关系成为意义关系的产物，象征资本摆脱了作为无重要性和无意义的无足轻重。①

依照象征资本的解读，我们根据其特性（符合社会建构的“集体期待”），以及它对团队的附属性，将园长权力的象征资本从园长的个人力量和个人影响两个方面进行分析。

综上所述，对于园长权力的构成——资本，本章从资本的四种类型进行分析，用图 3-1 所示的分析框架图来表示。

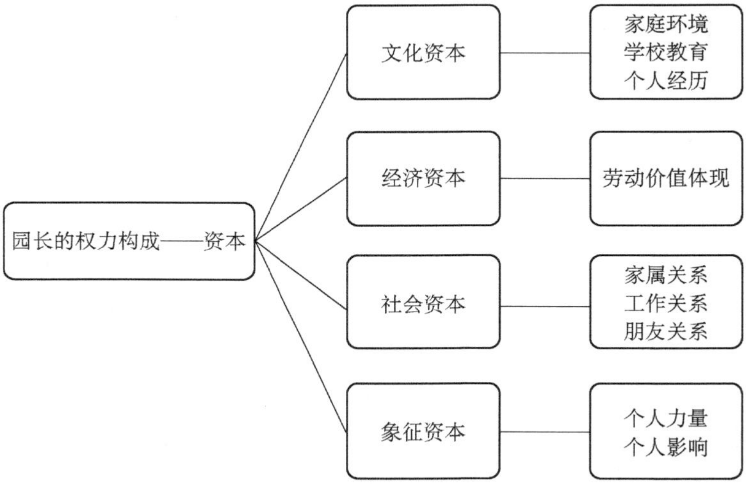

图 3-1　园长的权力构成——资本的分析框架图

第二节　权力的面孔：S 园长的权力构成

在对 S 园长权力构成的呈现中，笔者主要是通过深度访谈，对其个人生活史

---

① 皮埃尔·布尔迪厄. 帕斯卡尔式的深思[M]. 刘晖，译. 北京：生活·读书·新知三联书店，2009：286.

进行梳理，纵向地呈现S园长权力的资本累积过程。对于S园长权力资本的呈现，本章将按照文化资本—经济资本—社会资本—象征资本的路径展开。

一 S园长的文化资本

（一）家庭环境

谈到自己的家庭和父母，S园长显得很怀念，记忆中的家庭关系是和睦、温馨的。

1. 和谐的家庭氛围[①]

家里有6朵金花，我排第五。我从小生活在军区大院，无忧无虑，很快乐。父母不太管我们，虽然我家6个女孩，父亲对我们特别好。妈妈是贤妻良母型的，不管谁的同学来，都对人家特别好。父亲没有打过任何一个孩子。（FP1.1-2014-09-02）

2. 父母关系融洽

一个家庭的美满与和谐首先在父亲。我父亲很豁达，我妈妈贤惠，性格内向，安静，人很漂亮，我们6个（孩子）没一个完全像她，我最典型，像我爸。（FP1.1-2014-09-02）

3. 姐妹情深

以前在家大的带小的，我带妹妹，小时候我也跟我妹妹打架。我姐姐们一人一间房，我和我妹妹、小姐姐一间房，一张大床睡我跟我妹妹，一张小床睡我小姐姐。我姐当兵回来还说你们俩好好玩。打啊！我妈妈有时气不过，她说打死一个少一个（说起往事自己也忍不住笑了），那时每家都一样，但不影响感情，大了回忆起来都很好玩。现在几姐妹都在广州，三个都60岁以上，小姐姐也57岁了，我都55岁了，我妹妹51岁。我们小时候无忧无虑。（FP1.1-2014-09-02）

4. 家庭的影响

大姐在医院工作，是产科医生。恢复高考，我三次都没考上。三姐退伍回来，想考大学，也没考上，考的中专。我妹妹考上了军医学校，三个姐姐

① 为了尽量真实地呈现访谈内容，本书自述部分的内容我们尽量保留了原貌，仅对影响理解的地域性表述做了必要的修正。

都在做医生，妹妹在医院做护士，我们家的孩子关系还是很好的，家庭对孩子有很大的影响，父母的和睦对我们有很大影响。（FP1.1-2014-09-02）

家庭是一种自然倾向的充满活力的团体（法人团体），按照斯宾诺莎的意思，也就是一种使它们的社会存在及其一切权利和特权永久延续下去的倾向。[①]和谐的家庭环境、融洽的姐妹关系，这些转换成S园长个人习性的外来财富，而这种文化资本的获得并不需要精心地策划，是在她的个人成长过程中无意识获得的。正如布迪厄所指出的，“文化资本的获得总是带有最初条件的印记，在这一获取过程中遗留下来的或明或隐的印记，决定了一种文化资本区别于其他文化资本的特征”。[②]

（二）学校教育

1. 班干部的经历，成长的锻炼

我上中学的时候，初二在P校当班长，13岁到了C市入团，又当劳动委员，做班干部。好像高一的时候也当班长。从H省回到G市，到高中毕业一直当副班长，应该是这时候锻炼出来的，原先胆子小。（FP1.1-2014-09-02）

2. 脱产学习，奠定专业基础

我父亲是军人，我是分配进来的。从H省回来后幼儿园恢复了，我就开始做这个。在农场和农友关系也还不错，那时候人还是单纯的，在农场的表现还不错，军区跟我说有一个进修指标，部队党委开会商量，根据对孩子的责任心、性格各方面的评价，从20多个青年中选了我。脱产一年学习后，我去G幼师，1984年拿毕业证，回到了原来的幼儿园。（FP1.2-2014-09-23）

3. 职后进修，提升专业水平

那时候（在Y民办园任园长期间）我是学了很多东西的，哪有培训我都参加，园长班我也参加。我读本科是签协议的，成绩在80分以上才能帮我交学费，而且还要服务5年，我都遵循了。我就是全按照单位规定办，所以专科、本科的学费确实都是单位给我报销的，而且还给我餐费、交通费。这些都是当时N幼儿园提供给我的，1999年我离开，幼儿园也放了我。（FP1.2- 2014-09-23）

布迪厄的基本主张是，文化资源，比如教育文凭，已经作为一种资本发挥作

---

① 皮埃尔·布尔迪厄. 实践理性：关于行为理论[M]. 谭立德，译. 北京：生活·读书·新知三联书店，2007：22.

② 薛晓源，曹荣湘. 文化资本、文化产品与文化制度——布迪厄之后的文化资本理论[J]. 马克思主义与现实（双月刊），2004，（1）：43-49.

用，因而已经变成现代社会中新的、独特的分化根源。[①]作为身体形态的文化资本，学校教育具有特殊的累积性，这种累积与个人及其生物特性有着密切的联系，它不能超越个体行动者及其表现能力，并随着拥有者身心能力一起衰落和消亡；与累积过程相对应，还伴随着生成性的过程。[②]从S园长的学校教育经历过程可以看到学校教育对她个人能力及专业能力的累积过程。

（三）个人经历

1. 农场的磨炼——从依赖到独立

S园长自小生活优越，因为父亲的官职较高，家中都有专人提供后勤服务，所以离开家庭到农场的经历，对于S园长来说，无疑是一次全新的挑战。

（1）体验生活

那段经历对我来说意味着什么呀？因为那个时候家里是有工人的，搞卫生、打早餐都是工人做。家务我是不会做的，煮饭我都不会。我真正要煮饭是在结婚以后，所以农场那段经历是锻炼人、磨炼人的。（FP1.2-2014-09-23）

（2）任劳任怨

那几年我跟师傅学了3年电工，我觉得还是蛮锻炼人的，其中一个是培养了独立性，因为需要到作业区去嘛！所以那3年的工作经历给我今天任劳任怨、吃苦耐劳的精神培养奠定了基础。（FP1.2-2014-09-23）

（3）评为先进

我在农场的时候18岁，我1976年下去的，1978年12月回来，3年多一点的时间……那时候还被评为积极分子。我也在农场拍了很多照片，现在想找人翻（拍）出来，就是不知道该找谁。（FP1.2-2014-09-23）

从养尊处优到适应独立生活，这是S园长人生成长中的重要一步，她开始学会主动适应环境，并在这个过程中完成了人生最初的积淀。

2. N幼儿园的成长——从老师到园长

在N幼儿园，S园长从一名老师成长为园长，尽管园所不大，但也完成了她职业生涯的第一次跨越。

---

① 戴维·斯沃茨. 文化与权力：布迪厄的社会学[M]. 陶东风，译. 上海：上海世纪出版社，2012：157.

② 洪进. 论布迪厄社会学中的几个核心概念[J]. 安徽广播电视大学学报，2004，(4)：8-12.

我毕业以后就回来了，大概是1982年吧。1983年7月暑假的时候我就去了N幼儿园，是调过去那里的。（FP1.2-2014-09-23）

当时去的时候是当老师。我1983年7月算是8月过去的（放假），1988年、1989年做的园长，我去的时候幼儿园共18个孩子，就1个班，大大小小在一起。单位企业嘛，主要是解决公司职工问题，说学东西肯定不会去学的，工作人员都是家属、职工。职工还分了上下午，就几名职工。（FP1.2-2014-09-23）

后来我们班级慢慢扩大，大中小共6～7个班，最多的时候是8个班，孩子有150～200个，最顶峰的时候是170、180，我做园长时就扩大了规模。（FP1.2-2014-09-23）

3. Y幼儿园的转型——从公办园到民办园

1992年公布的《全国教育事业十年规划和“八五”计划要点》提出：学前教育以社会各界共同办学为主。1997年国务院发布的《社会力量办学条例》规定：社会力量应当以举办职业教育、成人教育、高级中学教育和学前教育为重点。2007年，全国共有12.9086万所幼儿园，其中有民办幼儿园7.7616万所，民办幼儿园占全国幼儿园总数的60.1%。[①]正是在这样的宏观政策背景影响之下，20世纪90年代迎来了民办幼儿园蓬勃发展期。民办幼儿园灵活的办园机制、高薪的回报，吸引了一大批优秀的公办体制内的教师和园长加入其中。S园长正是在这种宏观背景的机遇下，完成了自己的职业转型，从公办园跳到了民办园。

真正出来拼搏是在Y幼儿园。我从一开始巴掌大的幼儿园到这里，这里真的是比我原来那里要大多了，那我真的是要认真地做下来。我觉得我有能力、有水平发挥自己。我原来在那个N幼儿园，我觉得我的能力完全没有发挥出来，我还有很多的潜力可以在这里发挥，这个地方真的适合我，因为它是新办园。（FP1.2-2014-09-23）

3年的规划是我第一年办多少个班，第二年多少个班，包括我在教学上是怎么样设计的、师资队伍上是怎么样规划的，这些也真的是按规划一步步实现的。等我走的时候，从最初的70多个孩子发展到300多个孩子。（FP1.3-2014-11-05）

4. G幼儿园的沉淀——从混乱到发展

由于身体和地域的原因，S园长从Y幼儿园转战到G幼儿园。2003年S园长来到G幼儿园，正值该幼儿园更换主管方的交接前后，幼儿园内部陷入混乱，新旧管理方的交接也呈拉锯态势。S园长面临的局面并不轻松，一个混乱的摊子要收

① 幼儿园园数、班数[EB/OL]. 教育部网站. www.moe.gov.cn[2018-06-29].

拾，幼儿园也面临如何发展的问题，S园长迎来了她人生当中的又一次挑战。

（1）混乱的局面，先摸底

我就开始摸底了两周。老师早上上班是8点来，反正也就40多个孩子，所有都是8点上班，厨房阿姨是8点，扫地阿姨也是8点；下午下班的时候，4点之前全跑了，就住园的几个老师留下看孩子；中午一起睡，我就觉得这个样子肯定是不对的。（FP1.3-2014-11-05）

那个时候有五六个老师住在园内，不住园的老师8点来了都不去岗位，就在大堂里，等到8：30到9点就各自带个班上去，然后再开始搞卫生。厨房8点来就烧水啊，煮早餐，9点大概是（孩子）吃东西，吃完了以后就活动；那时候孩子少嘛，几十个孩子三个班——大、中、小，（一个班）十几个人。那么一点人也挺复杂的，下班基本上4点多老师就都走了，孩子由住园的老师看。本身孩子也少，再加上这样子，所以就搞出很多事情。（FP1.4-2014-11-18）

（2）寻求发展，主动出击

我觉得来了幼儿园肯定要发展、规划，3年规划里我也说了第一年要开多少个班，第二年要开多少个班，学生人数达到一个什么数字、什么要求。那我就这样开始内部整理呀！（FP1.4-2014-11-18）

经过10余年的发展，G幼儿园在S园长的管理下，先后通过了区一级幼儿园和市一级幼儿园的评估。幼儿人数从最初的40多人，到后来一直稳定在300多人，共10个班的规模。

布迪厄对文化再生产的研究，是把行动者放置在其行动实际展开的社会结构和心态结构的双重结构之中，以相互关联的观点，动静结合地全面考察文化再生产行动展开过程及其前后所处的相互关系的网络。从行动者所处的地位及其变化的各种可能倾向，深入分析行动者在文化再生产行动过程中所进行的一切内化和外化的心态结构。[①]

S园长的家庭环境、学校教育及个人经历，无不动态地呈现了不同时期S园长的资本变动，以及她在不同时空中的权力位置。正如布迪厄指出的，从承袭的资本来看，才能的差异与社会差异是不可分离的，承袭的资本将维持先已存在的社会差异。[②]在社会空间中所占据的位置，也就是说，在各种资本类别——它们同样也是一种武器——的分配结构里占据的位置，在为保留和改变社会空间的斗争中，控制着这个空间的表现和采取的立场。

① 高宣扬. 布迪厄的社会理论[M]. 上海：同济大学出版社，2004：47.

② 皮埃尔·布尔迪厄. 实践理性：关于行为理论[M]. 谭立德，译. 北京：生活·读书·新知三联书店，2007：24.

二　S园长的经济资本

尽管在20世纪90年代，民办幼儿园如火如荼地发展起来，然而教师从公办体系的幼儿园出来还是需要勇气的，“铁饭碗”的保障相对比较稳定。S园长最终决定跳出体制，还是缘于“经济资本”的束缚与诱惑。

（一）离职导火索——房子问题

为什么会离开，我上次和你说过没有？就是房子。是不是有点赌气成分？应该有。（FP1.2-2014-09-23）

我在N幼儿园任园长的时候公司是给了我一间房，就是以前的老式直筒楼，一排都是走廊，家家都在走廊上煮饭，一人一间，自己搭了个隔板，在里面吃饭、睡觉那样。（FP1.2-2014-09-23）

当时N幼儿园所在的公司可以分房，领导就说了我们盖两栋作为福利房，三栋里面有两栋是福利房，一栋是集资房。福利房我们分不到，我就想是不是可以分集资房。集资房当时是15万，那我心想上哪去弄15万，那时候也没有贷款政策，家家都买房子，我不想借钱，借也借不到，也不好意思向父母要，就这样没拿到集资房。没拿到我真的是赌气，实话实说，这也是我后来不愿意继续在那里的原因。（FP1.2-2014-09-23）

20世纪90年代末的最后一次福利分房，是国人购房模式改变的转折点。福利分房突然转向自己全额购买，并不被当时体制内的人所接纳，何况还是在政策允许范围内未能分得到，可以想象S园长当年的抗拒与不满。

（二）跳出体制内——薪水的诱惑

当时我对（民办园）老板说，如果我辞职小孩的福利就没有了，医保也没了，当时我们实行的是医疗证政策。双方就谈了福利，老板说没问题，你的小孩没这些福利的话，可以给报销，工资待遇是6000元一个月（1999年）[①]，是挺高的。6000元还不算免费住的、一日免费吃三餐、学期末奖金。我就想这待遇很吸引人。（FP1.2-2014-09-23）

---

① 1999年S园长所在市城镇单位职工月平均工资为1530元。当时S园长的工资水平相当于平均工资的3.9倍。数据来源：历年广州市城镇单位职工月平均工资一览表[EB/OL].（2012-07-07）[2015-04-03]. http：//gz.bendibao.com/ news/201277.

高薪的诱惑让S园长第一次正视自己的劳动价值，这也是她最终离开体制内进入民办幼儿园的直接诱因。经济资本是其他所有类型资本的根源。[①]当初S园长从公办体制的幼儿园出来跨入民办幼儿园，不得不说是缘于经济资本的控制与诱惑。正是看到自身劳动价值的体现，S园长得以在Y幼儿园和G幼儿园完成了人生的两次跨越，也累积了更为丰富的文化资本和社会资本。

三 S园长的社会资本

（一）亲属关系

1. 满足职业选择

虽然家人不太愿意S去幼儿园，但还是满足了S的职业向往。父亲通过部队的关系，满足了S去幼儿园的愿望。

2. 解决住房难题

> 我小孩出生、上幼儿园期间都是在我父母的家里住的。我老公那边远，当时是一间房，一间房还是两个人合住的那种，我要是过去的话，那个教员就要离开。后来结婚的时候单位给了我们一间招待所的房子，我忘了规定是住三个月、两个月还是一个月，是有一个期限的。（FP1.1-2014-2014-09-02）

S园长在结婚初期和生孩子期间，遭遇到无房的尴尬难题，也是因为父亲是部队干部，住房宽敞，直接接纳了S园长全家跟随居住，才解决了她特殊时期的困难，让她可以安心工作，无后顾之忧。

（二）工作关系

1. 老园长：敬业、严格

> 在部队幼儿园的3年，老园长对我影响很大。老园长很敬业，对老师要求特别严，那时候我想如果我做了园长就不会这样对老师，但老园长的敬业精神对我影响很大。（FP1.2-2014-09-23）

职业生涯中的关键人物对S园长的影响是深远的，这也对她当上园长后的职

---

① 宫留记. 布迪厄的社会实践理论[J]. 理论探讨，2008，（6）：57-60.

业态度产生直接影响，敬业成了 S 园长在他人眼中的职业标签。

2. 老主任：指导、关照

当年 S 辞职去了 Y 幼儿园，L 主任是幼儿园所在区的幼教专干，经常来幼儿园指导，S 坦言从她身上学到很多。

当时区里组织的活动我们都参加，还有一些大型的比赛，这些机会锻炼了我。在管理上她会说你应该怎样怎样，所以我就一直想着 L 主任来时有哪些需要她指导一下、有什么需要问她的，她也很认真地指导我，所以我很感激她。说实话那几年我真的很感谢她，从她身上学到了很多。（FP1.3-2014-11-05）

后来 S 因为生病，需要提前离开，牵涉到合约问题，S 找 L 主任帮忙，顺利解决了难题，得以回到广州市区边治病边找工作。

我要是在中医院治病，那我就在那附近，因为方便嘛！但是我知道我之前签有协议，没满 5 年需要赔偿 6 万，L 主任也知道。6000 元是工资嘛！那这样子的话我就想怎么办呢？我就打电话找 L 主任。我说 L 主任你看我现在这个情况，如果当时住院的话我可能治疗一个月就好了，但老板不知道这个情况，因为担心身体后遗症，还是决定回城区工作。她说那当然以身体为主，这是 L 主任说的。我说那你能不能出面跟老板说，我就想下个学期不来了，这样子的话我就可以去治疗一段时间。她就说只好这样了。我就说那关键的是你也知道违约金这个钱……说实在的我也是为她工作，这个钱能不能不要。后来她帮我去和老板谈的。（FP1.3-2014-11-05）

工作中结识的朋友既让 S 园长在专业成长中受益，也让她在遭遇人生困难的时候获得了朋友的帮助，促使她顺利转身，投身于新的职业生涯。

（三）朋友关系

1. 介绍工作机会

当时我们大院有一个叫小严的在 N 幼儿园，说十几个孩子，就有几个保育员，没有一个老师。我就说那行啊，我可以过去。她就帮我找了当时负责幼儿园的领导。我就去了 N 幼儿园，在那工作了 16 年。（FP1.2-2014-09-23）

因为邻居的介绍，S 园长完成了人生的第一次职业跨越，也因为这次的转园，促成了 S 园长从一线教师到园长的成长历程。

2. 鼓励离职

Y 幼儿园那时托朋友找园长。当时说起房子的事，我就说怎么办呀，我都已经 40 岁了。她就和我讲你要出来，你可以考虑一下。那之后我想了很久，最后那边也追得很紧。朋友让我赶紧考虑，她说你在单位做了那么久，16 年都分不到福利房，既然有能力，我建议你到外面发展。（FP1.2-2014-09-23）

朋友的鼓励让 S 园长在是否辞职的犹豫不决中获得了支持。

3. 坚定离职决定

最后 L 老师（之前的一个老邻居）说了这样一句话：40 岁你还不走，过了 40 谁要你呀！我就告诉她待遇是什么，都讲了，她就说这个待遇可以！就这样我下了决心——走！去跟老板签了合同。L 老师就跟我一起去了。去了之后他们一谈，老板就说：哎呀！L 老师我认识！原来他们是中学同学，两人爸爸是同事。这样子吃了定心丸我就赶快签字了，签字的时候我的手都发抖，因为这意味着我一定要跟单位辞职了。（FP1.2-2014-09-23）

因为朋友的介入与支持，S 园长最终做出了辞职决定，从公办幼儿园转型进入民办幼儿园，开始了新的角色转换和适应。

布迪厄特别强调，一个关系网络的存在，并非是自然给定的，甚至也不是社会给定的，而是行动者投资策略的产物，不断经营的结果，也就是说，网络关系是个人或集体，有意或无意，通过建立或者再生产有用的社会关系而形成的。具体来说，就是将偶成的关系（如邻里关系、同事关系、师生关系、同学关系等），转变为既必然又有选择性的关系，这种关系意味着主观上感受到持久的义务或者客观上得到制度的保证。当然，网络关系的建立过程依赖于行动者不断的交换和相互的认可。[①]在 S 园长的职业生涯中，她从亲属那里达成了自己的职业愿望，随后在朋友帮助和鼓励下完成了职业生涯的转换，而工作关系的影响让她得以顺利完成职业的对接。

四　S 园长的象征资本

（一）个人力量

1. 坚持——坚定的职业选择

我小时候实际上对幼儿园教学认识不够，感觉幼儿园老师会唱歌跳舞就

---

① 宫留记. 布迪厄的社会实践理论[J]. 理论探讨，2008，（6）：57-60.

行了，别的什么都不用做。一上了幼师，天哪，十几门功课，还要懂乐理钢琴，我一点基础没有，何况都20多岁了才开始学。我高中毕业，去了白云山农场，部队恢复幼儿园后，我想去幼儿园，他们说幼儿园有什么出息，我说我很喜欢啊，唱歌跳舞啊。（FP1.1-2014-09-02）

我们大院很多孩子都是在进出口公司工作，很旺啊。五金矿产，军工，机械，父母希望我做这些工作。姐姐去了化工学院，妹妹也去了，家里不愿意（我去幼儿园），我说我就想做幼儿园老师。（FP1.1-2014-09-02）

S园长对于职业的选择缘于一种童年的情结，也正是童年的这种情愫，坚定了她一生的职业选择。

2. 敬业——Y幼儿园的全情投入

（1）身兼数职

当时幼儿园关于教育理念、教育要求都没有，Y幼儿园的各方面，包括指导教学、布置环境、培训老师、教研活动所有的都是我在安排，我晚上都在幼儿园，可以说是卖身在幼儿园。（FP1.2-2014-09-23）

从公办园到民办园的转换，S园长积极地调整和适应。对于一所新办园面临的各种困难和问题，她也是迎难而上，尽心尽力。

（2）劳累成疾

2001年2月，开学第一周我就开了家长会，其实开家长会前那一段时间我头很疼，然后开展了一些活动，白天开学也挺紧张的，那几天我就有点头疼了。开家长会后坐中巴回市区。其实我不该吹风，当时车上开了窗户，我的眼泪都出来了，我的头真的好疼好疼呀！之后回到家都没有事。当时我父亲住院了，那天是星期六，我只有星期天回到家才能做点什么，才能照顾他。星期天上午就轮到我去照顾。星期六晚上回到家我洗了澡、洗了头，没有吹头发，头发没有干就睡了，第二天早上一醒，我就想着早点起来去接姐姐的班，可一刷牙，哎哟！我的天怎么那个水接不住啊！一照镜子慌了。星期天我没有去看父亲，我告诉姐姐后就抓紧到解放军总医院去看了医生，医生说你面部神经已经麻痹，我说难怪头疼、舌头疼，医生就说你不要吹风就好了，不要吹风休息一下，就不至于这样……（面部神经炎）吹风是诱因，就是这样。（FP1.3-2014-11-05）

对工作的全情投入，使S园长的身体出了问题，这也为后来的工作调整埋下伏笔。

（3）放弃治疗回园

我打了电话给那边的助理，我说我这边需要住院。结果周一助理给我打电话，她说：园长还是回来吧！老板娘他们都不知道怎么回事。如果有病的话也回到番禺来治吧，幼儿园刚刚开学。（FP1.3-2014-11-05）

我一听到这个话，就有点放不下这个幼儿园了。然后星期一我就去了一下医院，看完了以后我说不住院了，就又回幼儿园。（FP1.3-2014-11-05）

对于 S 园长的患病，Y 幼儿园的管理者并未太重视，而以工作为重的她也因放不下幼儿园重新回到了工作岗位。

（4）留下后遗症，不得已决定离开

我一大早去医院，然后戴着大口罩回去上班，这样坚持着。实际上这个病是需要休息的，但我就是给拖了，留下后遗症。到 5 月都没有治好。（FP1.3-2014-11-05）

我想得也很简单，我就想着到 N 医院来治。最后治了一个星期，等老板他们回来，我就出院回去上班。结果就慢慢拖。医生说过了这个时间就很难完全恢复，会有后遗症。一直到了 8 月，我实在没办法，就说为了工作我实在不想身体受影响。（FP1.3-2014-11-05）

带病坚持工作的 S 园长，身体恢复得并不理想，最终在治疗与工作之间做出选择。出于长远考虑，S 园长不得已提出了辞职。

（5）正气

Y 幼儿园投资者的评价：S 园长这个人还是很正的。（FP1.3-2014-11-05）

从公办园到民办园的角色转换，S 园长是成功的，也因为她的敬业与投入，她获得了各方的认同。也正是因为工作的投入，S 园长落下疾病，这也成了她不得不重新择业的原因。

3. 不服输——G 幼儿园的整改

出于身体的考虑，S 园长最终选择离开 Y 幼儿园，并选择进入位于市中心的 G 幼儿园。这是一所小区配套的民办幼儿园，S 园长 2003 年应聘到该园时，当时幼儿园刚开园一年，管理混乱、队伍散乱、教育凌乱是 S 园长初入园时面临的状况，而她首先遇到的还是自己作为园长的权力地位的挑战。

（1）遭遇员工抵制

幼儿园的作息制度肯定是不对的，8 点到幼儿园开窗搞卫生，9 点吃早餐，送的现成的蒸馒头。幼儿园老师几乎都是亲戚关系，你是我妈妈，我是你女儿什么的，或者干妈、干女儿这些关系。然后她又带她什么人她又带她什么人，我就觉得这样的话确实有点不太适合。但我也没有多说什么，就把作息制度全改了。我就根据实际情况规定搞卫生的几点到，结果她们拍桌子说：“都是你来了，打乱了我们的制度，你不来我们的制度很好，你让我从芳村过来，搞卫生 6：30 就要到。”我说那你自己解决。她说了骂人的话，我说那这样子的话，你可以自己想办法解决，因为我们为的是孩子。那个时候的压力就很大，就是这样的情况，骂得最凶的应该是两个保育员吧！（FP1.3-2014-11-05）

（2）遭遇家长抵制

有个家长说老师热情地带我们的孩子，你看我们还没下班她们把我们的孩子带回家当自己的孩子一样，帮我们带呀，喂饭。但当时保健医生跟她们不是一伙的，她就告诉我她们是在家里收钱。后来我说是我们要改变制度，因为 4 点的时候老师全部走完了，是对孩子的一种不负责任，我们是为了培养孩子，所以我们要改变我们的作息制度。早上孩子要来做些什么，中午孩子要锻炼、适应幼儿园生活我都讲了，讲到后来我说你觉得我们幼儿园下班越迟越好，是否考虑过老师们的工作时长？你还让老师带孩子回家，至于你说某位老师好，无偿地为你带孩子，你有没有付钱只有你心里清楚，幼儿园不清楚。最后那个家长想想也是，没再出声。（FP1.3-2014-11-05）

（3）主动出击，改善被动局面

后来我就召开家长会嘛，把我们的工作目标、教育培养目标、不同年龄段我们要学习什么内容，按当时这样子讲，然后我也介绍我们的师资。有个老板的亲戚，也是这里的家长，“啪”地站起来说：“园长，我们跟你说，如果来的老师和我们现在的老师没什么区别的话，换汤不换药还有什么意义！那为什么还一定要现在的老师走呢？”那个家长就是这样子说的，很尖锐，当时说的那些话真的很尖锐。（FP1.3-2014-11-05）

（4）遭遇阻力，不退缩

我把制度改了，孩子的、老师的作息制度改了以后，她们不就吵闹嘛！我没有说要炒谁，一个都没有说，他要说我炒我也没办法，因为你要来这里做，你想在这里做，那你就要遵守我们这里各个岗位的职责，我就是这个意思。（FP1.4-2014-11-18）

她们就陆陆续续地离开了。开始她们说你们等着瞧，我一定会回来的！你回来就回来，我也不会说什么。那个扫地的阿姨说，就是你来了幼儿园才乱成这样，厨房里阿姨也说就是你来了才乱了，我说我没打乱你们的工作，她说我住得远，你叫我 6：30 上班，我怎么上。我说不好意思，这个岗位就是这个时间。（FP1.4-2014-11-18）

（5）迎难而上，人员换血

制度改了以后我就不断地进人，走一个我进一个，就这样子。那时候 L、T1 还有那个谁呀？还有 Z 啊、X 啊这一拨老师就陆陆续续地进来了，进来了之后，她们都很年轻，但是她们基础都还不错，还有实习的就是 W、T12、T9，她们这一拨就进来实习了，她们实习的时候是 4 月，我 3 月来的嘛。慢慢地幼儿园就开始稳定了。（FP1.4-2014-11-18）

那个时候还真的没有想过退出，我就觉得那些人你要这样搞就搞去吧，我又不怕你。你不是说要家长来找我，那就来找我吧！越是家长来找我，越是家长提出这样那样的意见哪，我越是觉得我要坚持，就是要让你们改变对我的看法，改变对幼儿园的看法。（FP1.4-2014-11-18）

从 Y 幼儿园功成而退后，S 园长在 G 幼儿园的职业生涯如坐过山车般惊险重重。面对员工与家长的质疑，凭着多年的职业经历与人生历练，S 园长的资本积累开始厚积薄发，她个性中不服输的一面也让她能够冷静地面对问题和困难，一步步反转被动局面，一步步稳定自己在 G 幼儿园的权力地位。

象征力量是直接作用于身体的一种权力形式，它仿佛有魔力一样，不受任何有形的限制；但是，这种魔力只能依赖被置入的配置，如身体最内在的动力，才能发挥作用。[①]S 园长个人身上体现出来的坚持、敬业、不服输及正气是其内在动力发挥作用的结果，而这些极具个人特点的象征力量也成为 S 园长能够被集体所感知、认识并承认的特性。一种特性因为符合社会建构的“集体期待”，符合信仰，而发挥一种远距离的、无身体接触的作用。[②]

（二）个人影响

1. 稳定团队，顾全大局

2003 年 S 园长入园后不久，G 幼儿园遭遇第一次主管方变更，由 H 高校接管，因为关系复杂，S 园长萌生退意，投资方极力挽留，并在与 S 园长的沟通中道出

① 皮埃尔·布尔迪厄. 男性统治[M]. 刘晖，译. 北京：中国人民大学出版社，2011：53.

② 皮埃尔·布尔迪厄. 实践理性：关于行为理论[M]. 谭立德，译. 北京：生活·读书·新知三联书店，2007：24.

原因。

> 最后她说你要是走这些老师就乱阵脚了，她们都是冲你来的，都是年轻老师。确实都是年轻老师。那这样子的话，她说那你就留下来吧！（FP1.4-2014-11-18）
>
> 那个时候我是这样考虑的，真的要走完全可以，但是等于是拆了谁的台，等于是拆了Z总的台，这完全是大局；他为什么稳定我们？最后Q1都说了，2010年12月签合同的时候我们老师都没签，Q1叫我到办公室跟我谈，她说只要你一个人先签了3年我们再跟别的老师谈，你不签那我们也不谈了。她的意思就是说如果我走了，幼儿园真的就散了。（FP1.4-2014-11-18）

入园后短短的时间，S园长大刀阔斧地改革，很快在G幼儿园巩固自己的权力地位，这也让S园长在面临选择的时候占据了主动。S园长在关键时候能够顾全大局，给管理方留下了好印象，为她之后权力合法地位的延续做了铺垫。

2. 权力交换，争取空间

2010年，因政策变动，原本中学、小学、幼儿园一体的学校体系被打破，中小学被区教育局接管成为公办学校。对于幼儿园政府出于各种考量，仍然维持其民办性质，由开发商从H高校手中直接接管，幼儿园遭遇了第二次主管方变更。

> 我记得非常清楚是8月底，我们开学嘛！当时我们是提前开学，期末的时候我得到的消息是幼儿园由H高校接过来办。后来听到不是，心里很失落的，心里觉得，哇！怎么又搞成这个样子，很难受。（FP1.4-2014-11-18）
>
> 当时我眼泪就出来了，一宣布的时候我眼泪就出来了。那一段时间心情非常低落，可以告诉你。这一次我觉得又是这样子，其实你们完全可以征求我们的意见——愿不愿意做。那次在会上全部老师都很伤心，真的我眼泪出来了，很伤心。他们刚讲了几句话我眼泪就出来了，一宣布真是。（FP1.4-2014-11-18）
>
> 刚开始将幼儿园归到物业管理，我打电话给Z总，我说物业公司管算什么，如果真是物业公司来管，对不起！我不做了！他也跟我解释，后来我说你不用说，我不做了。后来我说Z总你做法人吧。但是我听Q1总说一开始Z总不愿做法人，后来他说他同意了，我说行，你要做法人我就留下，但是就不能给物业管。（FP1.4-2014-11-18）

从2003年到2010年H高校接管期间，S园长完成了在G幼儿园的人员换血和权力地位巩固，G 幼儿园在此期间也通过了区一级幼儿园的评估，生源一直维持满员甚至超员状态。多年的经营与维护，家长对 S 园长管理下的幼儿园非常认同。S 园长与 H 高校的管理方经过多年的合作也建立起了良好的关系，S 园长的权力关系在彼时的场域中可以说正处在一个“蜜月期”。突然而至的转变让 S 园长有些难以接受。基于在 G 幼儿园多年的权力地位，S 园长与管理方进行权力的交换，以争取对自己更有利的权力空间。

3. 着眼发展，权力维护

度过了 G 幼儿园交接的动荡期后，S 园长权衡再三，还是选择了继续留任。面对新的管理方，权力的维护与巩固尽管有基础，但仍然要靠行动来展现，以争取新的管理方对自己权力合法地位的认同。对于幼儿园的持续发展，S 园长有着自己的想法。

> 从内心来说，（幼儿园）能够上省级我还是很愿意的，就是（要）拼一拼，控制招生人数，也就是缩减一个小班、一个小小班，只要 8 个班就可以了。但是上面的意思到现在还不明朗。（FP1.4-2014-11-18）
>
> 作为我来讲，还是想往这个方面冲一冲，那就看领导支不支持，最终取决于领导，我们会努力的。但是现在的师资情况，老教师没变，班主任没变，新的老师可能还要成长，就是明年再进来也要成长两年，那么成长两年刚好，我们要是能上的话也行，就这个意思。（FP1.4-2014-11-18）

影响力是指个体或群体的价值地位或价值潜力。[①]不同群体与个体之间的政治互动由权力和影响力的模式构成，受到符号的操控和影响，最后在典型的政治实践中稳定下来。[②]多年来在 G 幼儿园的实践积累，S 园长建立了稳定的权力影响，在 G 幼儿园遭遇几次权力变更的时候，S 园长的权力地位并未受到冲击。象征资本是集团的信念赋予那些给集团提供最多物质和象征保证的人的一种信用，最广泛意义上的信用，亦即一种货款、贴现、债权，但我们应该看到象征资本的展示是导致资本带来资本的机制之一。[③]S 园长在 G 幼儿园无疑是具有这种最广泛意义上的信用的人，这也是 S 园长所拥有的象征资本的最好呈现。

对 S 园长文化资本、经济资本、社会资本及象征资本的呈现，让我们对 S 园长权力资本的累积过程有了全面的了解，本章将 S 园长的权力资本进行梳理后，

---

① 哈罗德·D. 拉斯韦尔，亚伯拉罕·卡普兰. 权力与社会——一项政治研究的框架[M]. 王菲易，译. 上海：上海世纪出版集团，2012：65.

② 哈罗德·D. 拉斯韦尔，亚伯拉罕·卡普兰. 权力与社会——一项政治研究的框架[M]. 王菲易，译. 上海：上海世纪出版集团，2012：63.

③ 皮埃尔·布迪厄. 实践感[M]. 蒋梓骅，译. 南京：译林出版社，2012：161.

以表 3-1 来展现。

表 3-1　S 园长的权力构成——资本

S 园长的权力构成——资本			
文化资本	家庭环境	学校教育	个人经历
	和谐的家庭氛围	班干部的经历，成长的锻炼	农场的磨炼——从依赖到独立
	父母关系融洽	脱产学习，奠定专业基础	N 幼儿园的成长——从老师到园长
	姐妹情深	职后进修，提升专业水平	Y 幼儿园的转型——从公办园到民办园
	家庭的影响		G 幼儿园的沉淀——从混乱到发展
经济资本	离职导火索——房子问题 跳出体制内——薪水的诱惑		
社会资本	亲属关系	工作关系	朋友关系
	满足职业选择	老园长：敬业、严格	介绍工作机会
	解决住房问题	老主任：指导、关照	鼓励离职
			坚定离职决定
象征资本	个人力量	个人影响	
	坚持——坚定的职业选择	团队稳定，顾全大局	
	敬业——Y 幼儿园的全情投入	权力交换，争取空间	
	不服输——G 幼儿园的整改	着眼发展，权力维护	

只有在与一个场域的关系中，一种资本才得以存在并且发挥作用；资本赋予了支配场域、支配以物质或身体为载体的生产或再生产工具、支配确定场域日常运作的常规和规则，以及从中产生的利润等权力。[①]S 园长的文化资本、经济资本、社会资本及象征资本的积累，一方面是她个人主动出击的结果，另一方面也受到外在环境的影响。不同资本在不同阶段和不同场域中发挥的价值各不相同。这是 S 园长权力构成的基础，也是她权力关系形成和权力影响的基础。

第三节　园长的权力构成：多个案的比较

S 园长权力的构成呈现让我们看到，园长在个体发展中，各个因素对权力资本

① 皮埃尔·布迪厄，华康德. 实践与反思——反思社会学导引[M]. 李猛，等译. 北京：中央编译出版社，2004：139.

的影响与建构。笔者一直思考，在这种建构过程是否带有 S 园长的个人特点，毕竟 S 园长是 20 世纪 50 年代的老园长，而在当前以七八十年代为主体的园长人群中，是否也存在一定共通性？带着这样的疑问，笔者补充观察和访谈了一位 70 年代初期、两位 70 年代末期和一位 80 年代初出生的民办幼儿园园长，期望通过多个案的比较，更深入地探讨园长权力构成的特点。在个案的选择上，笔者依然秉持民办幼儿园园长的个案选择，同时考虑个案年龄的代表性，最后从研究的可操作性考虑，选择与笔者有工作往来的个案，相互之间已建立基本的信任，便于研究工作的开展。补充访谈的 4 个个案信息如下。

H 园长的基本信息：本科学历，从事幼教工作 17 年。省艺术师范学校音乐专业毕业，继续求学改为学前教育专业。2000—2002 年大学毕业进入公办 N 镇中心幼儿园任园长助理。2002—2008 年在另一所公办 D 镇中心幼儿园担任主班教师。2008—2011 年进入民办 N 国际幼儿园任主班、教研组长。2011—2013 年进入某大型民办教育集团体系下的 G 幼儿园任教学主任。2013—2017 年在民办 B 幼儿园任园长。2017 年至今进入某大学合作园所 S 园担任园长。

Q 园长的基本信息：男性，本科学历，从事幼教工作 16 年。2001 年学前教育大专毕业。2001—2011 年进入公办 S 镇中心幼儿园，担任保育员—主班—级长—科组长。2011—2013 年进入某大学民办合作幼儿园担任教学主任、副园长。2013—2014 年进入某知名民办幼教集团工作，负责开办幼儿园。2014—2016 年进入某国际幼儿教育机构下属民办幼儿园担任园长。2016—2017 年在某大学加盟民办幼儿园担任园长，负责开园筹备。2017 年至今在某大学合作民办幼儿园担任园长。

Y 园长的基本信息：本科学历，从事幼儿教育 20 年。1997 年普通师范学校毕业。1997—1998 年在 D 市某小学任教师。1998—2000 年在 Q 镇公办中心幼儿园担任副班、主班教师。2000—2003 年离开 D 市到 H 市民办 Z 幼儿园担任主班教师。2003—2004 年曾萌发自主办园念头，并进行前期尝试，后放弃。2004—2008 年自荐到 L 幼儿园任园长。2008—2009 年辞职在家生孩子。2010 年至今在民办 Z 幼儿园担任园长。

W 园长的基本信息：本科学历，从事幼儿教育 27 年。1990 年幼儿师范毕业。1990—1995 年在市属公办 E 幼儿园担任主班教师。1995—2001 年在国有企业公办幼儿园担任园长。2001—2017 年在民办幼儿园担任园长。2017 年至今在某大学合作民办幼儿园担任园长。

四位园长信息因是补充资料，参照 S 园长的深度访谈提纲，分别做了 5 次深度访谈，其中对 W 园长访谈了两次。对 Y 园长补充进行了两天的非参与式观察，并访谈了其所在 Z 幼儿园的 4 名教师和 4 名保育员，因此在访谈对象编号上加上 Y。访谈资料我们沿用 F，观察日记沿用 D。补充访谈受访对象清单如表 3-2 所示。

表 3-2　补充访谈受访对象一览表

访谈分类	访谈对象	入职年限（年）	访谈资料编号（F）
园长（P）	PH	17	FPH-2017-09-19
	PQ	16	FPQ1.1-2017-06-6 FPQ1.2-2017-07-03
	PY	20	FPY-2017-06-12
	PW	27	FPW-2017-07-10
教师（YT）	YT1	6	FYT1-2017-06-12
	YT2	1	FYT2-2017-06-12
	YT3	6	FYT3-2017-06-12
	YT4	1	FYT4-2017-06-12
保育员（YN）	YN1	5	FYN1-2017-06-13
	YN2	5	FYN2-2017-06-13
	YN3	2	FYN3-2017-06-13
	YN4	0.5	FYN4-2017-06-13

在 Y 园长所在的 Z 幼儿园补充观察的清单如表 3-3 所示。

表 3-3　Z 幼儿园观察一览表

序号	观察日记编号
1	D-2017-06-12
2	D-2017-06-13

本章也将按照文化资本—经济资本—社会资本—象征资本的路径对 4 个个案进行呈现，同时与 S 园长的个案相结合，进行多层次的比较。

一　园长的文化资本比较

对 4 位园长的深度访谈发现，4 人在家庭环境、学校教育、个人经历三方面存在一些共同的地方。

（一）和谐有爱的家庭氛围

H 园长原生家庭中有个哥哥，原生家庭对她的选择给予了尊重和支持。

自己的家庭还有一个哥哥。当时我去读幼儿教育，父亲就说了一句：你想好了，要去做，家人都支持。当时父亲对这个专业也不了解，去学校问了一下，就说到时去教幼儿园的孩子。父亲问我你想清楚没，我说想清楚了，我就是要去读幼教。工作这么多年，家人看着我一直很辛苦，觉得我好忙，有时也会说，当个音乐老师会空闲很多，但这不是我想要的生活。（FPH-2017-09-19）

H 园长和先生是大学同学，感情基础牢固，成家后，在 H 园长的职业变迁中，也一直是妇唱夫随。

Q 园长是此次访谈中唯一的一位男性园长，在幼儿园男性园长所占比例非常小。他的原生家庭和睦友爱，尽管有来自生活的压力，但家庭成员都积极共同面对。

我生活在省内北部山区，家中有小一岁的弟弟和两个妹妹，共 4 姊妹。在生大妹妹前，母亲是当地的妇女主任，父亲是村委会主任，一家生活无忧。读小学三年级时，因家中超生了大妹妹，母亲和父亲的公职均未保留，从县城回到了乡下务农。家中的老人也分家了，未能给这个家庭太多照顾。多年公职生活后突然回到乡下务农，落差很大，父母也需要重新适应，一家人开始重新调整生活节奏。父亲在外打工，母亲则在家中务农，繁重的农活让母亲没有过多的精力兼顾家庭。于是从小学三年级开始，我便少了与同龄人的玩耍时间。我的主要任务是照顾大妹妹，并和弟弟一起分担所有的家务。（FPQ1-2017-06-26）

Q 园长作为男性选择学前教育专业，而当年男性从事学前教育还不是能被社会所接受，但家中父母给予了充分的尊重和支持。

1996 年我争取到市里一个大专指标，但专业是学前教育，需要安排到乡村小学或镇中心幼儿园当老师。当年开设学前教育的大专院校并不多见，尤其是男性进入这个领域的更少。家里并未反对我的决定，父母给了我自主选择的尊重。（FPQ1-2017-06-26）

W 园长在工作初期，为支持她的工作，几乎全家上阵帮她完成工作任务。

以前没有教材，每个教具要自己设计。当时幼儿园评估需要很多材料，工作量非常大，每天基本 10 点多才下班。上班时做不完，就带回家，家里人一起做，家里就像一个手工坊。那时还没结婚，我的家婆也会去帮我，她手工很好，做得很逼真，反正就是动员所有的亲戚，都来帮我。家人一直很支持，到现在都是。

W 园长在聊起这段往事的时候，脸上满溢的是幸福的笑容。

（二）持续的学习动力

不管是 S 园长还是补充访谈的 4 位园长，无一例外地对于学习一直积极主动，这也成为他们权力建构过程中非常重要的前提。

H 园长最初在省艺术师范学校学音乐，毕业后继续参加升学考试，被调剂到某大学幼儿教育专业。拿到通知书的时候，她本人已回到家乡的一所中学教音乐，看到录取的专业有点意外。然而 H 园长以最简单的原因说服了自己。

> 当时就觉得要读书，虽然也可以通过函授或半脱产学习，但自己当年也就 17 岁，决定还是要进入正规学校去读书。当时对这个专业也不太了解，去学校系里问了才知道是教孩子。我觉得自己性格大方，一方面强烈地想要读书；另一方面和孩子在一起觉得很开心。（FPH-2017-09-19）

2000 年 H 园长毕业后到幼儿园上班，同时一直未放弃学习进修，从当年开始坚持本科自考，并且每周起早赶到市区大学跟随一位教授学琴。

Q 园长最初在家乡的市里读的是普通师范学校（1996—1999 年），当年学校有一个直读大专的指标，但专业是学前教育，需要考试。当年开设学前教育的大专院校并不多见，以幼儿师范的中专为主，尤其是男性进入这个领域的更少，而 Q 为了升学，并未在专业上纠结。

Y 园长 1997 年从普通师范学校毕业，在工作的同时，于 1998 年继续深造学习，读了 3 年大专，随后继续读了本科。

4 位园长的学历起点均为中专，通过多年的持续进修学习，在最初工作的几年都拿到了本科文凭。客观来说，几位园长求学的年代均属于 20 世纪 80—90 年代，当时考上中专的难度不亚于现在考大学，要非常优秀才能考得上。这几位园长无疑在当年都属于学习成绩优秀的学生，所以才能一次一次地抓住机遇。

W 园长 1987 年考普通师范学校，当时整个地区只有 3 个公费生，W 被学校保送，与其他学校的保送生一起参加面试，赢得了这次机会。

Q 园长所在的普通师范学校只有一个直升大专的指标，并且需要考试，他通过考试竞争获得了这个指标。

H 园长在中专毕业后，参加了升学考试并获得了继续学习的机会。Y 园长和

W 园长则选择在进入职场后边工作边学习。

（三）丰富的职场经历

园长在各自的职业生涯中都经历了丰富的职场体验，这是园长权力建构过程中非常重要的过程。

1. W 园长：好学生，顺利完成各个职业转换

W 园长在幼儿师范学校读书期间，积极参加校内的各种社团活动，积累了丰富的前期经验。

> 当时我参加的社团很多，有声乐的、舞蹈的，还有摄影、话剧，都参加。这些基本都是老师帮我选的，只有摄影是我自己报的。在学校里没有摄影课。（这些社团活动）对我以后的人生帮助还是很大，和同年龄人一对比，在这些方面我有自己的优势。目前我的优势就是积累，每个人到一定年龄，都会有自己的积累。（FPW-2017-07-10）

W 园长在读书时期表现优异，在工作还是计划分配的年代显示出了她的个人优势，毕业的时候，市内几所公办幼儿园争相找教育局要人。

> 我工作报到的时候是很晚的，放假后大家提前拿到报到证，都回去了，但我很久很久都没拿到。我到 7 月中下旬很着急，就到教育局去问，回复说还没有。后来我才了解到，原来是有几个单位都打报告去要人，教育局就在平衡这个事情，后来是教育二幼争取到我这个指标。所以我是 7 月 30 日拿到报到证，31 日才去报到。（FW-2017-07-10）

W 园长在公办幼儿园的 5 年里经历了幼儿园上省一级评估，她所在的幼儿园也是当年全市第一所申报省一级的幼儿园。其间，她还担任了一个“难搞”的班级的主班老师。不一样的成长经历为 W 园长的权力建构打下了坚实的专业基础。

> 1990—1995 年在二幼一线待了 5 年，经历也比较丰富，因为（这段时间）是幼儿园变化最大的时期。一是园舍重建，二是经历了省一级的评估。我一进去就做主班。和我搭档的同事不久就升做后勤主任了，班级大部分工作都是我做。到我带第二届时，级长又怀孕了，我就基本承担了她的工作。当时学生都是园长来分，好带的基本都分到她班上，那些难搞的全部都给我了。当时我带的那个班，因为校舍重建合并了班，有 40 多个孩子，不到 10 个女孩。当时也没有一点工作经验，就带着这 40 多个孩子走完了一届。

（FPW-2017-07-10）

W 园长在职场上是非常顺利的，一进入幼儿园就直接担任主班，同幼儿园一起经历了幼儿园发展的几项重大事件，在这个过程中，个人也获得了成长。随后因为 W 园长结婚面临调动，所在幼儿园的园长推荐她去一所国有企业幼儿园担任园长，毕业 5 年后，直接从主班升任园长，完成了职场最重要的一次转换。

1995 年，当时准备调动，刚好本地市府属下一个国有企业，为了解决职工的孩子入园问题，自己办了一所幼儿园。当时那边的领导认识我，也认识我们园长，希望能派一个人帮他们筹备和管理这所幼儿园。大家对人选方面都是一致的。当时他们选了两个人，园长就推荐了我过去。去后直接任了园长，当时这所幼儿园还在筹备期。（FW-2017-07-10）

1995—2001 年，W 园长在这所国有企业创办的幼儿园从筹备期就开始当园长，一共做了 6 年。W 园长在管理的过程中积累了丰富的管理经验，这所幼儿园也在她的管理下办得红红火火。

这给了我很多思维，去了解什么是管理，管理的环节是什么，如何去做好这几个环节，以及对于园长来说，作为一名管理者，需要怎么去做。还有处理事情的艺术，有这方面的书籍我都去了解、去看，我都很努力地去学。（FPW-2017-07-10）

我所任教的幼儿园在当地收费是不低的，还收赞助费。我们的条件很好，伙食由专职厨师和专职点心师做。很多人觉得幼儿园很好做，因为看见你做得这么红火。（FPW-2017-07-10）

2000 年开始，全国幼儿园开始转制，W 园长所在的国有企业办的幼儿园首先被推向市场。在幼儿园经历改制的一年时间里，W 园长看到人性的多面，也坚定了她从公办园到民办园的决心。

一直到 2000 年，幼儿园转制，利益冲突来了。然后很多东西搞出来了，我看到很多真实的东西，在这种体系下，很多黑暗的东西都可以看到，所以促成了我转向民办幼儿园。（FPW-2017-07-10）

在职业受挫的情况下，W 园长一度萌发了转行的想法。

当时也有过转行的想法。九几年的时候，汽车时代来临，很多人去做汽车，有个亲戚投资做卖汽车，他让我去，工作很轻闲，只需做管理，我有过这个想法。因为经历了这些，确实很灰心。对个人职业的倦怠，因为转制看不到这个行业的前途，有种挫败的感觉。（FPW-2017-07-10）

刚好当地一所民办幼儿园正在筹备，请W园长去现场指导了一次，很快投资方认可W园长的专业能力，向W园长抛来了橄榄枝。2001—2017年，W园长在这所民办幼儿园一干就是16年。公办体制下的幼儿园与民办体制下的幼儿园无论是管理结构还是运营管理都是完全不同的。

刚好有所民办幼儿园正在筹办，我亲戚就建议我去帮这个人一下。正好是放假期间，我就去了一次，帮他们看图纸如何改。第二次投资方就想请我，直接签合同。当时我都没想要找工作，也没想要去那所幼儿园。突然间变成让我去做这个事情，结果一做下来，就做了16年。（FPW-2017-07-10）

W园长在这所民办幼儿园的经历，让她在以后的职业选择中，有了更厚重的砝码。这16年当中，国家政策也发生了翻天覆地的变化。W园长并未一味沉浸在幼儿园的管理中，而是对政策环境有了自己的思考。

国家对幼教很重视，出了很多政策。时间一晃就过去了。现在办园性质和以前很大不同，感觉幼教已经进入一个资本市场。资本市场不只看重能力，可能很多连锁式地做，抱团取暖，把规模做成更具竞争力的模式。而我之前的投资者没有这个观念，哪怕我洗脑给他洗了两年，其实我对这些信息还是很敏感的，两年前我就看出这些问题了。而我所在的城市不是一线城市，接受的这些信息还比较少，没有那么明显。但我两年前就意识到今年发生的事情。你看今年我们本地真的是外地的连锁机构开得比较多，如雨后春笋，一开就是五六家，但是他们还是没有看到这个问题。所以我觉得这样下去，我只有两个选择：一个选择继续在那等着退休，就没事了，就等个五六年，哪怕办不下去，这五六年还是有得吃的，因为有基础在那里，也可以用原来的模式延续下去。但是我有另外一种选择，就是选择一个更大的平台，我就不甘心，做了差不多30年，努力过来的东西，我真的退休就可以了吗？我的很多前辈，他们对我的影响还是大的。他们都已经70岁了，但是在幼教这一行，还是很活跃地在工作。我就想，像我这样哪怕退休，我真的能退休吗？把我30年来所从事的工作就这样放弃吗？（FPW-2017-07-10）

在这样一种不甘于现状的思考之下，W园长有了职业生涯中的第四次转换，为自己迎来了更大的平台和空间。

如果有机会能拥有像高校这样的平台，给我的又不一样了。一是所处的背景，二是一线城市。这些眼界，还有很多其他的一些，起码我要去了解，幼教现在发展到一个什么样的高度，在这里面我可以做些什么事情？抛去我以前的那些，我还有多大的空间？就算是五六年，哪怕是10年，我在这10

年里面，说不定还有个黄金期，我为什么不给自己机会呢？（FPW-2017-07-10）

W 园长的职业生涯相对简单，大多数时候，她都处在一个被选择的位置，人到中年，她对自己有了更深刻的认识，第一次主动为自己做了选择。此时的她，人生阅历刚刚好，职业生涯也有了充沛的经验，她已具备了挑战想要的园长权力的资本。

2. H 园长：以退为进，迂回完成资本的建构

H 园长 2000 年大学毕业，去了公办幼儿园 N 镇中心幼儿园，进去后因为学业优秀，直接担任园长助理。面对这样一个高起点，H 园长表现出了极大的冷静，并坚持从原点开始，不断积累和完善自己。

当时的老园长要退休了，我就是当后备园长来培养的，但是我坚持每周带班。（FPH-2017-09-19）

在 N 镇中心幼儿园只待了一年，H 园长选择了离开，去了处在同一个区域的公办幼儿园 D 镇中心幼儿园。离职的原因是为了学习，对于学习的追求成为成长的动力。

选择辞职去 D 镇中心幼儿园。一是觉得太远，二是觉得要从基层开始。（FPH-2017-09-19）

H 园长很清楚自己的不足与短板，以退为进，安心积累专业能力，弥补自己的不足。在 D 镇中心幼儿园工作 6 年后再次选择辞职，这次是因为家庭的原因，因为结婚，H 园长安居的地方离 D 镇太远，交通不方便。这次 H 园长选择从公办幼儿园跳到民办幼儿园，并且坚持去了当地新开的一家国际幼儿园。为了了解国际幼儿园的运营，H 园长此次的应聘转行，将自己前期的成长经历归零，非常有勇气地去应聘、挑战配班岗位。

2008 年，N 国际幼儿园准备开园。因为知道自己想做什么，我应聘时直接应聘的就是配班，就想了解国际幼儿园是如何运作的。刚开园的时候，幼儿园在人事变动上有些波折。一年后做了主班，当时新老师比较多，我因为熟悉带班，算是有经验的。在这个幼儿园，（我）从主班（做）到级长再到教研组长。（FPH-2017-09-19）

H 园长这次的选择归零，既是一种挑战，也是缘于自己的专业自信和职业规划。2008—2011 年，H 园长从配班到中层管理者，完成了自己成为一名管理者所需要的岗位经验积累。第三次离职，是因为工作太认真，H 园长身体出了状况。

当时离开是因为身体的原因。从公办到民办后，民办园服务上的要求很

不一样，工作起来很拼，身体上出现吃不消的状况，需要休养。（FPH-2017-09-19）

经过短暂修养后，H 园长选择了一所大型教育机构的 B 幼儿园。在这所幼儿园，H 园长直接担任了教学主任，抓教学、行政工作。2011—2013 年，H 园长在这所幼儿园完成了幼儿园业务岗位的经验积累。H 园长第四次离职是由于家庭原因，孩子要让小学了，H 园长晚上回来太晚。这次 H 园长选择了一家小区配套的高端幼儿园。2013—2017 年，H 园长从开园初的 100 个左右孩子，到后来的 22 个班，H 园长全面接管幼儿园，并跟随幼儿园的发展一起成长。

2017 年 H 园长离开了一手打拼的幼儿园，应聘到某品牌幼儿园担任园长，谈及这次的离职，H 园长同样非常冷静且理性。

之所以出来，是看中了现在这个平台，我希望有进一步学习和进修的机会，能进一步地提升自己，所以选择了现在这所幼儿园。我希望能再次去考研，边工作边学习。（FPH-2017-09-19）

H 园长的资本建构有别于常人，她每走一步都目标明确，迂回、曲折地完成了自己的文化资本积累过程。

3. Q 园长：背负家庭责任前行，一步一步完成资本积累

Q 园长是此次个案中唯一一位男性，他个人的成长过程及园长权力的资本建构过程带有明显的性别角色，以及家中长子的角色特点。

Q 园长是家中的长子，下面还有一个弟弟和两个妹妹。在很小的时候，他就不得不作为长子承担起家庭变故带来的责任。Q 园长人生的第一次学业选择，也是考虑家中的现实困难的结果。

我初中毕业时，家中又添了小妹妹，经济紧张。我原本打算读高中，后来放弃了高中，选择了当地的普通师范学校，1996—1999 年读了三年普通师范（学校）。当时的普通师范（学校）每个月有 600 元的生活费，一定程度上解决了家中对于读书的支出负担。（FPQ1-2017-06-26）

3 年普通师范学校毕业后，Q 园长争取到了学校唯一的升大专的指标，读书期间，Q 园长离开家乡去了省城的 S 镇中心幼儿园实习。在幼儿园实习的几个月，他开阔了视野，同时做出了人生的重要选择。

2001—2011 年，Q 园长在这所公办的 S 镇中心幼儿园做了 10 年。Q 园长初下园时，当时的 Y 园长安排 Q 园长做了一个学期的保育员。在这所幼儿园 Q 园长担任了主班兼级长、科组长等职，用 10 年的时间，完成了职业生涯专业能力的资本积累。

当时 Y 任园长，教育和科研氛围很浓，虽然工作很辛苦，但很有成就感。（FPQ1-2017-06-26）

在 S 镇中心幼儿园做到第 7 年的时候，因为幼儿园内部人事变动，Q 园长离开。Q 园长曾有出来办幼儿园的想法，也进行了前期的准备。但家庭的突然变故，让 Q 园长不得不放弃创业梦想。

作为家中长子的 Q 园长在原生家庭遭遇变故的时候，不得不再次承担起家中的责任，放弃了人生创业的梦想。随后 Q 园长选择继续留在 S 镇中心幼儿园，又多待了 3 年。2011 年，经朋友介绍，Q 园长去了某大学的加盟幼儿园 Z 幼儿园担任主任，并从主任做到副园长。

因朋友介绍，我去了某大学 Z 实验幼儿园做主任。当时这所幼儿园招生不理想，只有 100 多个学生，收费却高达 7500 元/学期。2011—2013 年的一年半内，我从主任做到了副园长，生源也从 100 多个招到了 300 人。（FPQ1-2017-06-26）

一年半后 Q 园长选择离开，因为时间消耗在专业之外的事项太多，而且幼儿园方未能履行承诺给 Q 园长的招生奖励。

因为在这所幼儿园应酬太多，曾经一周 7 天没有回家。几乎每天陪着园长与各个部门联系应酬。离开的另一个原因是承诺给我的年薪幼儿园没有兑现。（FQ1-2017-06-26）

这个时候，Q 园长一度产生离开省城回到家乡工作的想法，但很快，来自小家庭的反对让他放弃了放飞自我的想法。

也就是在这个时候，家乡所在镇的副镇长邀请我回去当村委会主任，当时我有些动心，但家人当时已在省城，老婆反对，后来没去成。（FPQ1-2017-06-26）

在大家庭中 Q 园长作为家中长子承担着一份责任，在小家庭中，Q 园长作为一家之主承担着另一份责任。双重责任，让 Q 园长在人生及职业生涯的选择中，很多时候不得不放弃个体的追求，更多地顾虑两个家庭赋予他的责任。

很快，Q 园长调整心态，2013 年去了一家知名民办幼教集团工作，负责开办幼儿园。

我进入该幼教集团工作，负责巡园、创园，走了大半个中国，主要负责开幼儿园。集团对于开新园通常预留 75 天，需要协调场地、市场、团队、招生，然后开园。2013—2014 年，我在陕西、宁夏、浙江、常德等地负责了不下 20 所幼儿园。在此期间，因为我是男的，经常被外派出差，最难谈的、最

不好做的项目都让我去，频繁出差。（FPQ1-2017-06-26）

在这家幼教集团工作了一年后，Q 园长因与集团总监在教育理念上产生分歧，合作过程中的不愉快让他萌生了去意。

> 与集团总监在教育理念上也产生分歧。其中有次去山东某地出差，按照公司规定，园长出差住宿不低于三星级宾馆，结果投资人让我住在幼儿园。还因合作上的一些事情迁怒于我，而集团却一味让我忍。在工作过程中，因为我不是总监的嫡系，所以不好的项目都推给我，次数多了，我也觉得身心疲惫，想要离开。（FPQ1-2017-06-26）

2014 年 Q 园长离开这家幼教集团，此时一所外资的 G 教育机构邀请 Q 园长去 P 国际幼儿园。考虑到 P 国际幼儿园离家近，当时孩子小，之前的幼教机构经常出差，Q 园长去了这家 G 教育机构。

2016 年，Q 园长还是选择了离开，谈到离开的原因，Q 园长直言是出于两方面的考虑。

> 一是新园越开越远，老婆觉得远，不能照顾家庭；二是当时的工资待遇不高。最重要的是，对于我去新园，G 教育机构最初有过承诺给予生源奖励，但最终未兑现。（FPQ1-2017-06-26）

Q 园长离开 G 教育机构，于 2016—2017 年去了某大学加盟民办幼儿园担任园长，进行前期筹备工作。由于合作者内部产生矛盾，幼儿园未能如期开园。2017 年，Q 园长重新应聘到某品牌合作幼儿园担任园长，开始了新的履职之选。

Q 园长的职业发展与求学经历，多多少少受其家庭的影响，在双重责任的驱使下，他不得不放弃一些自己的想法，选择承担责任和坚忍。不同的成长阶段给了 Q 园长不同的资本积累，他自身的性别角色与家庭角色也让他的资本构建过程显得和其他几位女性园长有不同之处。

4. Y 园长：中规中矩下与自我的抗争

Y 园长 1997 年普通师范学校毕业后，因为是定向委培，需要回原籍单位。Y 园长的父母都在矿上工作，因为企业改制下岗，在 Y 园长三年级时，父母离开家乡来省内的海滨城市 H 市重新谋生。Y 园长毕业时也就回到原单位办理了停薪留职手续，随父母一起到了南方。最初 L 园长去了隔壁的 D 市教了一年小学。第二年她根据自己的专业兴趣，考取了省城的音乐学院，边工作边读书。其间由于所在的小学并到中心小学，当地教育办安排 Y 园长去了幼儿园，于是 Y 园长正式进入学前教育领域。

1998—2000 年，在镇中心幼儿园待了两年，对自身的成长很有帮助。那时经常外出学习，并已接触到课件，非常的超前。在这所幼儿园得到了很多锻炼。当时国庆 50 周年，要代表镇去演出，中心幼儿园是主力，参加了很多排练演出，请了总指导，从旁看到很多细节，这是有锻炼的，来到后，发现自己落后很多。在 D 市两年，一年副班，一年主班，有正式福利和正常假期。（FPY-2017-06-12）

2000 年因为父母在 H 市工作，Y 园长离开 D 市到了 H 市的 Z 幼儿园工作，并担任主班。Y 园长坦言到了后有些不太适应，以前假期有保障，而来到这所幼儿园需要轮休，幼儿园的文化也让 Y 园长难以适应。

在这所幼儿园 3 年，担任主班，带了大班、学前班、小班，完整带了一届。在那感觉没什么收获。业务园长只喜欢唱歌跳舞，做企业文化，在党群办。园长以前是歌舞团的，喜欢参与，大部分是排练表演，这种企业与之前的中心幼儿园没法比。（FPY-2017-06-12）

在这期间，2002 年 Y 园长结婚，2003 年怀孕。Y 园长生完孩子 3 个月后就回去工作了，第二天就辞职了。谈起辞职的原因，Y 园长觉得幼儿园已不是发展之地。

当时主要是出于两个原因：一是自己想开幼儿园；二是当时的园长猜疑。第二天让我去送校车，以前的同事做园长，所以我就辞职不做了。（FPY-2017-06-12）

辞职后，Y 园长萌发了自主创业的想法，并付诸行动，前后半年时间投入到选址和可行性分析中。

决定开办幼儿园后，遇到的难题就是消防。当时的消防证实行一票否决制，很多幼儿园转手，但（我）搞不到消防证。后来看了好几个地方，在我来看，很多园长不是在做教育。当时到处是校车，而我不会开车。曾看了个幼儿园有 4 个班，转让费 15 万。当时爸爸还在上班，妈妈担心我会很辛苦，当时胆子太小，又不懂校车，就放弃了这所幼儿园。后来想不如开新园，去看了与 H 市相邻的 Z 市的一所幼儿园，是人家以前的两栋别墅，（我）跑教育局争取到了相关资源。当时还发动了舅舅的力量。舅舅是企业老总，利用他的资源了解消防问题。但妈妈觉得地方太远，有事照应不过来，老公又不在家，当年我 25 岁，想着一个人做太难，离家又太远，彻底放弃了。前后花了半年的时间。（FPY-2017-06-12）

对于人生自主创业的想法付诸了前期的行动，也获得了相应社会资本的支持，然而来自原生家庭的影响及自己小家庭的结构原因，再加上自身的个性特点，Y

园长还是选择了放弃。Y 园长重新回到中规中矩的生活中，生完孩子后，Y 园长家中请了保姆，自己也闲不住，于是开始找工作，并且在没有任何管理经验的前提下，自荐到一所民办幼儿园当园长助理。这一次的职业经历，由于 Y 园长的自信，大大缩短了她权力资本的建构过程。

> 那个时候就不想带班了，觉得当地园长的水平不咋地，就在网上看到一条招老师的消息，老板很热情，又是家乡人，感觉很亲切。当时我获得过很多证书，给了老板一个好的印象，直接告知对方想做园长助理。这个老板认识 Z 幼儿园的园长，从侧面了解我，老园长说："你聘了她就好了！"老板觉得就对了。那一年人生规划很清楚，知道自己要做什么，6 月去报了园长上岗证，8 月回来就做了园长助理。（FPY-2017-06-12）

在这所幼儿园，Y 园长只工作了一年，因为教育理念与投资方不契合，加上自己的职业良心，她选择了离职。

> 他（老板）老婆是园长，园长助理纯属打杂。后来执意离开，是因为看不惯老板的为人，伙食特别差，觉得他为人口不对心，自己是佛教徒，老师都吃不饱。让你面试、招人，价格工资他自己谈。我不喜欢这风格，疑心太重。（FPY-2017-06-12）

Y 园长从这所幼儿园离开后，又去了另一所民办幼儿园，此次仍然是毛遂自荐。

> 后来去了另外一所幼儿园，纯属毛遂自荐，知道那所幼儿园招园长，就找到老板说："你不如找我！"那个老板也是家乡人，喜欢和年轻人合作，当时幼儿园有感统、蒙氏，让我带感统兼收费。（FPY-2017-06-12）

2004—2008 年，Y 园长在这所幼儿园做了 4 年园长，完成了园长权力的资本积累。2008 年，Y 园长离职。因为离家远，加上要生孩子，就辞职了。

2009 年，Y 园长生完孩子后想找工作。现在的这所幼儿园的招聘信息是其爱人在网上看到的，2010 年 12 月她应聘到现在这所品牌合作幼儿园任园长，从 2010 年开园筹备一直做到现在，经历了幼儿园的整个发展过程。

在对几个个案的研究、对比中，我们发现，园长们在学业和职业成长部分的文化资本积累有和 S 园长的权力构成极为相似的地方。这也进一步说明，在园长权力的文化资本积累中，家庭、教育和职业经历三者成为构成文化资本的必要条件，如图 3-2 所示。

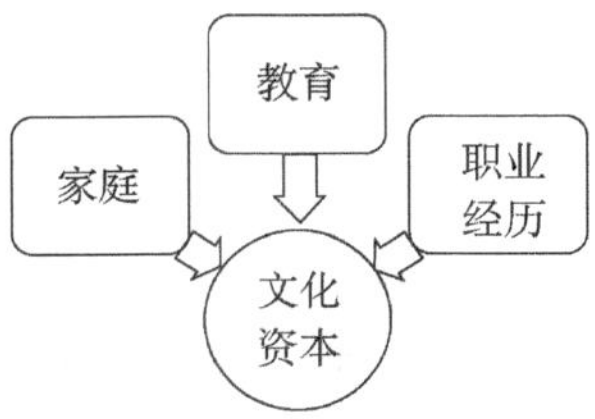

图 3-2 园长文化资本的构成

二　园长的经济资本比较

S园长当年从公办幼儿园到民办幼儿园更多源于经济资本的考虑，离职的过程也显得颇为周折，并经过了深思熟虑。而对于补充访谈的4位园长，他们在职业的选择上，除了男性Q园长，其他3位女性园长对经济资本的考量并不是特别明显，如表3-4所示。

表3-4　5位园长的经济资本主导比较

园长	离职原因	是否为经济资本主导
S园长	房子问题、薪水诱惑	✔
H园长	学习原因、成家安居、身体问题、小孩上学、个人发展	
Q园长	承诺的薪水、家庭负担	✔
Y园长	父母原因、生孩子、个人发展	
W园长	成家迁移、改制原因、个人发展	

注：“✔”表示是经济资本主导

通过对表3-4内容的对比，我们可以很清晰地看到，S园长从公办园到民办园更多是出于经济资本的考虑，Q园长的离职也是基本经济资本未能兑现和来自家庭经济的压力。相比较而言，另3位女性园长因为自身家庭环境的原因，对于职业的追求，前期主要缘于家庭赋予的性别角色，如生孩子、孩子的学习等问题，后期多出于个体的发展，经济上的压力相对来说没有对她们造成影响。不可否认的是，随着几位园长职业经验的不断丰富及岗位的不断调整，他们相应的经济资本在逐步增加，这是和他们各自的职业经验成正相关的。以Q园长为例，他在不同时期随着岗位的调整，经济资本逐年递增，如表3-5所示。

表3-5　Q园长的经济资本对比

时间	岗位	经济资本
2001年	实习老师	1 007元/月
2001年	正式老师	1 700元/月
2011年	科组长	3 200元/月
2011—2012年	从主任到副园长	4 700元/月，承诺的生源奖励年薪10万元，未能兑现，年终奖只给了7 000元
2013—2014年	负责开园任园长	9 000元/月，开园成功一所奖励2 000元
2014—2016年	外资教育机构任园长	10 000元/月，公积金100元/月，承诺的生源奖励未兑现
2016—2017年	某大学加盟幼儿园园长	15 000元/月，年薪18万元
2017年至今	某品牌合作幼儿园园长	20 800元/月，年薪25万元

我们将表格转换为图表的形式呈现更为直观，如图 3-3 所示。

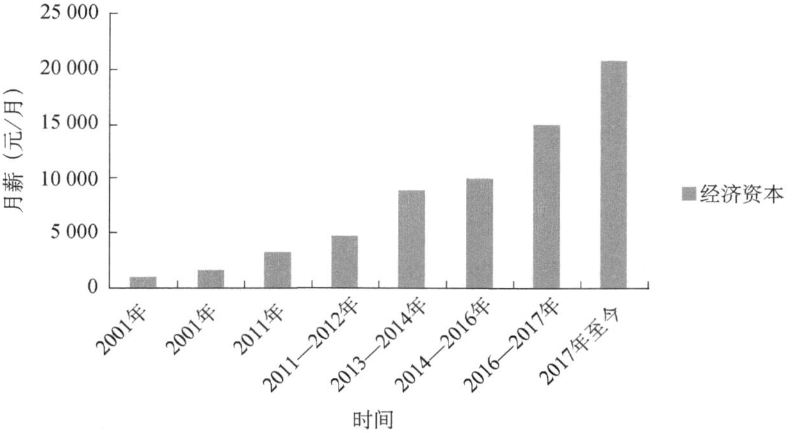

图 3-3　Q 园长经济资本对比图

通过 Q 园长的经济资本对比图表，我们可以直观地看到，在 Q 园长工作的前 10 年，由于岗位调整不大，经济资本的增幅非常小，真正的跨越式增幅是从 2013 年担任园长开始，从副园长到园长岗位增幅达到 87.5%。随着他在园长岗位上的经验积累，每次的转换都带来相应经济资本的递增。

三　园长的社会资本比较

社会资本在园长们的个人发展中发挥了重要角色，在 S 园长个案的研究中，我们发现社会资本的来源主要是：亲属关系、工作关系、朋友关系。在进一步的研究当中，我们还看到另一种社会资本的来源，即师生关系。

（一）亲属关系

1. H 园长

和老公是大学谈的恋爱，毕业后我在 N 市，他回了老家中学当语文老师。当时要组建家庭，必须有人要牺牲，当时决定在 N 市买房，老公就辞职出来了。家婆还是会有点觉得儿子的牺牲大一点。上段（时间）老公调回了离我现在工作地点很近的地方，就方便很多，也是对我工作的迁就。（FPY-2017-09-19）

H 园长的多次择业选择获得了来自核心家庭的全力支持。

2. W 园长

当时有个亲戚在区政府工作，跟这所幼儿园的投资者很熟，无意中说起这个事情，就建议我去帮这个人一下。正好是放假期间，就去了那。就去了一次，帮他们看图纸如何改。第二次投资者就想请我，直接签合同。（FPW-2017-07-10）

因为亲戚的引荐，W 园长打消了转行的想法，在新机遇下得以继续坚持自己的职业梦想。当人到中年，W 园长选择重新挑战自己的时候，家人也给了她坚定的支持。

这个阶段对我来说，不管以后结果怎么样，既然选择了，就不后悔。最幸福的就是家里人很支持我。我当时告诉家人，有这么一回事，有这样的机会，家里人说只要你喜欢就去试一试。（FPW-2017-07-10）

3. Y 园长

后来去 D 市教了一年小学，音乐、舞蹈是我的特长，第二年考了省城音乐学院，这与亲戚的指导有关。之前没有人生规划和愿景，有位表哥在中学教书，那时他告诉我"你还小，你要去读书"。（FPY-2017-06-12）

Y 园长在人生初入职场的阶段，来自亲戚的忠告让她继续追求学业，不断积累文化资本。

Y 园长曾经萌发过自主创业的想法，并付诸半年的时间做前期筹备，在这个过程中，她也获得了亲属的支持。

我在网上看了两三家幼儿园，都面临校车问题，还发动了舅舅的力量。当时舅舅是企业老总，舅舅带着我老公，利用他的资源了解消防问题、看图纸。（FPY-2017-06-12）

虽然 Y 园长的自主创业之梦因为其他原因未能实现，但是当时来自亲属的支持帮她解决了最大的创业障碍，使创业变得可行。

现在的这所幼儿园（的招聘信息）是老公在网上看到的。这几年的成长，老公（对我）有影响，他提醒我不要老做与自己无关的事情，只要看，不要动，要把精力往前看，坐在办公室把问题想透，与人交流要有前瞻性。（FPY-2017-06-12）

Y 园长在权力构成过程中遇到了困难，也有来自核心家庭的支持，尤其是来自老公的指引。

（二）工作关系

1. H 园长

H 园长最近的一次择业挑战来自之前老园长的推荐，让她如愿地开始新的职业生涯。

2. Q 园长

> 出来后，不知道去做些什么，刚好认识了一家幼教连锁机构，进入该幼教集团工作，负责巡园、创园，走了大半个中国，主要负责开幼儿园。（FQ1-2017-06-26）
>
> 在此期间一所外资G教育机构邀请我去P国际幼儿园任园长。（FQ1-2017-06-26）

第三次、第四次择业的机会源于工作中结识的人脉推荐，Q 园长从主任进阶到园长岗位，完成了权力构成中关键的环节。

3. W 园长

> 当时那边的领导认识我，也认识我们园长，希望能派一个人帮他们筹备和管理这所幼儿园。大家对人选方面都是一致的。当时他们选了两个人，园长就推荐了我过去。
>
> 当时老园长还在，亲自找我谈话，也没说很多，就希望我到这个平台尝试一下，说"不尝试你永远不知道行不行，万一成功了呢？如果不成功，你还可以回来我们幼儿园"。领导给了我一个这么好的平台。（FPW-2017-07-10）

在 W 园长重要的人生转折点，工作关系当中的园长给了她机会和鼓励，让她有了挑战新工作和新高度的勇气。

> 另外还有一位副园长，是整个教育局出了名的才女，但是得了病。她当时非常优秀，带教研，写园歌。当时她直接把我的教案给所有人看，虽然我当时没什么经验，但她的鼓励给了我很大的影响。那位园长非常可惜，又漂亮又有才华，是我的偶像。她一直都很坚强，对我精神上的影响是非常大的。（FPW-2017-07-10）

来自行业领域内的同事给了 W 园长坚守职业岗位的精神支持。

> 当时也没有人带我，只能是自己多想办法。实施起来非常难的时候，就回去找老园长。他们给我的指引，就是处理人事的技巧，我觉得很好，这是对我的一个帮助，包括现在和人如何去交往。因为这些是我的短板，他们都给了很多这方面的建议。（FPW-2017-07-10）

在 W 园长突然进入新的管理岗位感觉无方向时，以前的老领导给了她很多的指导，让她一次一次渡过难关。

（三）朋友关系

> 2011 年，因朋友介绍，Q 园长去了某大学加盟幼儿园做主任。（FPQ1-2017-06-26）

这是 Q 园长第一次从工作了 10 年的公办园出来进入民办园工作，从教研组长升任为教学主任。这对 Q 园长来说是非常重要的人生起步。相对来说，在权力构成过程中，朋友对于几位女性园长的影响较小。

（四）师生关系

> 当时我（W 园长）的家庭出了些问题，我父亲生病，班主任觉得情况特殊，应该找一份比较有保障的工作，当时幼师比较有前途，分数也不低，是班主任帮我报的名。（FPW-2017-07-10）

W 园长的专业选择源于老师对她当时家庭情况的考虑，这也决定了 W 园长一生的职业方向。

> 毕业后，教育局不放人，就到了教育局指定的幼儿园，教育二幼。是园长打报告要的我。她去学校了解情况，学校学生处和副校长给她推荐的我。（FW-2017-07-10）

毕业之际，由于学校老师的推荐，W 园长顺利进入了当地最好的公办幼儿园，并在这所幼儿园得到了全面的发展和积累。

W 园长是几位园长中唯一一位几次受到师生关系影响的园长，也丰富了个案中权力构成社会资本的来源。

我们将 4 位园长的社会资本以列表的形式呈现，如表 3-6 所示。

表 3-6　园长的社会资本对比一览表

园长	亲属关系	工作关系	朋友关系	师生关系
H 园长	在择业过程中，有来自核心家庭的支持	最近的一次重新择业，源于老园长的推荐		
Q 园长		第三次择业因工作中认识的幼教机构的负责人推荐。第四次择业因工作中认识的教育机构负责人邀请	第二次择业因朋友介绍	
W 园长	第三次择业，源于亲属的推荐 第四次择业，有来自核心家庭的支持	第一次从班主任到园长，源于老园长的推荐；犹豫不决时，得到园长的鼓励；工作中经验不足，遇到困难，有老园长的指导		班主任推荐考中专，专业选择 第一次择业，公办园选人，学校老师极力推荐
Y 园长	第一次择业，源于亲属的推荐；亲属对自己要坚持学习的指引 进入管理岗位后，有来自核心家庭的支持，以及老公职场经验的指导			

从以上几位园长的社会资本比较中我们发现，个体拥有的社会资本因人而异。不同的社会资本来源对个体的影响各不相同。相较于其他园长 S 园长在权力构建过程中，亲属关系、朋友关系、工作关系均对其发挥了重要的作用。其他园长的社会资本表现相对较单薄，偏重某一方面，如 Y 园长偏重于亲属关系，H 园长和 Q 园长偏重于工作关系，W 园长社会资本发挥作用的面相对较广。从中我们也能看出，在权力构成中，女性园长均获得来自亲属关系的支持，唯一的男性园长更多依靠的则是工作关系和朋友关系。

四　园长的象征资本比较

尽管出生在不同的年代，但园长们的个性特征还是会有共同之处，在象征性资本上主要表现在四个方面。

（一）坚持的力量

几位园长自学校毕业进入学前教育领域开始，一直在这个领域耕耘，从未离开过（Y 园长毕业初教过一年小学），虽然有两位园长（Q 园长和 W 园长）曾经在职业发展遇到挫折时萌发过转行的想法，但最终还是放弃了。

H 园长：大学毕业时择业有几个选择，大学时参加了学校的记者站，学习了采编、写稿，也在杂志上发表过文章，毕业的师兄师姐也有去报社、广播站的，当时我也有机会去，也可以去小学教语文和音乐，在D市，经济上还不错。后来想既然选择了这个专业，就还是去了N市镇中心幼儿园。（FPH-2017-09-19）

他们和S园长一样，深耕在这块专业土地上，每个人的职业生涯都在15年以上，如表3-7所示。

表3-7　5位园长职业生涯年限一览表

园长	职业年限（年）
H园长	17
Q园长	16
W园长	27
Y园长	20
S园长	37

这几位园长有着共同的发展路径，即都是从幼儿园一线开始积累，完成从教师到园长的跨越。在这个跨越过程中，有些园长一步跨越成功，如W园长和Y园长，有些园长一步一步积累，如Q园长和S园长。还有主动迂回完成积累的，如H园长。他们在这个领域扎根，完成了园长权力资本的建构过程。正如一句话所说的，“人与人之间最小的差别是智商，最大的差别在于坚持”。正因为他们的坚持，才完成了权力资本的积累。

（二）认真的态度

1. W园长

园长当时对我还是很信任，他们对我的评价一直就是工作很认真，很负责。

本身那个时代的人（都很单纯），我自己也比较单纯，没什么想法，领导给你这个岗位，你就想办法去做好，不可能把问题丢出来给园长。（FPW-2017-07-10）

2. Y园长

刚开始幼儿园做家长开放日，我这个班开完后，有个中班要开放，园长不放心，说要不就找我上去，我当时不理解。当时园长对我的评价是“简单，听话，照做”。

今年过年后，老板说，“园长很辛苦，你们要配合她的工作”。这对我来

说也是一种间接鼓励。（FPY-2017-06-12）

3. H 园长

从公办（幼儿园）到民办（幼儿园），民办园服务上的要求很不一样，工作起来很拼，身体上出现吃不消的状况，需要休养。（FH-2017-09-19）

4. Q 园长

进入该幼教集团工作，负责巡园、创园，走了大半个中国，主要负责开幼儿园。集团对于开新园通常预留 75 天，需要协调场地、市场、团队、招生，然后开园。2013—2014 年，我在陕西、宁夏、浙江、常德等地负责了不下 20 所幼儿园。在此期间，因为我是男的，经常被外派出差，最难谈的、最不好做的项目都让我去，频繁出差。（FPQ1-2017-06-26）

通过深度访谈我们可以发现，几位园长身上有着共同的象征资本，即对待工作都非常认真负责，哪怕再难再苦也会坚持把工作做好，并获得了来自他人和社会的认可。这是他们在园长权力建构过程中，依靠认真换来的坚实资本。

（三）专业的能力

专业的能力是每位园长在权力建构过程中最基础的构成。园长们在朝向自己的目标一步步迈向时，都在自觉或不自觉地吸收和积累。

1. H 园长

去到 D 镇中心幼儿园，直接带班，自己觉得没有带班经验直接做管理，经验不足。在大沥待了 6 年，带班带了 6 年，这期间也兼行政工作。（FPH-2017-09-19）

2002—2011 年，有近 10 年的带班经验，回到管理层也够了。（FPH-2017-09-19）

在 B 幼儿园待了 5 年，2013—2017 年。开园半年左右入的职，2013 年初到的岗，幼儿园是 2012 年 9 月开的园，当时一百来个孩子，离开时有 22 个班，（我）全面管理幼儿园。（FPH-2019-09-19）

H 园长在每个阶段都有意识地积累经验，有条不紊地朝向自己的目标迈进。

2. Q 园长

在最初的 P 区镇中心幼儿园，跟随着当时的 Y 园长，学会了为人处世和对外交往，之前不知道幼儿园还要与社会有如此紧密的联系，需要和各个相关部门打交道，处理各种事宜。Y 园长做事有魄力、有胆识，很多东西敢于尝试，哪怕失败再来，不断尝试。在一家幼教集团，我积累的是如何开新园的宝贵经验，包括整个过程，如何运营，从选址到看图纸、装修标准，用十几天的时间打造新园，做教师培训、家长培训等。在 G 教育机构，我了解的是国际幼儿园的运营，具体的评估体系，外教的评估与管理等。（FPQ1-2017-06-26）

Q 园长在不同的成长阶段积累了不同的资本，这也让他一步一步成长为一名成熟的园长。

3. W 园长

1990—1995 年，在公办幼儿园一线待了 5 年，经历也比较丰富，因为（这段时间）是幼儿园变化最大的时期。一是园舍重建，二是经历了省一级的评估。教学方面，经历的变革比较多，一开始分科，然后分组、分区，整合到变迁，我全部经历过。（FPW-2017-07-10）

W 园长在第一所公办幼儿园工作的 5 年里完成了专业成长上较为全面的资本积累。这为她之后从教师角色直接转换到园长角色打下坚实的专业基础。

当时企业的领导很多都拥有高学历，见识比较多，还有些是一线城市过来的，对人事的处理、对园长的尊重还是给了我很大的助力。当时我有充分的自主权，能够自主管理幼儿园。（FPW-2017-07-10）

W 园长在第二所幼儿园因为有充分的自主管理权，加上自己的努力，完成了园长权力建构非常重要的一步，为她以后的自主择业打下了基础。

（四）敢于挑战

个性的表征会因人而异，不同的个性特征在权力建构过程中有不同的影响。几位园长身上共同表现出了在关键选择中的挑战精神。

在职业的选择上我们发现，除了 S 园长的职业是自主选择的，其他几位园长的职业都是被动选择的，面对这样的结果，他们比较坦然，并用自己能接受的理由说服自己来接纳这个领域。带着喜爱与兴趣进入一个行业，这是能够坚持和发展的前提。我们可以将 4 位园长的职业选择原因用表格来呈现，如表 3-8

所示。

表 3-8 4 位园长职业选择的原因

园长	职业选择原因
H 园长	当时毕业后，报考了其他学校，文化课也过了，最后拿到通知书，调剂到×大学幼儿教育专业。拿到通知书的时候，自己已回到家乡的一所中学教音乐，看到录取的专业有点意外。当时对这个专业也不太了解，去学校系里问了才知道是教孩子，我觉得自己性格大方，一方面强烈地想要读书，另一方面和孩子在一起觉得很开心。（FPH-2017-09-19）[升学的愿望]
Q 园长	所读的普通师范学校有一个争取直读大专的指标，但专业是学前教育，需要考试，这种大专带分配指标，但是需要安排到乡村小学或镇中心幼儿园当老师。（FPQ1-2017-06-26）[升学的愿望]
W 园长	因为当时我的家庭出了些问题，当时我父亲生病，班主任觉得情况特殊，应该找一分比较有保障的工作，当时幼师也比较有前途，分数也不低。（FPW-2017-07-10）[家庭变故，他人选择]
Y 园长	当时所在的小学并到中心小学，教办让我去了幼儿园，1998—2000 年，在镇中心幼儿园待了两年，对自身的成长很有帮助。那时经常外出学习，并已接触到课件，非常的超前。在这所幼儿园得到了很多锻炼。（FPY-2017-06-12）[工作岗位调整]

尽管是被动地选择了幼师职业，这些园长并未对此产生犹疑或放弃，他们在各自的区域发展，并在人生的关键选择中表现出了惊人的一致。

1. 编制与发展机遇

在大三的最后一年实习期间，很偶然通过他人的介绍，我去了省城 S 镇中心幼儿园实习。当时的政策是，电大可以保留指标，选择停薪留职两年，两年后如不返回当地，则编制取消。在 S 镇做了两年，我放弃了回老家的指标，而是选择留下来。因为觉得来到大城市，看到不一样的工作环境，不想再回小县城，如果选择要指标就只能困在小县城。当年的同学几乎都是去了当地的小学或幼儿园当老师，我如果回去了，应该和他们一样。（FPQ1-2017-06-26）

在编制与发展机遇面前，Q 园长大胆地选择留在更有发展空间的省城，尽管没有编制，尽管在当时这个选择并不被看好。他的大胆挑战为他以后的发展奠定了最重要的一步。

2. 缩短跨越，自荐园长

那个时候就不想带班了，觉得园长的水平不咋地，就在网上看到一个招老师的消息。老板很热情，又是家乡人，感觉很亲切。当时我获得过很多证书，给了老板一个好的印象，直接告知对方想做园长助理。6 月去报了园长上岗证，8 月回来就做了园长助理。

后来去了另外一所园，纯属毛遂自荐，知道那所园招园长，就找到老板说："你不如找我！"那个老板也是家乡人，喜欢和年轻人合作，2004—2008

年做了 4 年。（FPY-2017-06-12）

两次毛遂自荐，让 Y 园长成功地缩短了自己的职业进程，完成了从教师到园长助理再到园长的迈进。

3. 被动到主动的转换

与 Y 园长的主动出击不同，W 园长从教师到园长的跨越，完成是被动选择和接受的过程。但在这个过程中，她并没有选择退缩，而是冷静地接下任务，并有规划地弥补自身管理经验的不足，顺利完成了角色的转换和资本的积累。在所有的园长中，她是最早一位走上园长岗位的。

> 当时园长是什么、园长怎么做，这些没有人去教你，我也很迷茫。但我有一个方法，就是，那段时间经常跑书店，去找管理方面的书。你要带一个团队，要进行企业管理，你首先要明白什么是管理。我从书里面吸取了很多经验，然后在我的工作中去尝试。
>
> 有时实施起来非常难的时候，就会回去找老园长谈一下。他们基本上给我的指引就是处理人事的技巧，我觉得很好，这是对我的一个帮助。（FPW-2017-07-10）

W 园长在主动面对困难和问题方面表现出了她的成熟与理性，使她成功缩短了职业的跨越，很早就走上园长的岗位。

4. 迂回积累，螺旋上升

H 园长的选择是一种自我挑战，她刚一毕业去的幼儿园比所有园长的平台都要高，直接省去了教师岗位阶段，担任园长助理，这个职位是为接老园长的班而设置的。在如此高的平台起点下，H 园长保持了高度的冷静和理性，她出于对自身的分析与规划，主动扎根基层，积累了 10 年后才重回教学主任的岗位，并很快在一年后担任园长岗位。多年的积累让她在园长岗位上快速适应并表现优秀。

> 因为知道自己想做什么，应聘时直接应聘的就是配班，我就想了解国际幼儿园是如何运作的。所有的事情都是自己在运作，经过这几年的锻炼，曲折上升。（FPY-2017-09-19）

每位园长权力资本建构的路径不同，但又殊途同归，经过长期的实践与积累，他们都完成了权力资本的建构，有共性的地方，也有个性的地方，这让我们看到了不同的个体在权力资本建构过程中的多元性。

在个人影响表现上，由于时间与资料收集原因，这些信息无法具体呈现，在此不展开做比较。

人是社会性动物，不可避免地受到家庭和社会的影响。在园长个案的比较当中，我们发现园长的个体特征、各自的家庭结构，以及社会宏观政策均会对园长权力的构成产生影响。

第四章　权力的迷宫
——园长权力关系的生成场域

“迷宫”这一意象象征着双重隐喻，我们既已涉入头绪繁多的要素所构成的关系迷宫中，又被投入现实存在的细密交织的权力之网所构筑的关系迷宫中。[①]

——王树生《权力的迷宫——埃利亚斯、布迪厄与福柯的比较研究》

资本最终是在某个特定场域中发挥其价值的。权力场与其他场不同，它是各种类型资本之间的，或者，更确切地说，行动者之间的力量关系的空间，行动者拥有不同类型资本中的一种，能够支配相应的场。[②]本章将从场域的理解、S 园长在幼儿园场域中的权力关系来探讨园长权力关系的生成。

第一节　场域的理解

场域的理解，就是首先理解一个场，一个人与这个场一起并通过反对这个场而形成。[③]场域概念所要表达的，主要是在某一个社会空间中，由特定的行动者相互关系网络所表现的各种社会力量和因素的综合体。[④]

① 王树生. 权力的迷宫——埃利亚斯、布迪厄与福柯的比较研究[M]. 北京：中国社会科学出版社，2014：296.

② 皮埃尔·布尔迪厄. 实践理性：关于行为理论[M]. 谭立德，译. 北京：生活·读书·新知三联书店，2007：39-40.

③ 皮埃尔·布尔迪厄. 自我分析纲要[M]. 刘晖，译. 北京：中国人民大学出版社，2012：5.

④ 高宣扬. 布迪厄的社会理论[M]. 上海：同济大学出版社，2004：139.

一　权力场域的区分

（一）场域的界限

场域界限的问题是一个场域自身内部的关键问题。某个场域中的参与者都不断竭尽所能来使自身与他们最势均力敌的对手区分开来，以减少竞争，并建立自己对场域某个特定局部的垄断。[①]如果将幼儿园看作一个场域，在这个特定的场域中会形成各种区分，成为幼儿园场域内各个特定局部的区分。

制度化了的集体误识的圈子，作为对意识形态话语价值的信任基石，只有当该话语生产和流通的场域的结构使它所引起的否定（仅仅是通过暗示它没有被说出来这一形式来说出它所要说的东西）与能够如实地再次误识这一否定信息的解释者一起出现时，才能确立起来；换句话说，仅仅当被形式所束缚了的东西被以这种形式并且仅以这种形式得到理解和认可时，也即这种形式通过否定自己而得以实现时，这一圈子才得以确立起来。[②]幼儿园的场域拥有自身制度化的圈子，例如幼儿园内的下级权力场域和上级权力场域，不同的权力场域有不同的形式和角色认同。

（二）作为资本竞争结果的场域

场域是各种资本竞争的结果，也是这种竞争状态的生动表现形式。任何一个场域始终都是个人的或集体的行动者运用其手握的各种资本进行相互比较、交换和竞争的斗争场所，是这些行动者相互间维持或改变其本身所具有的资本，并进行资本再分配的场所。[③]园长拥有何种资本直接关系到个体在场域中权力地位的稳定，个体在不同阶段、不同场域中的资本构成，也会影响到个体的权力影响范围和作用价值。

每一个行动者一旦参与到某个特殊场域中的斗争，也就利用其历史积累和原有的资本，依据其所占有的社会地位，通过场域中的特定相互关系网络，同其他行动者进行多种形式的策略性斗争。[③]园长在取得合法的权力地位之后，仍然要面临权力地位的维护与稳定问题，此时园长需要利用自身的资本与其他行动者进行

---

① 皮埃尔·布迪厄，华康德. 实践与反思——反思社会学导引[M]. 李猛，等译. 北京：中央编译出版社，2004：137.

② 皮埃尔·布尔迪厄. 言语意味着什么——语言交换的经济[M]. 刘晖，译. 北京：商务印书馆，2005：161-162.

③ 高宣扬. 布迪厄的社会理论[M]. 上海：同济大学出版社，2004：148.

多种形式的策略性斗争。

根据场域的界线和资本竞争的结果，我们将S园长在G幼儿园的场域分为上级权力场域和下级权力场域。

二 权力关系的生成场域

场域是靠权力关系来维持和运作的。权力，在布迪厄看来，是作为一般的社会关系和社会力量表现出来的。因此，凡是有社会关系和社会力量存在的地方，就有权力存在，就有权力发生作用。权力并不局限于政治领域，也不单纯表现为国家的政权。权力作为一般的社会关系和社会力量，可以是政治性的、社会性的、经济性的或文化性等。[①]场域概念最基本的因素是多面向的社会关系网络。[②]在幼儿园的场域里，同样存在权力关系，并依靠其园内的权力关系来维持和运作。

权力在各个场域中之所以起着决定性的作用，是因为任何组成社会场域的关系网络只有靠在其中贯穿的权力关系才能维持下来，并不断地运作。由各个行动者所组成的社会关系网络从来都不是靠其中的任何一个行动者单独地决定的。

在统治关系中所呈现的上述多维度的权力关系，在某种意义上说，表现了各个场域中社会关系网络力量对比的典范结构。[③]幼儿园的场域里存在多种权力关系，并会因幼儿园办园性质（如公办园、民办园）的不同、办园规模的不同而各有差别，权力关系也会呈现多元的关联性。

（一）场域的历史性

每个场域的特定必要性在历史突显的漫长过程中逐步显示出来，这个过程并不是持续的理性单性生殖，这种理性本身自我繁殖，并可（通过回想）还原为唯智主义观念（和理念，尤其是科学或哲学理念的历史）想象出来的一条长长的理性链条。在每个时刻，当来自场域的整个历史的位置空间的结构被某些行动者感知，而这些行动者从他们的配置上受到这种结构的要求的影响时，这种结构对这些人表现为一个可能性空间，这个空间能够通过它的激励支配他们的期待和计划，甚至通过它的限制至少从否定方面决定这些期待和计划，由此支持能够促进一种

① 高宣扬. 布迪厄的社会理论[M]. 上海：同济大学出版社，2004：154.

② 高宣扬. 布迪厄的社会理论[M]. 上海：同济大学出版社，2004：138.

③ 高宣扬. 布迪厄的社会理论[M]. 上海：同济大学出版社，2004：155.

更复杂的结构发展的行动。[①]

场域里产生的东西越来越受场域的特定历史的支配，越来越难以根据对被考虑的时间内的社会世界状态（经济、政治等形势）的认识来进行推断或预见。场域的自律总是更多地在某些作品里实现，这些作品把它们表面的属性和价值只归功于结构，因而，也就是归功于场域的历史，总是更使阐释失去信誉，通过“短路”，阐释从世界上发生的事直接过渡到场域里发生的事。[②]在幼儿园的场域里，有些权力关系是随着幼儿园的产生而生成的，是不可回避的存在，如园长与员工之间的正式权力关系，园长与家长、幼儿间的象征性权力关系是幼儿园组织内的历史存在。

（二）场域的自主性

场域的自主程度可以由它的特定逻辑施加给外部影响或控制的转变或折射作用之重要性来衡量，由它让宗教或政治表象和世俗权力的限制变化的变革甚至是变形来衡量（显然是非常不完善的折射的机械比喻，在这里只有否定价值，以便从思想中驱除更不恰当的反映模式）。场域的自主程度也由否定性制裁的严重性（丧失威信、开除等）来衡量，这些否定性制裁被施于他律的实践，诸如对政治指示甚或美学或伦理需要的直接服从，尤其由对抵抗甚至反对权力的公开斗争的肯定性激励的有效性来衡量（同样的自主愿望可能按照它反对的权力的性质而导致相反的占位）。[③]在幼儿园的场域中，不同的幼儿园因其外部影响或控制的不同会生成不同的权力关系。在本书研究中，G 幼儿园为民办幼儿园，园长面对的不仅有历史生成的正式权力关系、象征性权力关系，还有民办幼儿园独有的权力关系，如园长与老板之间的隐形权力关系，园长与分管领导之间的委托代理权力关系、园长与影响幼儿园管理的特定人员之间的潜在权力关系。

根据场域的历史性和自主性特征，园长的权力关系可以分为隐蔽的权力关系、委托代理的权力关系、正式的权力关系、象征性的权力关系，以及潜在的权力关系。

从场域角度分析权力关系，涉及两个必不可少并内在关联的环节。首先，必须分析与权力场域相对的场域位置。其次，必须勾画出行动者或机构所占据的位置之间的客观关系结构，因为在这个场域中，占据这些位置的行动者或机构为了控制这一场域特有的合法形式的权威，相互竞争，从而形成了多种关系。

---

① 皮埃尔・布尔迪厄. 帕斯卡尔式的深思[M]. 刘晖，译. 北京：生活・读书・新知三联书店，2009：132.

② 皮埃尔・布尔迪厄. 实践理性：关于行为理论[M]. 谭立德，译. 北京：生活・读书・新知三联书店，2007：59.

③ 皮埃尔・布尔迪厄. 艺术的法则——文学场的生成与结构[M]. 刘晖，译. 北京：中央编译出版社，2011：196.

综上所述，幼儿园场域中的权力关系可以从两个维度来解读：第一个维度是权力场域的区分，这当中包含上级权力层和下级权力层两个区域；第二个维度是权力关系的生成，依据权力场的历史性与自主性特征，S 园长在 G 幼儿园的权力关系共有五种。我们将 S 园长权力关系的生成场域用图 4-1 来呈现。

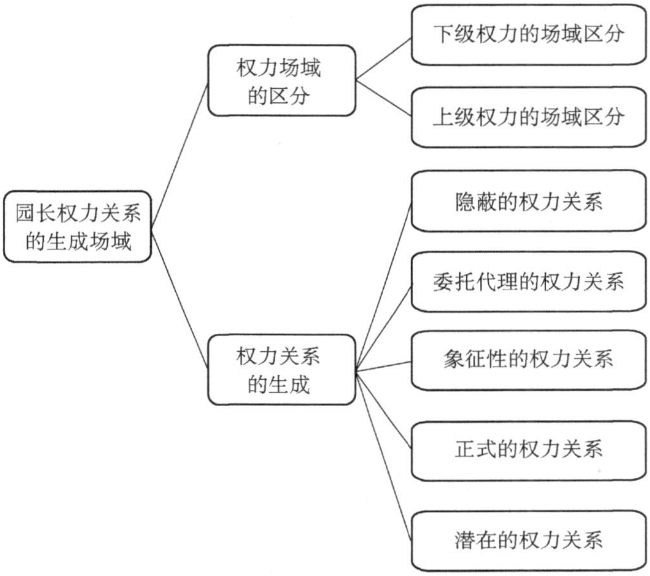

图 4-1　园长权力关系的生成场域分析框架图

第二节　权力的迷宫：S 园长权力关系的生成场域

本章中园长权力场域的区分及其权力关系的生成主要以 S 园长在 G 幼儿园的经历为主，通过访谈、观察、实物分析等方法进行资料的收集。

一　S 园长所处的权力场域区分

涂尔干认为：“所谓分类，是指人们把事物、事件以及有关世界的事实划分成类和种，使之各有归属，并确定它们的包含关系或排斥关系的过程。”①个人历史和集体历史构成了不同的行动者个体，使得不同的行动者得以区分。②场域是由其中的位置之间的关系网络构成的，占据一定的位置，也即获得一定的资本。③ 在幼儿园的权力场域中，每个个体都占据一定的位置，G 幼儿园内的个体也不例外，我们将 G 幼儿园的权力场域运用层级架构图进行直观的呈现（图 4-2）。

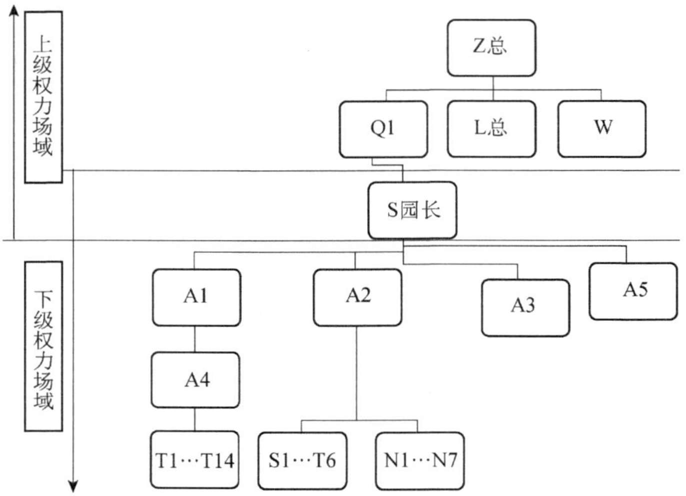

图 4-2　S 园长权力场域的层级结构图

在一个等级秩序中，权力结构主要不是建立在有关必须赋予各个阶层成员的特权或权力的社会共识基础上，而是建立在资源分配的基础上——人们可以用这些资源迫使别人服从。④如图 4-2 所示，S 园长在 G 幼儿园的权力场域中是一个二重性的权力角色，在我们称之为下级权力的场域中，S 园长是权力的主体，拥有明显的资本优势；S 园长位于 G 幼儿园归属的公司领域中，我们称之为上级权力的场域，S 园长又成为权力客体，S 园长的上级权力层掌握的资本同时制约 S 园长的权力范围。

（一）下级权力的场域区分

在幼儿园场域内，S 园长是权力主体，其他的岗位成员是其权力客体。即使在同一个场域，不同的岗位之间也会出现不同的场域区分。

① 爱弥儿·涂尔干，马塞尔·莫斯. 原始分类[M]. 汲喆，译. 上海：上海人民出版社，2005：2. 转引自刘拥华.布迪厄的终生问题[M]. 上海：上海三联书店，2009：29.

② 刘拥华. 布迪厄的终生问题[M]. 上海：上海三联书店，2009：98.

③ 刘拥华. 布迪厄的终生问题[M]. 上海：上海三联书店，2009：112.

④ 彼得·M. 布劳. 社会生活中的交换与权力[M]. 李国武，译. 北京：商务印书馆，2012：207.

1. 管理层的场域区分

（1）小集团

小集团是非正式的、无法渗透的、高度个人化的亚群体。获得小集团的身份（参与）是困难的——小集团的成员之间只是一种私人关系。小集团通常在幕后秘密运用权力，但是它们可能作为领导层组建派系。以这种方式，小集团可以获取支持，但又不能破坏小集团自身的不可渗透性。[①]在G幼儿园，也存在小集团，它是由S园长和她的两位副园长A1、A2组成的。

> 本周S园长因病未能来园，也正因如此，我想下园观察园长不在园的情况。
>
> 7：54到园，我今天准备跟A1一天，看看她的工作状况。尽管S园长不在，幼儿园的一切仍旧井然有序，并未表现出一丝不同。大家各司其职，A1按自己的日常工作巡班、组织小小班级开会，组织大家加班。各班的老师们也各就各位，做好自己的工作。对于S园长的不在园，行政中层（主要是A1和A2）一致保持默契，对外统称园长感冒发烧，需要休息（其实是园长面部神经炎复发，情况比较严重）。上午A2去园长家探望，A5在中午吃饭时问起A2去哪了，A1很自然地说A2开会去了，看来A5并未进入中层的“圈子”，很多事情大家并不希望她了解太多。
>
> 幼儿园自然地形成自己的权力层级，有着自己的内在规范（圈子），圈子内的成员有着自己的话语体系，彼此默契，无须提醒，将未进入圈子的人一致排除在外。大家都在极力维护园长的前台形象，这似乎是A1和A2彼此都知道的“规则”。（D-2013-12-04）

（2）管理层的场域区分

除了A1、A2进入核心管理圈，G幼儿园还存在由A3、A4、A5组成的中层管理圈，这5位因为与S园长的交集各不相同，在幼儿园中所处的场域空间也大不相同，S园长与A1～A5的交集如表4-1所示。

表4-1 S园长与A1～A5的交集

人员	关联性	工作年限（年）
A1	2004年应聘，2006年提拔为副主任，2011年提拔为副园长	10
A2	2003年因S转园，S在Y幼儿园的下属	11
A3	2003年因S转园，S在Y幼儿园的下属	11
A4	2004年应聘，2013年提拔为主任	10
A5	2013年由公司直接安排，Z总的亲戚	1

---

① 哈罗德·D. 拉斯韦尔，亚伯拉罕·卡普兰.权力与社会——一项政治研究的框架[M]. 王菲易，译. 上海：上海世纪出版集团，2012：161.

传统中国人的关系的建立靠的是天然的血缘和地缘，然后是复制或延伸出来的其他关系，如朋友、同事、同学、战友等。中国人一般不会设定如何在两个独立的个体之间看待他们的交往程度，因此对中国人来说，即使两个人彼此之间没有交往，但只要有天然性的血缘或地缘关系存在，就可以义务性地和复制性地确保他们之间的亲密与信任关系。[①]

S 园长与 A1～A5 的权力圈层可从时间和空间的场域进行分析。一是时间的场域。S 园长与 A1 和 A2 有着多年的共事经历，这些年 A1 和 A2 权力位置的提升也与 S 园长有着紧密关联。也是在这些实践空间和时间里，S 园长和 A1、A2 形成了紧密的小集团，A1 与 A2 成为 S 园长权力实施的忠诚执行者和权力稳定的有力维护者。A3 也追随 S 园长多年，因此，除了 A1、A2，A3 与 S 园长的交往也是紧密的。A4 虽然跟随 S 园长多年，但一直在教师岗位，进入管理层岗位仅一年，因此，距离 S 园长的权力场域相对较远。A5 比较特殊，她是作为 Z 总的亲戚空降到 G 幼儿园的，鉴于她特殊的身份，S 园长与她保持着友好的权力距离。二是空间的场域。对于 A1～A5 的权力区分，从办公场所的安排也可见一二。S 园长的办公室与 A1、A3 的办公室为一间室内分隔的两个单间，距离最近，相互间也最没隐私。A2 由于工作性质的原因，未和 S 园长在一个办公室，但 A2 的办公室同样在一楼，空间相距不远。A4、A5 的办公室则被单独安排到了四楼夹层一间独立的办公室，空间相距较远，分隔明显，大家的交集只发生在开会或者中午用餐的时候。在社会空间里，位置的接近便暗示了关系的接近；属于某个空间有限领域里的人将更加靠近（通过他们的属性和他们的性情倾向、情趣），同时也更倾向于彼此接近，也更容易亲密起来。[②]

费孝通曾指出，我们的格局不是一捆一捆清楚的柴，而是好像把一块石头丢在水面上所发生的一圈圈推出去的波纹。每个人都是他社会影响所推出去的圈子的中心。被圈子的波纹所推及的就发生联系。每个人在某一时间某一地点所动用的圈子不一定是相同的。我们社会中最重要的亲属关系就是这种丢石头形成同心圆波纹的性质。俗语说“一表三千里”，这个网络就像蜘蛛的网，有一个中心，就是自己。[③]本书也借用费孝通的波纹格局来呈现以 S 园长为中心的权力影响所产生的不同圈层（图 4-3）。

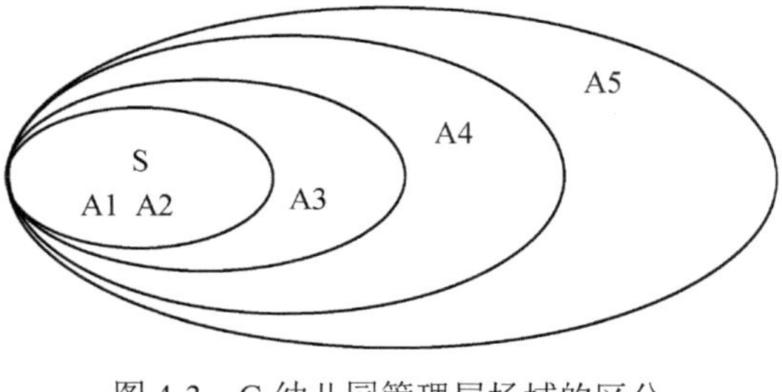

图 4-3　G 幼儿园管理层场域的区分

① 翟学伟. 人情、面子与权力的再生产（第二版）[M]. 北京：北京大学出版社，2013：135.

② 皮埃尔·布尔迪厄. 实践理性：关于行为理论[M]. 谭立德，译. 北京：生活·读书·新知三联书店，2007：13.

③ 费孝通. 乡土中国[M]. 北京：人民出版社，2008：28.

2. 管理层的场域界限

虽然进入了核心管理圈，但并不代表没有权力的界限，对于权力的边界，A1非常明白。

当园长助理就必须了解老师，如果你跟老师有距离感，老师有什么事情就不会跟你说，你跟老师能说得来，她有什么事情肯定跟你说。有必要你就跟园长反映，有时候你也要权衡一下，有些事园长知道了不愉快，就没必要说，有些事园长问起就得说。（FA1.3-2014-02-17）

对于原则怎么把握，她举了个例子：

有个老师带了几届大班，家长比较有钱，就组织出去郊游，有时就唱卡拉OK、喝酒，不告诉园长，男男女女在一起，度就不好把握了。我就先跟老师提醒该怎么做，如果她不听，我就向园长汇报。（FA1.3-2014-02-17）

日常工作，比如说每天巡班，了解每个班早操的情况，这些一般不会去请示。但刚做教学主任的时候，去看这些东西，会经常和园长说。这两年基本就很少了。第一点，我是这么想的，她如果兼顾太多这种小事情，会很辛苦。第二点，作为中层干部，如果自己可以解决的，就不需要劳烦园长。（FA1.1-2013-12-04）

如果园长不在，我和A2的分工就要分事情。如果是教学的事情要问我，其他的事情问A2。之前也说过园长不在园的情况下，有事情交给A2处理。一般有些什么事情就会去问A2。比如说对外接待、居委开会呀，像宠物医院这种事情，直接就是我出面。因为这个宠物医院会影响到户外活动，而这个户外活动也是属于教学吧。A2就负责写投诉，上次这个事情，负责在外跑的是我，只有投诉书是A2起草的。（FA1.1-2013-12-04）

进入场域的过程中，只要人们拥有某种确定的禀赋构型，他们在被遴选出来的同时，就被赋予了合法性。要想构建场域，就必须辨别出在场域中运作的各种特有的资本形式；而要构建特有资本的形式，就必须知晓场域的特定逻辑。[①]A1跟随S园长多年，也是S园长一手从教师岗位提拔上来的，她深知权力的界限在哪里，这也是她能够成为S园长核心管理圈成员的原因。

费孝通谈到，在西洋社会里争的是权，而在我们却是攀关系、讲交情。其实在我们传统的社会结构里最基本的概念，这个人和人往来所构成的网络中的纲纪，

① 皮埃尔·布迪厄，华康德. 实践与反思——反思社会学导引[M]. 李猛，等译. 北京：中央编译出版社，2004：147.

就是一个差序，也就是伦。[①]他说《论语》中，子曰：“为政以德，譬如北辰，居是所而众星拱之。”这是很好一个差序格局的比喻，自己总是中心，像四季不移的北斗星，所有人随着他转动。[②]G幼儿园也是中国权力社会的一个缩影，大家围绕着S园长形成了一个园内的差序格局。

3. 工作年限的场域区分

G幼儿园开园12年，在47名员工中，园龄10年以上的员工有18人，园龄5年以上的员工有26人（N16-2013-12-20），不同的入职年限导致彼此之间的交往和了解不同，场域也会自动区分。

> 很多时候大家一起去玩，慢慢熟悉了，这种关系也挺好的，评估加班也会跟主班去吃饭。刚来的时候，他们有时候聊以前的同事，自己不认识，接不上话题，上课的时候，他们上得很好，经验很多，（关于）处理孩子的方法，自己是新老师经验不多，插不上话。和同事的关系都差不多，聊天的话，跟T2是一个班毕业的，所以话题比较多一些，我们三个一个房间，有时候晚上聊一聊。在靓女群我很少聊，出去玩的照片分享得比较多。他们的孩子年龄差不多，会讨论去哪里玩，我们主要是逛街、看电影、唱歌。（FT6-2014-04-17）
>
> 大家交往差不多，和T9，像T1、T3交往比较多，新来的，年纪不一样，想的谈的不一样。（FT14-2014-09-17）
>
> 经常和同事玩，固定几个，出去吃饭、唱歌、骑单车。和新来的还好，下班也会一起玩，但是年龄也会有差距，深交还有点隔阂。（FT13-2014-07-14）

T6是入园2年的新教师，T13和T14都是在园10年的老教师，话语权和交流的主题不同，导致新教师和老教师之间的场域区分较为明显。

4. 岗位的场域区分

（1）同岗位的场域

> 之前找以前的同学，现在找隔壁班老师、同年级的老师。跟配班多一些，主班一般都有家庭。（FT7-2014-04-17）
>
> 平时就和N1来往比较多，因为她是四川的，我老公也是。我那个大的（孩子）和她女儿是一样大的，也是同一个班，就会多点交流。（FN6-2015-01-30）
>
> 一般都是跟那个保育员来往，我们是老乡！跟老师没有，我们的起点不一样，级别也不一样。（FS3-2015-01-30）

---

① 费孝通. 乡土中国[M]. 北京：人民出版社，2008：30.

② 费孝通. 乡土中国[M]. 北京：人民出版社，2008：32.

T7、N6、S3 分别在不同的岗位上，岗位分工不同，导致人际交往的交集也各不相同，同岗位的人员有更多交往的机会，不同岗位的人员由于空间和时间的分隔造成了场域的区分。

幼儿园内由于交往机会造成的场域区分还有同年级和同班级的场域区分。

（2）同年级的场域区分

有个靓女群，一般是工作上的事情她们才会聊起。还有一个中大班的群，靓女群是全园的群。靓女群那里就不会说什么私人的话题，毕竟领导也在那。在中大班那里就聊得……哈……在中大班那里就聊得无所顾忌一点。（FN4-2015-01-30）

幼儿园的空间安排通常会将同一个年级安排在同一楼层，在教学时间的安排上同年级相对也会趋同，如中大班的早操和小班、小小班的时间安排就可能会不同。在工作安排上，幼儿园也多以年级为单位进行，如分年级的园本教研活动。时空的交往不同也会导致场域的区分。

（3）同班级的场域区分

反正跟谁搭班就跟谁比较聊得来，应该跟 T1 老师交往比较多，跟她搭班了四年。跟谁搭班过就有感情。下了班之后交集比较少。因为有家庭，偶尔会聚一下，一学期一两次吧。（FN4-2015-01-30）

幼儿园的班级教师配备是每个班“两教一保”，即主班老师、配班老师和保育员。3 位工作人员除了个别时间（如餐前保育员需要去厨房领取食物）因分工不同不在同一场域，一天工作当中的绝大多数时间三个人是处在同一场域内的，人员的结构也相对稳定，如无意外，至少会有一个学期的稳定期。朝夕相处，同班级的人员比其他人员更容易彼此了解，因此，场域区分也会特别明显。

5. 时空场域的区分

幼儿园中还存在两个特殊的群体：厨房人员和专科教师。首先在空间的安排上，G 幼儿园的厨房人员在幼儿园一楼的厨房内进行实践活动，受工作性质的影响，非工作人员是不得入内的。相对封闭的空间造成厨房人员与其他成员之间的交往相对较少。另外，厨房人员的工作时间也和其他岗位的工作人员不一致，这种客观的影响，也造成了厨房人员独特的场域区分。

（1）厨房人员

和同事的关系都差不多，在工作上关系都是这样子！下班的时候基本上就很少有联系，就是跟家庭这些！（FS4-2015-01-30）

下班之后我们基本上没什么联系。像我一家大小都在这边，我基本上下班以后就回家了，干完活就走了。（FS5-2015-01-30）

从访谈中，我们可以发现，厨房人员的交往范围相对较窄，其工作的性质也缩小了他们之间的相互交往空间。

（2）专科老师

专科老师是G幼儿园中另一类特殊群体。G幼儿园有两位专科老师，一位负责英语专科教学，一位负责音乐专科教学。她们不需要带班，因此不会常在班上出现，只是有专科活动的时候才会到班上履行教学任务。没有教学任务的时候，她们俩基本待在四楼的教师办公室，其他教师日常工作时间均在班上，所以教师办公室绝大多数只有两位专科老师在。这种时空的相对分隔也造成了专科教师的场域区分。

自从做了专科老师，感觉分隔了，我跟英语专科相依为命，两个人互相聊一下，没有其他人可以说话。幼儿园有什么事情我都不知道，她们开会有时也会把我们俩忘了，如果我们俩都没去，就不知道会议的内容。（FT11-2014-07-14）

尽管处在同一个幼儿园场域中，但大家彼此之间的人际交往各不相同，不同时空也会造成场域的区分。

（二）下级权力场域区分的解读

下级权力场域是幼儿园的主要场域，为了更好地理解在同一所幼儿园场域中的不同区分，我们将从以下几方面来解读。

1. 身份的认同

和老师之间交往多少会有一点不一样，你想想我们的文化。没文化嘛，像我们就是没文化的，我们有时写总结都不会。（S6-2015-01-30）

场域相对自主性的原则导致了一个基本方法论原则：赋予内在分析以优先性。[①]个体对于自我的分析直接导致身份的自我认同。在幼儿园场域中，越是场域边缘化的群体，身份的自我认同越强烈，并进行自我归类和自我解读。

2. 暗示的权力

我觉得领导还是很偏执的那种！就是说有些事情她还是比较偏向老师的，

---

① 戴维·斯沃茨. 文化与权力：布迪厄的社会文学[M]. 陶东风，译. 上海：上海世纪出版社，2012：149.

这个我可以理解，因为幼儿园主要是以老师为主嘛！后勤的话就是另一种说法了，就是没文化嘛！做后勤这些活的能有多少文化哪！老师都是大学生，都是有文化的！（FS3-2015-01-30）

布迪厄关于语言交换曾指出，暗示的权力是通过事物和人来施加影响的；而且，它并不告诉孩子必须做什么，而是通过告诉他他是什么，从而引导他最终成为他所必须做的那种人。暗示的权力乃是一种象征性权力发挥效力的条件，在获得这种暗示的权力之后，各种象征性权力便能通过一种被预先安排好要对其做出反应的惯习来起作用。[①]在 G 幼儿园，S 园长的语言暗示使得后勤人员对于自己的角色认同有了一些共同的定位。

3. 时空的分隔

和老师的交往比较少，这个没什么！她们作为老师，负责她们的工作；我们作为厨房就负责我们厨房里的工作，我们跟她们平时没有什么交集，只是开饭时间有接触，这个都很正常的。因为我们有规定的时间，或者有时候来早了，提前个几分钟。（和老师）交往不是很多，一般下班就走了。（FS5-2015-01-30）

在工作时间的安排上，不同岗位之间也会各有不同，如表 4-2 所示。

表 4-2　G 幼儿园教职员工作息时间（2014 年 9 月）

部门	上午	中午	下午
1. 行政人员	7：50—12：00	12：30—14：30	14：30—17：15
2. 音乐专科 英语专科	7：30—12：00 7：50—12：20	13：30—17：00 （周一、二、四下午跟车） 13：30—17：00 （周三、五下午跟车）	
3. 保健员	7：30—12：00	13：30—17：00	
4. 主班教师	7：50—11：35	12：00—13：30	14：30—17：00
5. 配班教师	8：00—12：25	13：30—14：30	14：30—16：50
6. 生活老师	7：40—12：25	14：15—17：00	
7. 厨师一（早班）	4：30—12：00（做面点） 6：00—13：30		
厨师二	5：30—13：00（做面点） 6：30—14：00		
厨师三	7：00—16：30		
8. 厨工	7：15—13：45		15：00—16：30
9. 清洁工	6：30—11：30		14：30—17：30
10. 保安	7：10—12：00		14：30—17：40

资料来源：N11-2014-09-01

① 皮埃尔·布尔迪厄. 言语意味着什么——语言交换的经济[M]. 刘晖，译. 北京：商务印书馆，2005：29.

场域可被视作一个围绕特定的资本类型或资本组合而组织的结构化空间。[①]一个场域的结构可以被看作一个不同位置之间的客观关系的空间，这些位置是根据他们在争夺各种权力或资本的分配中所处的地位决定的。[②]在G幼儿园中，每个位置个体所处的空间和分配的权力资本不同，加上时间上的分隔，这直接导致了多种场域的区分。

4. 准则的不同

老员工和新员工在观念上会有点不同，价值观什么的会不一样，对孩子的管理也有分歧。我们每个环节都要培养孩子的态度，边说话边喝，没有固定位置，自由多了就会显得散漫，你要及时制止，这些方面就会有不同意见。（FT12-2014-07-14）

正是在群体的建构中，尤其是在词语、标语口号及通过施加区分准则而帮助确立社会秩序的理论，以及更广泛的，在把对世界的看法和政治分类现实化与官方化的整个政治舞台的象征权力中，表征的效力才会最为明显。[③]T12是位在园工作12年的老教师，从她的访谈内容可知，虽然在群体的建构中，各个群体间的区分准则不是非常清晰，但不同工作年限和工作经验的教师之间，由于各自对工作规范和准则的把握不同，会生成不同的场域。

5. 话题的区分

全球化、新信息技术这些新的情况和变化在很大程度上改变着人们的生活方式与社交方式。[④]G幼儿园同样受到新信息技术的影响，在人际交往中，微信成为一种新型的交流形式出现在幼儿园内。

幼儿园内建了个微信群，群主是T9（在园工作12年），谈起建群的初衷，T9说：

建了个靓女群，我是群主，为了孩子成长、出去玩，吆喝一声，带着一起出去，这是初衷。还有就是群里的通知。有微信的人就在里面。幼儿园不像单位或公司，我们很简单，管好自己的班，都这样，群里大家还是有顾忌的。刚建那会火热点。（FT9-2014-04-23）

---

① 戴维·斯沃茨. 文化与权力：布迪厄的社会学[M]. 陶东风，译. 上海：上海世纪出版社，2012：136.

② 皮埃尔·布迪厄，华康德. 实践与反思——反思社会学导引[M]. 李猛，等译. 北京：中央编译出版社，2004：155.

③ 皮埃尔·布尔迪厄. 言语意味着什么——语言交换的经济[M]. 刘晖，译. 北京：商务印书馆，2005：125-126.

④ 戴维·英格利斯. 文化与日常生活[M]. 张秋月，等，译. 北京：中央编译出版社，2010：1.

因为话题等各方面的原因，已婚的老教师成了掌握话语权力的主体，是微信群中的活跃分子，而新教师和保育员基本是潜水的观众。

> 靓女群主要增加沟通，分享去哪里玩，有什么好建议。一般潜水的多，老教师比较积极。（FT10-2014-07-14）
>
> 有个靓女群，也没有什么聊，她们就发照片，发的时候，我退群，你们聊完我再进来。（FT11-2014-07-14）
>
> 有个靓女群，（里面会发）信息通知，每天打开看一下，影响挺大，可以看到同事的动态，几百条公共平台的私聊话题，我就把声音关掉，感觉就那么几个人在说，我不是活跃分子。有时发一些玩的照片，可以互相交流，联络感情。（FT12-2014-07-14）
>
> 这边除了工作，班主任群聊就说自己的想法、困境。我们还是会注意的。（FT9-2014-04-23）

T9 是微信群的群主，当仁不让成为群内的积极分子，充分引导着话题方向。T11、T7 均不属于老员工，尚不能掌控话语权，因此选择阶段性隐退或沉默。作为一个社交平台，S 园长也在群内，权力主体的存在也是造成群内大多成员选择沉默的原因。即使是掌握话语权的 T9 也会把控言语边界，因此，生活和游玩一些无关痛痒的话题就成为主导。言语，意味着“说合适的话”，越是正式的场合，越要说规范的话。只有基于一种习性与场域的契合性，我们才能理解语言的“可被接受性”。①在这种社交的网络群中，每个人都在寻找着自己的空间位置，对于群体中的言语规则，大家也心知肚明。

任何分类既是社会的分类，也是自我的分类。②在个体的一生中延伸着一条不断进行分类与自我归类的链条，每个人都在不断地进行自我定位。③社会区隔意味着社会边界的形成，更意味着个体借助分类实践而生成的界感及这种界感的内化与制度化。布迪厄指出，个体与群体用来将自身界定为与“他人”相对的“我们”的自我观念及心照不宣的约定就是他们整个的社会存在所在。④G 幼儿园内的个体也在不断地进行自我的区分和归类，并借助这种分类实践生成制度化的界感。

---

① 刘拥华. 布迪厄的终生问题[M]. 上海：上海三联书店，2009：151.

② 王树生. 权力的迷宫——埃利亚斯、布迪厄与福柯的比较研究[M]. 北京：中国社会科学出版社，2014：163.

③ 王树生. 权力的迷宫——埃利亚斯、布迪厄与福柯的比较研究[M]. 北京：中国社会科学出版社，2014：164.

④ 转引自：王树生.权力的迷宫——埃利亚斯、布迪厄与福柯的比较研究[M]. 北京：中国社会科学出版社，2014：170.

（三）上级权力的场域区分

G 幼儿园作为一所民办幼儿园，由小区的开发商直接管理，公司相对于 S 园长而言构成了上级权力的场域。在这个场域中存在公司老板和公司委派的直接分管幼儿园的管理者，S 园长与其形成正式的上级权力场域；同时存在其他部门的重叠交叉管理权力，如负责幼儿园财务管理的公司财务人员、S 园长与相关人员形成重叠交叉的权力场域。

1. 正式的上级权力场域

在权力的影响因素中，上级权力是其中的一个因素。S 园长权力的资格性和合法性来源于上级权力层的认可。尽管在 G 幼儿园中 S 园长拥有最高的管理权力，但 S 园长的权力同样受更高一级权力的限制。S 园长的上级权力是 Z 总和 Q1，而 Q1 是 Z 总委派的直接分管幼儿园的管理者。

> 当时我们主要觉得这个队伍稳定是最重要的，说实在的，S 园长是有思想波动的，我是知道的。因为什么呢？S 园长她是很情绪化的一个人，她老在哭，我就觉得她哭是因为失落，因为她觉得 H 高校是一棵大树，是不是？（FQ1-2014-11-18）
>
> 我就跟 S 园长谈了，让她吃颗定心丸。S 园长也知道的，说实在的，如果她一动下面肯定也会动的，一定的，好在这么多年我们一直在跟着，是不是？只要她一动，那 A1 啊、A2 啊也会动的，就是说大家都已经习惯了，所以绝对要稳住这个团队。（FQ1-2014-11-18）

Q1 敏锐地觉察到 S 园长在 G 幼儿园的个人影响，出于团队稳定的考虑，稳定 S 园长成为 G 幼儿园交接过程中的首要任务。由此可见，S 园长个人对团队的影响直接影响到上级权力层对其权力资格的认可。这也是为什么 G 幼儿园在 2003 年、2010 年经历了主办单位的变更，但 S 园长的权力地位一直岿然不动。对于自己的个人影响力 S 园长也充满自信。S 园长颇为自豪地在公共场合表达过：这个幼儿园换了三任主管单位，园长还是我一个。从另一个方面来说，领导层的成员比普通成员留在群体内的可能性更大；领导层发生的变化没有群体其他成员的变化那么频繁。①

S 园长在 G 幼儿园权力地位的稳定，一方面反映了她个人的权力影响，另一方面也反映了上级权力层对她的权力地位的认可。

---

① 哈罗德·D. 拉斯韦尔，亚伯拉罕·卡普兰. 权力与社会——一项政治研究的框架[M]. 王菲易，译. 上海：上海世纪出版集团，2012：148.

2. 重叠交叉的权力场域

在G幼儿园，也存在一些和其他部门的重叠交叉管理权力。顾明远曾指出：组织间发生的冲突虽不能取消权力，但在力量对抗未解决之前，权力会暂时失效。[①]L总是公司的副总，负责公司的物业管理，而G幼儿园处在小区内，因此会有一定工作上的交集；W是公司的财务经理，G幼儿园所有的财务都由W来负责，包括工资发放、经费报销等，这些部门和人员与G幼儿园构成了重叠交叉的管理权力。在这个特殊的权力场域中，S园长需要用心维系这层权力关系，有时S园长也会遇到自己无力解决的问题。

> 15号，我们全园回来上班，工资就应该从15号开始发，但她（W经理）说15号是星期六，谁给你们证明回来上班了。我说全园都回来了，叫她看录像。她一开始就拒绝你，按原则办事，但私下里我们还是对她很好。她女儿在园的话我就跟她女儿打好关系，有什么事就叫她女儿去办，但她女儿这几天不在。其实Q1也很无奈，等了一个星期，你们这样发工资是不行的，我说该做的我做了，该争取的争取了，还拿来了劳动合同回来签，每次我们都是一个半月才拿一个月的工资，但是还是拿不到。（W-2014-05-12-004）

工资的按时发放，是S园长对于员工稳定所必须保障的前提，S园长深知这件事情对自身权力稳定的影响。对于W来说，由于其身份的特殊性，S园长对其不构成影响，因此其偶尔“坚持原则”，也会让S园长无可奈何，其权力在W面前也会暂时失效。

根据S园长与上级权力层相关人员的交往，我们用图表的形式来呈现其场域区分（图4-4）。

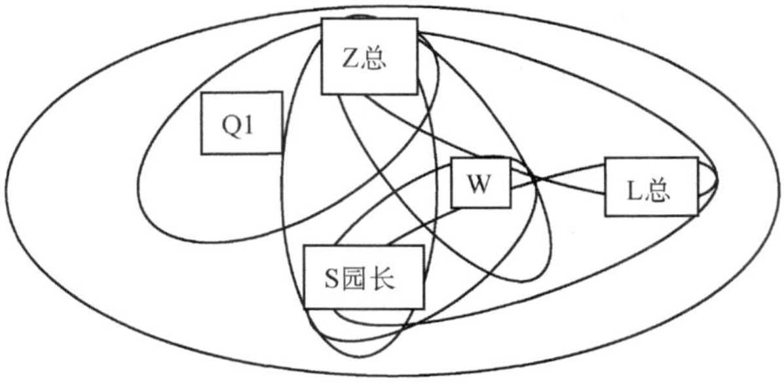

图4-4 S园长与上级权力层的场域区分图

互动是分层的：某些人拥有通过仪式控制他人的权力，其他人则是被动的或抗拒的；某些人处于关注的中心，而另一些则处在边缘或被排除在外。个体所拥

① 顾明远. 教育大辞典（增订合编本下）[C]. 上海：上海教育出版社，1998：1235.

有的资源是不平等的，所以某些人发号施令，而将这些个体聚集在一起的所有因素，在微观互动层面发挥作用。[①]在不同的权力场域中，每个人的位置和拥有的资源不同，作为上级权力场域中的权力客体，S 园长的权力相对也会受到限制。

二 S 园长在幼儿园场域中的权力关系

场域是靠权力关系来维持和运作的。权力在各个场域中之所以能起决定性的作用，是因为任何组成社会场域的关系网络只有靠其中贯穿的权力关系才能维持下来，并不断地运作。[②]

权力是一种关系，权力只能通过在某种关系中实施才能表现出来[③]。权力关系是一种工具性关系。这并不否认权力关系的存在导致了一系列极度强烈的情感现象，反过来深深地限制了权力的展开。权力关系是一种不具传递性的关系。权力关系是一种不平衡的相互关系，因为它意味着协调，意味着交换。[④]

从权力关系的分类来看，G 幼儿园中存在隐蔽的权力关系、委托代理的权力关系、正式的权力关系、象征性的权力关系和潜在的权力关系。在 G 幼儿园的场域中，Z 总是 G 幼儿园的直接投资者，Q1 是 Z 总委派的直接分管 G 幼儿园的分管领导。L 总和 W 是与 G 幼儿园有工作联络的两位权力主体，前一位分管物业，后一位分管财务。因此，Z 总与 S 园长构成了隐蔽的权力关系、Q1 与 S 园长构成委托代理的权力关系，而 L 总和 W 虽然不直接分管 S 园长，但在工作上均有交集，尤其是 W，直接管理着 G 幼儿园的财务，更是占据举足轻重的位置。这两位都掌握着一些资本，而这些资本足以对 G 幼儿园产生影响，L 总和 W 与 S 园长形成潜在的权力关系。S 园长是 Z 总正式任命的 G 幼儿园的园长，具有权力的合法性和资格性，因此，在 G 幼儿园场域中，S 园长与各个岗位的员工形成的是正式的权力关系。在幼儿园中还存在一些不能忽视的群体，即幼儿和家长，虽然这两个群体不会对 S 园长构成直接的权力影响，但这两个群体是幼儿园中不能回避的，S 园长与家长和幼儿构成了象征性的权力关系。

---

① 兰德尔・柯林斯. 互动仪式链[M]. 林聚任，等译. 北京：商务印书馆，2009：165.

② 高宣扬. 布迪厄的社会理论[M]. 上海：同济大学出版社，2004：154-155.

③ 米歇尔・克罗齐耶，埃哈尔・费埃德伯格. 行动者与系统——集体行动的政治学[M]. 张月，等译. 上海：上海人民出版社，2007：52.

④ 米歇尔・克罗齐耶，埃哈尔・费埃德伯格. 行动者与系统——集体行动的政治学[M]. 张月，等译. 上海：上海人民出版社，2007：52-53.

（一）隐蔽的权力关系：顾面子

Z总是幼儿园所属公司的老板，老板是有效权力的非正式持有者。老板的权力常常是隐蔽的——也就是说，在群体的大部分人看来，他可能根本不是以当权者的身份出现。当老板公开行使权力之时，则是赤裸裸的权力。[①]通常S园长很少直接和Z总进行权力的交往，但在一些聚会的时候，S园长会和Z总也有交集。

教师节后，Z总请中小幼的老师们聚餐。6点S园长准时到达聚餐点，中小学的老师并未到场，只有幼儿园的老师们坐好了几桌，显得有些空。6点多，中小学的老师陆续来齐。开餐后，先是Z总讲话，随后中小学的L校长讲话。L校长借着机会，将下午区教育局开会强调的廉政精神进行传达，同时再三强调老师们不要拍照上传，聚餐要低调，不能向外说。前后讲了五六分钟。Z总听得脸色有些不自然。（D-2014-09-12）

L校长讲完，S园长上台讲话。S园长一上来就表示，每年聚餐，幼儿园是最高兴的，而且也很感激，说今天Z总又请客了！我们今天和中小学的老师们一起吃饭，都很开心。今天听L校长说，才知道不能乱说。但是我们还是很开心，Z总每年请我们吃饭，我们的老师们应该对Z总说什么？幼儿园的老师们齐声回答："谢谢Z总！"Z总喜笑颜开。（D-2014-09-12）

L校长作为公办学校的校长，由区教育局委任，因此，Z总不构成其上级权力层，L校长在聚餐场合需要传递和维护的是作为上级教育部门下达的要求。G幼儿园是由Z总的公司承办，是S园长的上级权力层，因此，S园长需要维护自己的上级权力。S园长是善于察言观色的，注意到了Z总的尴尬，又照顾了L校长，兼顾两面，各不得罪，将气氛弄得不那么凝重，互给面子，滴水不漏，S园长很能照顾到各方的感受。（D-2014-09-12）

维护上级权力层的面子，这是作为下级权力的S园长需要做的。"面子顾虑"可说是人类生活中普遍存在的现象，美国社会学者戈夫曼（Goffman）曾指出，"面子功夫"乃是社会互动行为中的仪式化表现。换言之，社会互动必须依赖规范才得以进行，"面子"概念即代表个人行为如何符合特定社会规范，以及因此所获得的社会支持。[②]由于"面子"不仅牵涉到个人在其关系网中的地位高低，而且涉及他被别人接受的可能性，以及他可能享受到的特殊权力，所以，在中国社会，"顾

---

① 哈罗德·D. 拉斯韦尔，亚伯拉罕·卡普兰. 权力与社会——一项政治研究的框架[M]. 王菲易，译. 上海：上海世纪出版集团，2012：150.

② 朱瑞玲. 中国人的社会互动：论面子的问题//杨国枢. 中国人的心理[M]. 北京：中国人民大学出版社，2012：189.

面子”便成了一件和个人自尊密切关联的事情。[①]

面子的威胁与维护在人类日常生活中扮演如此重要的角色，一方面来自文化与社会的强调，另一方面则是由于个人的自我要求。面子因社会互动而产生，具有对个人行为结果的评价性质，面子关心是社会的同时也是个人的需要。[②]S 园长深知在什么时候需要维护上级权力层的“面子”，以及如何去维护，这同时也是在维护自己的权力地位。

11：27 区教育局的副局和督导室的主任来园，与 S 园长、Q1、A1 一起开会讨论迎接评估的事情。12：10 左右去会所用餐，其间 Z 总到场表示对迎接评估工作的重视。S 园长适时地对 Z 总表示感谢，感谢 Z 总在她患病期间的多方照顾。（D-2013-12-27）

Ho 强调社会地位决定个人面子的分量，但面子应是持有该身份地位的个人本身。人们往往以行为者的主要身份为行为的依据，于是种种因其特定的社会地位带来的声望、权势及生活方式，就是个人拥有面子的表征，也就是社会给予个人成就的认可与酬赏。[②]Z 总在 G 幼儿园的权力场域中，无疑处于最高的权力层，这也是 S 园长用心维护的原因所在。

（二）委托代理的权力关系：权力边界

代理人是承担肩负责任的个体或群体。委托人是那些代理人要对其负责的对象——那些明确表述和/或强制执行义务准则的人。[③]在 G 幼儿园的场域中，S 园长是 G 幼儿园的代理人，而 Q1 是 Z 总派出的委托人。Q1 与 S 园长是委托人和代理人的关系。S 园长在与 Q1 的交往中，有着明显的权力界限。

8：42 回办公室，A2 与 A1 正在整理报名表，刚刚过去的周末是教育局统一安排的报名时间。报了 90 多人，随后（A1 和 A2）回办公室处理公务。S 园长向研究者展示向 Q1 汇报工作的短信，因 Q1 父亲病危，回了老家。对于权力的边界，S 园长把握得很好，凡需要与上层沟通协调的，她都不会漏掉。（D-2014-05-12）

---

① 黄光国. 人情与面子：中国人的权力游戏//杨国枢.中国人的心理[M]. 北京：中国人民大学出版社，2012：241.

② 转引自：朱瑞玲. 中国人的社会互动：论面子的问题//杨国枢. 中国人的心理[M]. 北京：中国人民大学出版社，2012：190.

③ 哈罗德·D. 拉斯韦尔，亚伯拉罕·卡普兰. 权力与社会——一项政治研究的框架[M]. 王菲易，译. 上海：上海世纪出版集团，2012：153.

可可是 Q1 的外孙女，S 园长在园内自是很关心她的。S 园长对她的关注与回应，都显示了可可在园内地位的与众不同。

8：03 用完餐，开始巡班，S 园长来到操场，新来的体育老师正在教孩子们律动。S 园长忙着拍照，尤其是中 B 班。这时可可的外公带着她来园，S 园长很是热情。可可带了个小狗的公仔，让 S 园长帮忙拿着，S 园长热情地回应她，对于可可提出的要抱着，S 园长也积极地按照可可的要求做，同时帮可可从各种角度拍照。S 园长对于重点人物会照顾得非常周到。（D-2014-09-17）

Q1 作为委托人，在 S 园长生病不在园的 1 个月期间，无论是工作还是生活给予了她极大的支持和帮助，这也让 S 园长非常感动。

当年我生病了，医生建议住院治疗，请 T 主任转告老板娘请假，结果老板娘不同意，我只好出院坚持带病上班。Q1 很为我着想，叫我放心治疗，把工作放下给其他人，还叫 A2、A1 等不要打电话来打扰我休养。所以，Q1 的办事作风、为人处世真是没得比。（W-2013-12-27-005）

委托人主要担负两个职责：判断代理人的实践是否符合义务准则，并对不符合义务准则的实践进行制裁。义务是一种对代表特定利益的实践的正式承诺，义务是一种承诺，是对一项行动事业的规划，如果无法完成这一事业，就可能受到制裁。[①]基于此，S 园长对于来自委托人的任务不得不认真对待和执行，尽管可能会遭遇很多困难。在 G 幼儿园通过市一级幼儿园评估之后，S 园长就接到了 Q1 提出的调价要求。

S：Q1 还嫌不够，500 元幅度不大，还要再拉高。今天物价局来做现场考察，问是否投入这么多，我还写了报告。（W-2014-05-12-002）

A2：Q1 还嫌少呢！还想调更高，集团有想法但又不配合。老板肯定想调，而且两年前提的时候已经叫他把年审做好，可他偏偏不按这个来。如果做好了就不用这么麻烦，顺理成章提价就可以了，还要园长这么麻烦找来找去。

S：如果我不推动，那我不是跟她对着来吗？

A2：她还嫌少，还要多点。（W-2014-05-12-003）

10：00 物价局来园，S 园长陪同在户外巡视，介绍场地的变化，一路上到四楼，进入教室办公室，进行面谈。物价局听取了幼儿园的想法，表示调价报告已批。

---

① 哈罗德·D. 拉斯韦尔，亚伯拉罕·卡普兰. 权力与社会——一项政治研究的框架[M]. 王菲易，译. 上海：上海世纪出版集团，2012：152.

10：30 结束会谈，S 园长将一行人送至门口。回到办公室与 A2、A1 轻松地闲聊，S 园长有些释然。

调价成功，这又是 S 园长表现自己权威的成果，可以展示她的社会资源，以及她在其中付出的努力。（D-2014-05-12）

对于 Q1 代表公司提出的调价任务，S 园长可谓是尽心尽力。尽管面上有些波澜不惊，S 园长却为此次调价动用了自己各方的社会资本，谈起这当中的过程，S 园长觉得一言难尽。不管怎样，调价还是顺利地完成了，虽然离 Q1 的预期有一点差距，但不妨碍承认 S 园长在这个过程中所起的作用。这也是为什么尽管困难重重，S 园长仍然要迎难而上，这关系到委托人对她这个代理人的肯定与否。

（三）象征性的权力关系

象征性权力是“作为使人承认权力的权力”，是一种附属权力，是其他权力形式变形的、误识的、转化的及合法化的形式。①布迪厄指出，“权力的象征关系倾向于生产、再生产及强化组成社会空间结构的权力关系”①。布迪厄认为，权力被认可的地方也是权力最不可见、被完全误识的地方，权力只能通过并不想知道自己服从于权力或者不想知道自己行使权力的人两者间的共谋才得以行使②，象征性权力是不可见的权力。③

幼儿园的管理工作担负双重任务，即为幼儿服务和为家长服务。对于民办园来说，幼儿和家长的认同是非常重要的，这直接影响幼儿园的生源。幼儿园的生源直接和幼儿园的效益挂钩，自然也就直接影响到 S 园长权力的稳定性。因此，S 园长对于幼儿和家长的工作也非常重视。

1. 与幼儿的权力关系：屈尊策略

（1）模糊的权力界限

户外活动时间，中班的几个孩子跑到了 S 园长的办公室。

幼儿：园长婆婆，我们在玩捉迷藏，可以到你这里找找吗？

S：可以。老师说可以的吧？

---

① 转引自：王树生. 权力的迷宫——埃利亚斯、布迪厄与福柯的比较研究[M]. 北京：中国社会科学出版社，2014：140.

② 转引自：王树生. 权力的迷宫——埃利亚斯、布迪厄与福柯的比较研究[M]. 北京：中国社会科学出版社，2014：142.

③ 王树生. 权力的迷宫——埃利亚斯、布迪厄与福柯的比较研究[M]. 北京：中国社会科学出版社，2014：142.

幼儿：可以。

S：那可以……（幼儿跑进来）

S：哎呀呀，你们这些可爱的孩子。

幼儿：园长婆婆，我们玩捉迷藏。

S：好好好，你们不要出声，出声就捉到了。哈哈哈，你们太吵了，所以月月她们就发现了。呵呵，你们玩得开心就好，你们玩得开心吗？小心哦！（W-2014-10-10-002）

语言关系总是符号权力的关系，通过这种关系，言说者和他们分别所属的各种群体之间的力量关系转而以一种变相的形式表现出来。①

从孩子与S园长的对话中可以看出，孩子们对于S园长并没有权力的差别意识，在他们眼中，S园长是一位可亲的"园长婆婆"，没有权力场域的界限。

（2）屈尊的话语

开学第一天，S园长一早在幼儿园门口迎接孩子。下面是她对孩子说的话。

早上好，南南！天气有点回南了，小心……早上好！又长高了，再过几个月就要毕业了……看到了看到了……高了很多……早上好！上班了？一身红。这是谁妈妈……心心妈妈。很棒，我们真的很棒……先把被子接下来。哎呀！真的好棒啊。现在进来没有一个哭的吧？（W-2014-02-17-001）

早上好！彬彬眼睛怎么了？眼睛肿了，彬彬这是（得了）麦粒肿，等会让医生给你滴点眼药水。早上好！你看小小的，都很好。昆昆还没睡好。阳阳又高了。早上好！……（W-2014-02-17-001）

早上好，早上好！这个天使要表扬，今天带了十几个弟弟妹妹上去。慢一点慢一点。这是牛牛弟弟吧？早上好！来吧，园长婆婆带，园长婆婆抱。（W-2014-10-11-001）

S园长很善于经营各种外围关系，力争为幼儿园的发展营造一个宽松的环境，同时在园内，她也以一种很亲和、民主的作风维护她的"绝对"权威。在家长和孩子的眼中，她是一位可亲的园长，时常保持微笑，记得孩子的名字，认识孩子的家长，她经常用鼓励性的话语来和孩子交流，尤其是在家长面前。（D-2014-03-18）

S园长与孩子交流时，永远面带微笑，和蔼可亲。每次与孩子交谈，S园长也会特别弯下身子，使得视线和孩子保持同一水平线。尽管掌握了话语的权力，S

① 皮埃尔·布迪厄，华康德. 实践与反思——反思社会学导引[M]. 李猛，等译. 北京：中央编译出版社，2004：190.

园长对孩子仍然是以正面引导和鼓励为主。

屈尊策略正是通过在实践中共存的各种语言间客观存在的权力关系中象征性地排除这一权力关系（语言之间的等级制度与讲这些语言的人之间的等级制度）而获得利润[①]：被神圣化了的屈尊者有意选择超越界限；他享受关于特权的特权，而这种特权包括享有可以随意对待其特权的自由。[①]

（3）关注特殊孩子

大班有个有自闭倾向的孩子，每次巡班，她都要特意和这个孩子交流几句。

S：丁丁，丁丁，我叫你，你没有望着我，你要望着我叫。望着望着。对，记住了没有？这个是什么老师，记不记得，望着我的手，是这个。转过来，告诉老师几岁了？你想不想上学？想上学要说。

S：有一天，丁丁翻三楼的栏杆，被一位老师看到，说他一个脚已翻过去了，吓死人了！巡班的时候我都怕他有什么意外，他得有专人跟着。

S：丁丁，丁丁，好，你过来，过来。告诉园长婆婆，栏杆能不能翻？

丁丁：不能翻。

S：危险吗？

丁丁：危险！

S：对，记住了啊！（W-2014-09-23-002）

布迪厄说，每一次语言交流都包含成为权力行为的潜在可能性，当交流所涉及的行动者在相关资本的分配中占据着不对称的位置，情况就更是如此。[②]对于特别的孩子，S 园长的话语体系是不一样的，既要照顾到孩子的特点，又要从幼儿园的角度，反复向孩子强化一些规则。在 S 园长与特殊孩子的对话中，我们能看到 S 园长的权力表达。

2. 与家长的权力关系：扬人抑己

（1）特殊时期的关注

家长委员会是在幼儿园园长的领导下，代表广大家长的利益，配合幼儿园教育幼儿的常设群众性组织机构。家长委员会的成员通常由各班级老师推荐组成。在幼儿园当中，家长委员会起着重要的桥梁作用。尤其在民办幼儿园当中，家长

① 皮埃尔·布尔迪厄. 言语意味着什么——语言交换的经济[M]. 刘晖，译. 北京：商务印书馆，2005：51. 转引自王树生. 权力的迷宫——埃利亚斯、布迪厄与福柯的比较研究[M]. 北京：中国社会科学出版社，2014：142.

② 皮埃尔·布迪厄，华康德. 实践与反思——反思社会学导引[M]. 李猛，等译. 北京：中央编译出版社，2004：192.

的口碑是幼儿园生源的保障。

周一早上 S 园长回幼儿园，听到行政人员谈起有个家长委员会成员的孩子休息日摔伤了，她赶紧和这位家长联系，表达慰问。

> S：喂，玲儿，昨天开会很忙，我刚听老师说你女儿摔伤了。我也是今天早上才知道。今天早上我巡班的时候没看到她，你还没送来。哦，10：20 送过来的是吧？她缝了四针啊？脸上啊？天哪！要命！真是，怎么玩的？在花园里啊？哎呀，天哪！哦！是自己撞上的。天哪，你现在在哪里啊？在外面啊？疤痕医院啊？哦，到时就可以不留伤疤的意思是不是？哦，那行，你看什么时候回，我再上去跟 A2 商量一下。明天吧，去看看，上你家去看看。哦，好！那行。（W-2014-03-18-002）

在布迪厄看来，语言其实是象征性权力最主要的表现形式[①]。讲话就是要占用一种或另一种表达风格，这种表达风格通过使用而得以建构，并且以其在风格的等级制度中的位置为客观标志，而风格的等级制度则显示了相应的社会群体的等级。[②]鉴于家长委员会成员在幼儿园的重要作用，S 园长也会格外注意与其的互动交流，而这种交流更多是借用一种平等式的交流方式来进行的，从而凸显家长委员会成员的“特殊”位置。

（2）日常的沟通

晨间接待也是 S 园长和家长近距离沟通的时候。

> 家长：很多新面孔。幼儿园升级了哦。
>
> S：升级了升级了，升为市一级。等下个月把牌拿回来就能挂起来了。
>
> 家长：幼儿园升级了，我们的保教费升不升级？
>
> S：不升。可以升就升新生的，老生的不会升。如果要升，也是新人新办法，老人老办法。放心，老生的不会升。那时是那样的条件进来的，是不是？
>
> 家长：嗯，没事，呵呵。那恭喜了！办得很好！
>
> S：奶奶一直很支持。
>
> 家长：应该的，应该的。我到哪里都说我们幼儿园好。
>
> S：奶奶一直很支持，之前是单位里的工会主席。
>
> 家长：我是电信的，中国电信。我去哪都说我们幼儿园好。我两个小孙子都很好。我的朋友们很羡慕。我都不知道我这两个孙子怎么这么聪明，什么都会。我和她们说都是老师教的。

---

① 王树生. 权力的迷宫——埃利亚斯、布迪厄与福柯的比较研究[M]. 北京：中国社会科学出版社，2014：142.

② 皮埃尔·布尔迪厄. 言语意味着什么——语言交换的经济[M]. 刘晖，译. 北京：商务印书馆，2005：33.

S：家庭教育也很重要。

家长：我们去哪里都称赞幼儿园。

S：谢谢奶奶，我们还会慢慢发展。

家长：挺好！

（W-2014-02-17-001）

不同行动者的话语策略，特别是那些旨在产生一种客观性门面的修辞效果，取决于不同场域间符号力量的均衡和这些场域的成员资格赋予不同参加者的特定资源。在S园长与家长的日常交往中，可以看出她话语的低调，在中国的文化情境中，儒家认为君子的行为应重于言谈，这是做人谦逊的品格，正所谓“扬人抑己”。①

（四）正式的权力关系

1. 与行政管理层的权力关系：中—高LMX

A1是2006年S园长力排众议提拔上来的，当年A1在工作上遇到了诸多阻力，是S园长在背后支持，使得A1能够逐渐取得众人的认同。对于A1而言，S园长是对其有“恩”的领导。

我一直跟Q1和Q2说：“她（A1）人品不错，她的胸怀和气质很适合当园长。”（W-2013-12-27-004）

A2与S园长在Y幼儿园期间就是同事，S园长离开后，不久A2也追随S园长而来，因此A2与S园长的关系是有着悠长历史的。在园内，A2的年龄与S园长的差距也更小，这也使得二人的权力关系非同一般。

我们是互相真心的朋友，有什么事她都会跟我说，我也会跟她说。沟通很顺，不会说你有什么事瞒着我，都会敞开心扉，比较坦荡，有什么都会直接说。只要是园长要求的，我都会做，主动性虽然不是很强，但一般还是主动去开展工作。（FA2-2014-02-17）

这种紧密的关系，从A1的闲聊中也可以看得出来。

中午，S园长决定和行政几个人一起去唱歌，A2不想去。S园长让A1去做A2的工作。A1笑着说：“还是你和她（A2）说吧，你们关系比较好，她听你的又不听我的。”S园长笑着说：“这是什么话。”（D-2014-03-18）

① 翟学伟. 中国人的脸面观——形式主义的心理动因与社会表征[M]. 北京：北京大学出版社，2011：193.

上下级间的调侃也透露着 S 园长的权威无处不在，而 S 园长似乎也很享受这种调侃。（D-2014-03-18）

A3 同样也与 S 园长在 Y 幼儿园共过事，S 园长离开后，她追随 S 来到 G 幼儿园，一直负责幼儿园的后勤。但和 A2 比起来，A3 与 S 园长的关系还并未达到 A2 与 S 园长的紧密度。

园长上班的时候严肃，私底下像朋友一样，她也放手让我们做，我们没有压抑感。但若遇到一些问题，在解决问题的情况下，她会比较严肃。（FA3-2014-03-18）

有些研究证实了群体内部存在分化的上下级关系。上下级关系的基础是“工作关系”，但博伊德（Boyd）等认为，友谊也是上下级关系中的重要一环。他们认为，人际关系和工作关系是上下级关系中两个并行的过程，这个过程可以分为特征不同的四个阶段：在工作上分为“潜在 LMX”“低 LMX”“中 LMX”“高 LMX”，在友谊上分为“潜在友谊”“探索”“临时朋友”“亲密朋友”，一直到“公开朋友”（图 4-5）。①

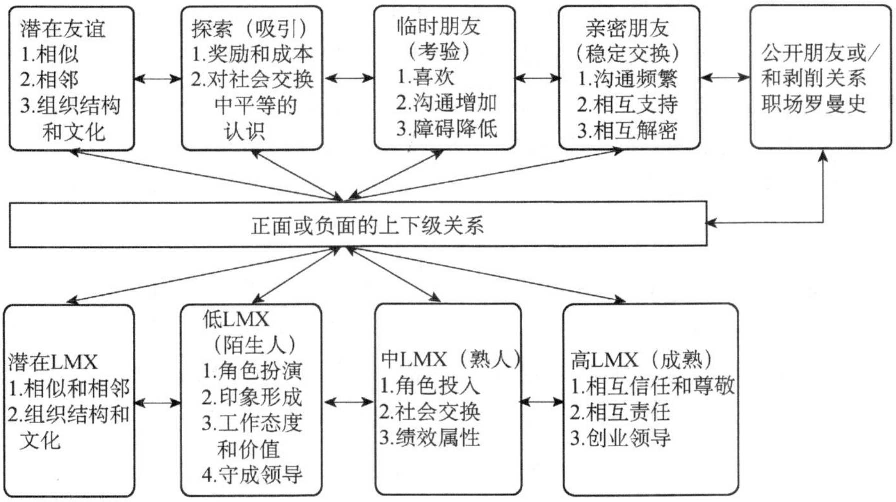

图 4-5　上下级关系的 LMX 模型图示①

根据 LMX 模型，S 园长与她的下属 A1、A2、A3 之间的关系是中 LMX—高 LMX。尤其是 S 园长与 A2 的关系从友谊上看，更是一种亲密朋友的稳定交换。

上下级交换理论认为，上下级之间工作关系的发展也会经历三个阶段：相遇、相识和相知。个人之间的关系也从简单的契约关系到复杂的忠诚和支持关系。从

① 夏传玲. 权杖和权势——组织的权力运作机制[M]. 北京：中国社会科学出版社，2008：91.

阶段上讲，上下级关系的发展不是线性的，也无固定的时间表。有些上下级之间可能从未超越陌生阶段，他们之间的关系仅限于正式角色所规定的内容和单向的下向影响。[①]A1、A2、A3、A4 跟随 S 园长均在 10 年及以上，尤其 A2、A3 在来 G 幼儿园之前就曾是 S 园长的下属。S 园长与这几位有着长时间的相识和相知经历。正如布迪厄所说，上下级关系的发展不是线性的，S 园长与这几位的关系并非处在一条线上，每个人之间都保持着微妙的距离。

2. 与员工间的权力关系：上下有别

> 13：35 回到办公室后，S 园长开始与行政一起清理衣服，安排 A3 打印名单，以备领用时签名。这时 A1 接到排节目的老师打来的电话，让 S 园长上去观看他们排节目，顺便买些酸奶慰问他们。S 园长对于这些小要求似乎很开心，立即安排 A3 去超市，结果超市今日没货，S 园长安排了明天中午买酸奶，并和 A1 一起上到四楼去看老师们排节目。很多时候，S 园长的表现是亲民的，也极力营造一种和谐的氛围。（D-2014-06-24）

上下级之间的关系会影响权力基础的效应，按照伊奇等的合作和竞争理论，上下级之间的关系可以归纳为合作、竞争和独立三种：在合作关系中，上下级之间的目标一致，因此，一方去实现目标的同时，另一方也会跟进。有研究表明，在合作关系中，上下级之间相互交换资源，建设性地完成任务。[②]S 园长在园内尽量打造一种亲民的形象，团队的稳定与和谐也关系着 S 园长的权力稳定。

尽管如此地维护外在的亲民形象，对于员工来说，S 园长的权力影响依然是深远的。

> 这边除了工作，班主任们在群聊时就说自己的想法、困境。我们还是会注意的，不会和园长很随意，她挺威严的，我感觉她就在那里，我们跟熟人聊天，因为年轻什么都讲，觉得领导话里有话，我们慢慢学着去揣摩，本身自己也在成长，时时提醒自己注意点。（FT9-2014-04-23）

每个场域都规定了各自特有的价值观，拥有各自的调控原则。这些原则界定了一个社会建构的空间。[③]T9 是在园工作 12 年的老教师，她用自己的感知去体会幼儿园内所形成的规则和价值观，她知道场域的边界，并严格遵守这种边界原则。

---

① 夏传玲. 权杖和权势——组织的权力运作机制[M]. 北京：中国社会科学出版社，2008：92.

② 夏传玲. 权杖和权势——组织的权力运作机制[M]. 北京：中国社会科学出版社，2008：89.

③ 皮埃尔·布迪厄，华康德. 实践与反思——反思社会学导引[M]. 李猛，等译. 北京：中央编译出版社，2004：17.

3. 同行眼中G幼儿园的权力关系：层级分明

Q3也是一所民办幼儿园的园长，因工作关系，每年会有机会和S园长交往，Q3也去过G幼儿园。在她眼中，G幼儿园权力区分明显，S园长注重言行示范。

很早我就觉得她们园（G幼儿园）很有上下级别的关系，很明显的。第一次去G幼儿园，A1介绍：这是我们的大当家——S园长。从她的讲话上我已经注意到这种细节的东西，她们很有级别关系，是吧，很明显。不管A1她们说什么，就像S园长那种，你不管走到哪里，你一定要说老板的好，我觉得这是她的理念，也提醒了我们，私下的这种沟通，无论走到哪里都要说老板的好。所以说，她（S园长）的下属即A1她们，背地里不管怎么说，也肯定会有不如意的时候。但不管什么时候，S园长好你也好，我觉得这是不可复制的一种模式。（FQ3-2014-06-11）

专门化的话语能够从社会空间的结构与社会阶层的结构之间所暗藏的对应中获得其效验。这些专门化话语的接收者则处于社会阶层的专场域之中并且根据这种场域来解释所接收到的信息。[①]在G幼儿园内，S园长处于权力的顶端，S园长有意识的言行深深影响着G幼儿园员工的言行。借用彼得·布劳的话："一个有权力之人的服从对他所服从之人的权力而言具有乘数效应，因为它通常伴随着他对之行使权力的那些人的服从。"[②]

（五）潜在的权力关系：资源交换

W负责G幼儿园的财务，幼儿园所有的开支都必须从W处经手，这个职位对于G幼儿园而言是很重要的，更为微妙的是，W是Z总的亲戚，使得S园长在处理与W的关系上更是小心。

8：35 S让A1约财务W中午一起去唱卡拉OK。W负责幼儿园的财务，很多财务处理需要经过W的同意，而W是个原则性很强的人，同时又和老总是亲戚，所以S园长很注意经营和W的关系，而W喜欢唱歌。8：37 A1打电话给A5约唱卡拉OK，将电话转给S园长再次说服，让A5约她的妈妈（也就是W）。

最终W因为嗓子不适没去，但行政一行人还是去了，在这过程中S园长特别让A1去问A5去不去唱K，S园长想把这个人情送给A5。后来在唱歌回来路

① 皮埃尔·布尔迪厄. 言语意味着什么——语言交换的经济[M]. 刘晖，译. 北京：商务印书馆，2005：12.
② 彼得·M. 布劳. 社会生活中的交换与权力[M]. 李国武，译. 北京：商务印书馆，2012：211.

上，顺便问 A1，S 园长是否喜欢唱歌，A1 表示 S 不太喜欢唱歌，他们几次来这也是为了陪 W，S 园长要谈工作，然后行政负责做好相关服务工作。看来园长也不容易，为了园内的发展顺畅些，有时也需要经营人际关系。（D-2014-03-18）

A5 是公司直接空降到 G 幼儿园主任的岗位上的，到园时间不长，她的另一个身份是 Z 总的亲戚，同时也是负责财务的 W 的女儿。S 园长在与 A5 的互动过程中也是极为小心。

S 园长在幼儿园门口晨间接待，A5 过了上班时间才来，见到 S 园长在门口接待，A5 有些不好意思。

A5：早上好，园长。孩子还没有睡醒。

S：没关系。你先上去。牛奶还没帮你打。因为不知道你几点过来，怕凉了。

A5：我吃过早餐。

S：哦，你好像没有碗在这里。你拿个碗吧，中午还有呢。我让她拿上去了。

A5：园长，我吃过早餐了。那我要不要站在这里？

S：没关系。我就站在这里一会儿。等下我就要去巡班。

A5：哦！我还是和你一起吧。

S：没关系，你要不要放好袋子？（W-2014-02-17-001）

权力关系即是互换，它是互利互惠，它是在一种持续的相互作用的循环中暗示的给予和暗示的接受[①]。因为 A5 身份的特殊性，S 园长一方面要注意维护 Z 总的权威性，同时也会借自己在园内的权力地位为所在群体的发展提供一些便利。

L 总是 Z 总的直接下属，负责分管公司的整个物业，虽然不直接分管幼儿园，但幼儿园也是小区物业的一部分，因此存在重叠交叉的权力关系。

L 总安排了孩子要插班。S 园长给 L 总打电话。

S：喂，哎，L 总啊，对对，就是这个事。上个星期开会我问了 A1，问她登记上了没有。她说有登记。她说小小班肯定没位置，三个班都是 28 人。L 总你看到时候能不能往前挪一挪，就是小班如果有人走了，可以优先。A1 问是不是业主，我说不是业主。哦！公司在附近，住在这里，是这样的吧！A1 说她应该是来问过的。这样子吧，L 总，因为升到小班的话，估计会有人走，他就往前，帮他安排，基本上应该是接近开学才会知道。现在不能确定到时一定能收他。我们到时优先考虑，不敢确定，好吧？哦，唔，我让 A1 再摸个底，现在小小班确实是不能再进人了，现在每个班都是 28 人，小小班最标准是 25 人，每个班都是超的，评估都不敢说。要不我们五一后再跟你说，

① 哈罗德·D. 拉斯韦尔. 权力与人格[M]. 胡勇，译. 北京：中央编译出版社，2013：4.

好不好？那个时候我就可以比较准确地告诉你行与不行。好不好？啊，不好意思，呵呵，L 总。五一过后所有的幼儿园都要报名，像你这个朋友到时也可以到处去报名。对吧，这里不行，那里，那里不行，这里，那个时候如果有人走了，肯定把你这个放第一个。不好意思，L 总，你跟她说 5 月报名的时候让她过来，好不好。谢谢，Byebye!（W-2014-03-18-002）

挂完电话，S 园长向行政抱怨：她要我们保证，谁敢保证啊。我和她说 5 月，现在我怎么办？我一定要跟 A5 说一下，她也介绍人了。A2：她那个是先进来的。S：她那个是上学期的嘛。A2：没有，她这个上了两个星期，开学的时候说的。S：那她这个是这个时候刚刚才讲的。那还是要和 A5 先通个气，A2：A5 也不愿意放太多孩子到她那个班（A5 的女儿在这个班）。S：我也不能告诉她 A5 不愿意啊。A2：主要是她觉得那个班人多。S：A5 孩子那个班 26 人，其他班 28 人，A5 和她说，她那个班人太多了，不要再放人到她那个班了。很麻烦，不要再收了。我们也不敢说这话，也不敢和 Q1 说。我们这个角色，我们很清楚嘛。对不对啊？她说太多了。再加上两个老师都是怀孕的，真是麻烦。（W-2014-03-18-002）

资源支配者在考虑是否要“做人情”给对方时，除了考虑自己付出的代价和对方可能的回报之处，往往还会考虑：对方的关系网内到底有哪些人物？这些人物对自己有多大的影响力？资源支配者在面临人情困境时，往往会考虑自身必须付出的代价及各种预期的得失，权衡轻重，以决定是否要“做人情”给对方。除了拒绝或接受对方的请托之外，资源支配者可能做的另一种反应是采用“拖”的策略，不给予具体答复。[①]在幼儿园的场域中，S 园长也会有头疼的时候，各方面权力关系要进行平衡，哪方都不能得罪，有时候不得不采取“拖延”战术。

综合 S 园长在 G 幼儿园各类权力关系的表现，我们用表 4-3 做一个简单的归纳。

表 4-3　S 园长在幼儿园场域中的权力关系

权力关系	权力双方	权力关系的维护
隐蔽的权力关系	S ⟷ Z 总	顾面子
委托代理的权力关系	S ⟷ Q1	权力边界
象征性的权力关系	S ⟷ 幼儿	屈尊策略
	S ⟷ 家长	扬人抑己
正式的权力关系	S ⟷ A1-A4	中 LMX—高 LMX
	S ⟷ T	上下有别
同行眼中的权力关系	S ⟷ 员工	层级分明
潜在的权力关系	S ⟷ L 总、W、A5	资源交换

① 黄光国. 人情与面子：中国人的权力游戏//杨国枢. 中国人的心理[M]. 北京：中国人民大学出版社，2010：18-21.

第三节　园长权力关系的多个案比较

S 园长的个案向我们呈现了一个在幼儿园场域中丰富且层次分明的权力关系图谱。在补充的个案资料中，因为笔者没有近距离和长期的观察与研究，无法呈现更加详细的权力关系图谱，但在访谈与短期观察的过程中，我们仍然能够发现园长权力关系相似的图谱。由于有几位园长曾经有过公办幼儿园和民办幼儿园的工作经验，对公办幼儿园和民办幼儿园的权力关系有着不同的理解，我们从民办幼儿园的主要权力关系和两种不同体制下的权力关系比较来进行分析。

一　民办幼儿园的主要权力关系

民办幼儿园的权力关系尽管复杂而多元，但每所幼儿园内主要的权力关系是上级的权力关系场域和下级的权力关系场域。对于每位民办幼儿园的园长来说，处理下级的权力场域并不是件难事，拥有多年管理经验的他们对于园内权力关系的处理得心应手，他们需要花更多的时间来处理来自上级的权力场域，这当中会有各种冲突和矛盾，如何去化解它们需要园长们去应对。S 园长所处的幼儿园投资方是一家规模较大、运营模式多元的公司，管理架构清晰，她所面临的上级权力场域，有来自直接分管领导的委托代理的权力关系，也有不直接分管的公司董事长的隐蔽的权力关系，还有其他各类财务、物业管理等潜在的权力关系。在补充收集的园长个案资料中，我们发现，通常民办幼儿园的投资方并没有 S 园长所在的幼儿园如此复杂的架构，基本上是一对一的直接的权力关系，即投资者与园长之间的权力关系。这种权力关系简单明了，没有缓冲的中间层，但对园长们来说，也是极大的考验，不同角色间的冲突与矛盾在所难免。

（一）主要权力关系中的矛盾冲突

1. 工程进度与质量安全

投资者在投资幼儿园时，对于幼儿园整体的运营与工期通常缺乏了解，当工期紧张时，会有近视效应，即不管不顾质量来赶工期，这个时候，作为园长坚持底线就成了矛盾冲突的开端。

有所幼儿园，6月进驻，当时只建了一层，9月要开学，开发商就很着急，加建得很快，7天还没到，就准备拆毛板，建三楼。当时产生一个分歧，就是安全问题，这么快拆毛板，对混凝土结构会产生很大影响。本来正常需要15天，而他7天就拆。我说涉及一个原则，园长不能退步，我们也是为了孩子好，万一建筑物倒塌，孩子怎么办？（FPQ2-2017-07-03）

2. 亲友团队还是专业团队

投资者有时候属于个人投资，很容易把幼儿园当成自己的家，我想要怎样就要怎样，在团队组建上，恨不得到处都是“自己人”。这就会遭遇第二个矛盾：亲友团队还是专业团队。

刚开始，他想安排很多亲戚，专业化程度很低。后来经过考核，我也给他很多建议，他也说这些都是亲戚朋友想来工作。我告诉他，做教育还是要讲专业的。（FPQ2-2017-07-03）

3. 市场优先还是教育优先

资本本身是用来投资以获取更多的金钱①。投资者报着回报更多金钱的目的来投资教育，教育者报着教育理想来管理幼儿园，必然就会有矛盾。尤其是在开园初期，当看不到经济回报，又需要不断投入的时候，投资者与教育者之间的关系最为紧张。

刚开始会比较困难，对教育的想法不一样。各有各的不同。商人都是把点放在盈利方面，希望见效快，盈利。现实还是会有困难，也会出现很多不理解的时候，因为立场不同，他们通常是商人的立场，和教育人的立场是不一致的。（FPW-2017-07-10）

（二）主要权力关系的维护

民办园当中，园长的权力赋予主要来自投资者。因此，尽管存在教育者与投资者之间的角色冲突，园长需要智慧地解决双方之间的矛盾以实现园长权力的维护，保障权力的稳定。

---

① 詹姆斯·富尔彻. 资本主义[M]. 张罗，陆赟，译. 南京：译林出版社，2013：16.

1. 寻找平衡点

> 当产生意见、分歧的时候，找个共同的平衡点。我说涉及一个原则，园长不能退步，我们也是为了孩子好，万一建筑物倒塌，孩子怎么办？最后他也表示理解，我说我这边的工作也会提前做好，就像招生。我们把家长约好，做好招生工作，但建筑安全要保证，后来就达成共识。（FPQ2-2017-07-03）

当问题发生时，既不能急于否定，也不能一味地坚持己见。园长需要从问题当中寻找到双方都关注的点来说服对方接受自己的建议。在工程进度与质量安全这个矛盾出现时，Q 园长引导投资者关注幼儿入园后的安全，引起投资者的共鸣，从而接纳了他的意见。

> 对于他安排人，很简单，我说你是个董事长，做房地产，我不懂设计，我是你亲戚，我来做设计参与到当中，行不行？他说那肯定不行，我说办幼儿园也是一样，教育也是讲究专业的，不是随便什么人都可以来，要不还要老师干吗，还要读那么多年师范干吗？他说亲戚朋友（不好拒绝）啊，我说，那行，丑人让我来做，我来帮你挡在门外。我一个人说了不算，你还可以请县里面的公办幼儿园的园长，叫两个过来。我们三个人一起，对于你的亲戚朋友可不可以来，也不是我一个人的意见，是三个人的意见，算是公平的吧！他说可以。（FPQ2-2017-07-03）

几乎每位投资者在办园初期都会想安插“自己人”进入幼儿园。一是对园长的信任还有赖建立。二是国人习惯性的“差序格局”的思维方式，总觉得自己熟悉和信任的人才能放心，往往忽视了幼儿园的专业特点。三是碍于亲人或朋友的面子，不知道如何去拒绝。在亲友团队还是专业团队这个问题出现时，园长不能武断地直接拒绝，而是需要分析清楚投资方真正顾虑的地方，提供切实可行的解决方案，以获取对方的支持。Q 园长的方案既避免了投资者需要顾及亲友的“面子”问题，又通过引入第三方一起面试的方式，打消了投资者初期对园长缺乏信任的担忧。

2. 换位思考

很多民办园的投资者在投资幼儿园之前，对教育行业并不了解，大多是从其他的商业领域转向教育投资领域，他们带有习惯性的经营思路和商业思维，资本投入讲的是金钱的回报，期待在最短的时间能够获得投资回报。陶行知说，教育是农业，教育的培育需要过程，尤其在开办教育机构的第一到第三年，基本属于亏损状态，需要投资者不断地投入。作为投资人自然会更关注盈利。园长作为教育者，没有资金投入的压力，更多考虑的是从专业角度如何将幼儿园办好。如果双方都只从各自的角色考虑问题，势必造成沟通上的障碍，也会让这层权力关系处于一种紧绷状态。因此，换位思考在此时显得尤其重要。从调研结果来看，园长们都能做到换位思考，从而使得权力关系处在一种和谐的状态。

> 但是我想，他们能投资这个行业，说明他们对这个行业有一定的情怀。首先投资者觉得这个行业有发展，适合他发展，有个持续性的盈利。对公司、对个体都难，因为教育的理念不同。（FPW-2017-07-10）

权力关系的维护需要园长们站在投资者的角度去思考，取得更大的信任，从而获得更稳定的权力。

3. 反复沟通

现实当中，并不是所有的矛盾和冲突都能立竿见影地得到解决。当遇到投资者不能理解的情况，园长们需要等待并寻找合适的机会说服对方。

> 当时印象特别深刻，那个老板啃着馍在地里骂，你凭什么要我这样做。当然他在生气时，谈这些事情很难谈得拢。后来等他冷静后，我再找他说，我们来聊聊这个问题，刚才的语言表达都有问题，作为园长，我可能问题提得不到位，但是问题还得解决。最后他就很乐意，然后聊，就按我们的方式去做。在他很冲动的情况下，你和他谈再多都没用，还不如让他冷静一下。先思考一下，因为这个幼儿园毕竟还是他的，在使用过程中真的发生安全事故，那后果不堪设想，所以我们现在都是为了保障他的利益，他也能理解，也很佩服我们的园长。（FPQ2-2017-07-03）
>
> 不停地去沟通，如果他能说服我，我就听他的，如果他不能说服我，我就要说服他。就是大家不断地沟通，尽量让他们来接受我的主张。主要还是要做好自己，把自己的工作做好，把团队带好，把幼儿园搞上去。关键是社会认同你、家长认同你，所有事情都朝好的方向发展，他们就会无话可说。他们会看到你的付出，看到你的奉献。（FPW-2017-07-10）

从 Q 园长和 W 园长的实践当中我们可以看到，两位园长在处理矛盾时，并没有急于去解释或试图说服对方，而是用时间和行动来寻找更合适的机会，获得投资者的认同和支持。

4. 呈现过程

在园长与投资者之间的权力关系维护上，面对不同个性的投资者，园长需要采取不同的策略来维护自己的权力。有些投资者对幼儿园倾注了很多心血，他们会随着幼儿园的发展对园长和幼儿教育有更深的了解。有些投资者因为有其他的业务领域，幼儿园相对来说只是其中一个很小的部分，但在权力范围上又并未给园长充分的自主权，这样的权力关系，对于园长来说，是一种极大的考验。Y 园长面对的投资者即是后面谈及的这种。她的投资者主要做房地产开发，幼儿园只是他业务中一个微小的部分，纯粹的商业思维，只关注生源和账目报表，园长除了事权和人事权，基本没有财权。开园前三年，幼儿园一直未能满园，Y 园长承受了巨大的生源压力。为了维护权力关系，她必须抓住仅有的机会，来呈现她在工作过程当中的努力，尽可能地获取投资方的信任和权力支持。

> 每年年终，我都得花些心思来向老板汇报。因为他不经常在，平时也没时间听你汇报工作，只有年终会和老师们聚一下。前两年生源不多，看成绩、经济效益，就把所有活动做成电子相册，分为家长篇、成长篇，让老板知道你在做什么。每年会有个年终报告，谈实际问题，做的电子相册还是很感人。通过区一级、市一级评估后，争得荣誉。今年发展到第五年，要体现园长的专业性，没做电子相册。用开学初的计划，对照计划（我们）做了什么，要有大主题。用了两个人，老员工为什么离开，为什么留下，以老员工的身份分享，边讲边哭，全场掉眼泪。从新老师的视角谈如何选择幼儿园。老板当时很高兴，说："园长今天你的总结会让我很感动。"（FPY-2017-06-12）

Y 园长用了 5 年的时间，慢慢取得投资者的认可，巩固了自己和投资者的权力关系，这一路走来，她也直言不容易。

纵观园长与投资者之间的权力关系冲突与权力关系的维护，我们用表 4-4 来进行归纳呈现。

表 4-4　园长权力关系的冲突与维护

权力关系的冲突	权力关系的维护
工程进度与质量安全	寻找平衡点
亲友团队还是专业团队	换位思考
市场优先还是教育优先	反复沟通
权力限制与权力自由	呈现过程

二　不同体制场域下的权力关系

在收集补充的个案中，几位园长分别在公办园和民办园两种体制下有过职业体验，在访谈的过程中，他们也特别谈到了不同办园体制下权力关系的不同表现。

（一）隐性权力关系 VS 显性权力关系

曾经在公办体制下待过的 W 园长，感触最深的便是公办体制下，财政上没有更多的担忧，但是在人事权上几乎没有太大空间。园长需要处理的是很多下级权力场域中的隐性权力关系。这和 S 园长上级权力场域中的隐性权力关系不同。

> 当时有自主权，还是能够自理自管，重要的是（属于）福利性质，没有经济压力，属于差额补贴，年头做预算，收入支出有多大差额，就会补齐，所以当时还是挺好。人事当时是已经配好的，财权在预算内基本可以自主。因为是国企，流程还是很规范。比如说这个学期我有 5000 元的办公经费，我可以在这范围内开支，但手续要完备。（FPW-2017-07-10）
>
> 包括教职工大部分都是家属，连保育员都可能是你上司的太太，我们办公室主任的老婆在我们那做保育员，然后厂长的女儿在我们那做老师，某个又是什么局长的亲戚，连看门的阿伯都是局长的远房亲戚。就是这样一种关系。（FPW-2017-07-10）

而在民办园，人事上基本可以自己做主，W 园长要面对的权力关系相对简单，就是幼儿园的承办者。她需要花更多时间和精力来维护这种显性的权力关系。

> 原来的公司是企业下面的一个部门。现在是个体对个体老板。从头到尾，我的经验是我认真做好我的本职工作就可以了，我只要做好了我自己，他们就会认同我。但现实还是会有困难，就是要不断地去沟通。（FPW-2017-07-10）

不同体制下的权力关系表现不同，园长们面对和处理的问题也不一样，这需要园长们在不同的场域运用自己的智慧去处理各种权力关系。

（二）单一权力关系 VS 多重权力关系

在公办园的上级权力场域中，幼儿园的管理受制于多个部门，既有直接分管的委托代理的权力关系，也存在与相关职能部门的潜在权力关系。如 W 园长所在的幼儿园，不仅有分管部门领导，有集团领导，还有来自组织架构中的工会、共青团和妇联这类组织，需要与各个方面进行协调。因此，公办园的权力场域中更多呈现的是多重权力关系。这一点和 S 园长所在的集团管理下的权力关系有些相似。从这一点来说，权力关系的出现还是与幼儿园管理方或承办方的组织架构有很大的关联性。

> 工、青、妇，这些活动都是我来组织，和集团一起搞，所以和集团的联系整个氛围还是很融洽的。与上面的领导有几位是比较熟悉的，所以和领导之间的关系还是和谐的。（FPW-2017-07-10）

从这一点来看，民办园更多是个人投资或是公司以个人为主要股东，园长与投资者之间更多的是一种单一的权力关系，事权与财权都需要和投资者对接。

> 与老板的相处，第一还是工作，在民办园老板讲运营。做工作先站在老板的角度去想，特别是在团队管理方面。虽然是园长，但要经常向老板汇报，面对老师，又要争取福利，需要平衡。既替老板想也要安抚到老师，对老板来说，你的心站在他那边，他也信任你，相互的，会给很多机会，权力也会交给你。（FPH-2017-09-19）
>
> 人事权完全自主，购买东西需要申购，走流程，提前申请，讲清楚资金如何用。常规性的支出也会告知一下，老板基本会支持。（FPH-2017-09-19）

（三）象征权力关系的强与弱

幼儿园中的象征权力关系主要是来自家长与幼儿。民办幼儿园靠市场运营，自主经营，自负盈亏，主要的收入来自家长。公办园基本依靠财政投入，在经济运营上没有压力，由于收费低，工资收入有保障，能够吸引更多高水平的教师，一直以来公办园都是家长的优先选择。但公办园僧多粥少，这就造成了一种买方市场，幼儿园不需要花更多时间让家长来认同。民办园不同，民办园的收费靠市场调节，品牌也需要靠时间和管理来塑造，因此，要花更多的时间和精力让家长与幼儿认同幼儿园，加上民办幼儿园选择的空间较大，因此更多的是卖方市场。这样的情况造成了民办园与公办园的象征权力关系是完全不对等的强与弱的关系。

> 民办园服务上的要求很不一样，工作起来很拼。（FPH-2017-09-19）
>
> 民办园更关注运营。一是生源、招生。公办园不存在这个问题，而民办园需要口碑，需要有市场竞争力。二是资金。花什么钱，怎么花，要帮老板想，申请的钱值不值都要去想。在教学、人事、家长方面最大的是服务。家长服务要做得很细致、很周到。想得到家长的尊重，民办园老师比公办园老师要辛苦。民办园要照顾到每一个孩子，面向的是每一个孩子。公办园家长的需要没这么强烈。（FPH-2017-09-19）

在公办园最大的收获：对教研、专业方面的引领很扎实，公办园相对承担的教研任务会多一些。（FPH-2017-09-19）

由于研究受限，加上本次的研究重点未将公办园考虑在内，笔者仅仅通过访谈资料，对不同场域下的幼儿园权力关系进行了粗浅的比较，只能是管中窥豹。

第五章　权力的游戏
——园长权力影响的习性

> 游戏意识是能使我们相当正确地认识习性与场、身体化历史与客观化历史几近神奇的相遇，正是这种相遇使得游戏空间的所有具体构型包含的未来几乎全被预见。①
>
> ——皮埃尔·布迪厄《实践感》

“习性”是个古老的概念，它源于亚里士多德（Aristotle），也曾被圣托马斯等使用过。②习性（habitus）这一概念源自亚里士多德的希腊语概念“hexis”，意指习惯、素养、经验等。“habitus”在拉丁文中指人的仪表、穿着状态及生成方式，后来派生出了“体格”“气质”“性格”“性情”“禀性”等含义。由于这个词与习惯（habitudo）有相同的词根，故“habitus”常被用来表示在外在行为、教育和个人努力的影响下，而固定下来的行为方式、生存方式和持久禀性。③托马斯·阿奎纳（Aquinas）从亚里士多德处借用了这一概念的拉丁语形式“habitus”，用来表示“存在于纯粹可能性和纯粹行动之间的一个转换单位”。④皮埃尔·布迪厄借用并扩展了习性这一传统概念，并将它设计成衔接结构与实践的中介，以强调存在于社会与个体之间及社会客观结构与主体内化结构之间的辩证关系。

习性的核心含义是：一套深刻地内在化的、导致行为产生的主导倾向。它们指向一种实践的而不是话语的、导致行为产生的主导倾向。它们指向一种实践的

---

① 皮埃尔·布迪厄. 实践感[M]. 蒋梓骅，译. 南京：译林出版社，2012：93.

② 皮埃尔·布尔迪厄. 社会学家与历史学家：布尔迪厄与夏蒂埃对话录[M]. 马胜利，译. 北京：北京大学出版社，2012：81-82.

③ 高宣扬. 当代社会理论[M]. 北京：中国人民大学出版社，2010：827-828.

④ 转引自：孙进. 布迪厄习性理论的五个核心性结构特征：德国的分析视角[J]. 南京社会科学，2007，(6)：25-29.

而不是话语的、前反思的而不是有意识的、身体化的同时是认识的、再生产的但又是创新的行为的理论。[①]在布迪厄的翻译文本中，有些习性被译为惯习，为方便理解，本书中我们统一选择“习性”的命名。本章将对习性进行理解，并在此基础上分析 S 园长的权力影响策略。

第一节　理 解 习 性

一　习性的相关关系

（一）习性与策略

在建立持久的支配关系并使其永久化过程中，习性及其策略的作用尤为重要，这仍然是场结构的一种效应：该经济秩序无法提供象征资本或文化资本积累的制度条件（它甚至特意施行一种审查，迫使人们求助于经委婉化的权力和暴力，阻止这种资本积累），由此造成的结果是，在这种情况下，见于一切社会组织的、趋向于象征资本积累的策略最合乎理性，因为在社会宇宙固有的约束范围内，这些策略最为有效。[②]

策略能用来对付习性产生的不可预测而又不断更新的情况，即使它看似实现了明晰的目的，也只是从表面上看它是由未来决定的：策略的取向取决于对其自身结果的预测，并因此助长了目的论幻觉，这实际上是因为策略总是倾向于再生产那些生产策略的客观结构，决定策略的是策略生成原则的以往生产条件，也就是说，策略是由相同的或可替换的以往实践活动之已经实现的“未来”决定的，此未来与策略的未来重合——只要策略在其中发生作用的结构与生产策略和客观结构同一或等同。[③]

习性的反应完全可能伴随着一种策略计算，该策略计算倾向于按有意识的方式，实施习性按另一种方式进行的运算。习性的运算方式是对既往结果变成预期目标的可能性进行估计。虽说如此，习性反应首先是排除任何计算，它取决于直

---

① 戴维·斯沃茨. 文化与权力：布尔迪厄的社会学[M]. 陶东风，译. 上海：上海世纪出版社，2012：117.

② 皮埃尔·布迪厄. 实践感[M]. 蒋梓骅，译. 南京：译林出版社，2012：189.

③ 皮埃尔·布迪厄. 实践感[M]. 蒋梓骅，译. 南京：译林出版社，2012：86.

接铭刻于现时的客观可能性——要做或不要做某事、要说或不要说某事——取决于排除了慎重考虑而迫切要求变成现实的可能的将要到来，此“将要到来”完全不同于作为“绝对可能性”的未来，按 G. W. 弗里德里希·黑格尔（Hegel）（或萨特）所说，后者是由“消极自由”的纯计划来设定的。①

根据习性与策略的关系，本书将习性看作一种策略计算，并且有意识地选择某种方式来进行运算。在对权力影响的分析中，我们可以运用习性来窥视园长权力影响的策略计算。

（二）习性与制度

习性是持久地配备了有规则即兴之作的生成动力，作为实践感，它使制度中的客观化意义恢复活力。集体历史的产品，亦即客观结构，若要以持久的和调适的行为倾向——客观结构的运行条件——这一形式再生成，就离不开反复灌输和据为己有这样的工作，而习性就是这种工作的产品，它形成于一种特殊的历史，将它的特殊逻辑施加于身体化，行为人则通过这种身体化使自己从属于制度中客观化了的历史。故此，习性能使行为人生活于制度之中，在实践中占有制度，从而使制度保持活力、生机和效力，不断地使它们摆脱无产和衰竭状态，通常方法是使得被弃于其中的意义复活，方法是对制度加以修正和改变，因为修正和改变是重新活化之补偿和条件。②

习性更是制度借以得到充分实现的东西：身体化能发挥身体的本领，认真对待以言行事的社会魔法，其功效能使国王、银行家和教士成为人格化的世袭君主政体、金融资本主义或教会。物占有其所有者，化为一个生成结构，生成种种完全符合其逻辑和要求的实践活动。②

根据对习性的解读，习性是在实践当中生成的并具有一定的历史性，会转化为一种身体化的制度。园长在幼儿园场域中的实践活动会显示园长权力的影响，园长的权力影响会带有历史的痕迹，如文化的影响、个人在场域中的历史影响，这些最终将以制度化的形式呈现出来，如在某个幼儿园场域中形成的权力规则。

（三）习性与场域

习性和场域之间的关联有两种作用方式：一方面，这是种制约关系，场域形

① 皮埃尔·布迪厄. 实践感[M]. 蒋梓骅，译. 南京：译林出版社，2012：75.

② 皮埃尔·布迪厄. 实践感[M]. 蒋梓骅，译. 南京：译林出版社，2012：80-81.

塑着习性，习性成了某个场域（或一系列彼此交织的场域，它们彼此交织或歧异的程度，正是习性的内在分享甚至是土崩瓦解的根源）固有的必然属性体现在身体上的产物。另一方面，这又是种知识的关系，或者说是认知建构的关系。习性有助于把场域建构成一个充满意义的世界，一个被赋予了感觉和价值，值得你去投入、去尽力的世界。①

人的生存，或者以社会形塑的身体的方式存在的惯习，是包含无数的生存或惯习的世界中的一部分。这有点像帕斯卡尔说的“世界包容了我，但我能理解它”。①在习性和场域的关系中，历史遭遇了它自己：这正像海德格尔和梅洛·庞蒂所说的，在行动者和社会世界之间，形成了一种真正本体论意义上的契合。②行动者只有在某个具体的场域中的实践活动才能形成某种制度化的习性，习性与场域彼此相生相长。在幼儿园的场域中会生成其独有的习性策略，受历史的影响，也会有些共性的表现，这都取决于场域本身的性质和特点。

二　作为权力影响的习性

（一）规则性的产物

习性是社会世界规则性的产物。一个社会世界是因为习性并通过习性而存在的。③在规范化的并照此传承的知识中，习性图式的客观化因实践领域的不同而极为不同：从与农事活动相关的或与其直接联系在一起的实践活动，如织造、制陶和烹饪，到一天劳动时间的划分或人生各个阶段，且不说那些看似受任意性支配的领域，如住宅内部的安排、身体各部分、颜色或动物，格言、禁忌、谚语和高度规则化仪式的相对频数随之递减。④

由同一种习性（或一些同类习性，例如统一某集团或社会阶层生活方式的习性）产生的作品系统或实践行为系统的生成，不能被描述为一种始终是自我同一的单一本质的自主发展，也不能被描述为连续的创新，这是因为这类系统是在习性与事件的必要而又无法预料的对照之中并由这种对照来实现的；事件

① 皮埃尔·布迪厄，华康德. 实践与反思——反思社会学导引[M]. 李猛，等译. 北京：中央编译出版社，2004：172.

② 皮埃尔·布迪厄，华康德. 实践与反思——反思社会学导引[M]. 李猛，等译. 北京：中央编译出版社，2004：173.

③ 皮埃尔·布迪厄. 实践感[M]. 蒋梓骅，译. 南京：译林出版社，2012：204.

④ 皮埃尔·布迪厄. 实践感[M]. 蒋梓骅，译. 南京：译林出版社，2012：285.

只有在习性使其摆脱意外之事的偶发性，使其成为问题，并将自己解决方法的原理应用于该问题的情况下，才会对习性施加适当的激励。还因为习性如同任何创造技术，能用来生成无限的、相对不可预料（比如相同的境遇）但在多样性方面有限的实践活动。总之，作为特定的一类客观规则性的产物，习性趋向于生成各种“合理的”“符合常识”的行为，但其行为只有在上述规则性的范围内才是可能的，而且完全有可能得到认可，因为它们在客观上符合某个特定领域的特定逻辑，预示该领域的客观未来。与此同时，习性又趋向于“不施强制、不要技巧、不用证据地”排除所有的“荒唐事”，亦即所有因与客观条件不相容而被否定的行为。①

因为习性是组成一种社会秩序或一个场域的一种规则，即观念和区分原则被归并的产物，所以习性产生了这样一些实践，它们直接适应这种秩序，因而被那个完成实践的人和其他人理解和评价为合法的、正当的、灵活的、准确的、根本不是服从于一种强制意义上的秩序、一种规范或法规则的结果。②

在对园长权力进行分析时，针对习性的规则性，我们将权力的交换策略作为分析的维度。在权力的可交换性层面，权力交换的策略可细分为权力资本的交换、人情的交换、恩与报的交换。

（二）历史的产物

习性是历史的产物，按照历史产生的图式，产生个人的和集体的因而是历史的实践活动；它确保既往经验的有效存在，这些既往经验以感知、思维和行为图式的形式储存于每个人身上，与各种形式规则和明确的规范相比，能更加可靠地保证实践活动的一致性和它们历时而不变的特性。③

由于习性是历史的产物，所以它是一个开放的性情倾向系统，不断地随经验而变，从而在这些经验的影响下不断地强化，或是调整自己的结构。④它是稳定持久的，但不是永久不变的。⑤

既然习性的确是一种历史的产物，那么习性投入对世界的实践认识和行动中的社会建构工具就是被社会构建的，也就是说是被这些工具构造的社会所构

---

① 皮埃尔·布迪厄. 实践感[M]. 蒋梓骅，译. 南京：译林出版社，2012：78.

② 皮埃尔·布尔迪厄. 帕斯卡尔式的深思[M]. 刘晖，译. 北京：生活·读书·新知三联书店，2009：168.

③ 皮埃尔·布迪厄. 实践感[M]. 蒋梓骅，译. 南京：译林出版社，2012：76.

④ 皮埃尔·布迪厄，华康德. 实践与反思——反思社会学导引[M]. 李猛，等译. 北京：中央编译出版社，2004：181.

⑤ 皮埃尔·布迪厄，华康德. 实践与反思——反思社会学导引[M]. 李猛，等译. 北京：中央编译出版社，2004：178.

造的。[①]

根据习性的历史性，我们在分析园长权力时，将权力在实践过程中的分化作为分析的维度。在不同的时空转变中，权力场域的权力关系会发生相应的变化，而这些变化往往通过权力失衡的形式表现出来。在权力的分化影响中，本书将重点考察园长权力遭遇的各种危机。

（三）形塑过程的结构

习性作为一种处于形塑过程中的结构，同时，作为一种已经被形塑的结构，将实践的感知图式融合进实践活动和思维活动之中。这些图式来源于社会结构，通过社会化即通过个体生成过程在身体上的体现，而社会结构本身又来源于一代代人的历史努力，即系统生成。[②]

同一种习性的所有产品具有一致性，这种一致性的依据不是别的，而是构成该习性的生成原则来自社会结构（集体、性别或年龄段之间的关系结构，或社会阶级之间的关系结构）的一致性；习性生成的原则是社会结构的产物，并趋向于把社会结构嵌入一个象征关系系统之结构中，从而以一种难辨的形式再生产这类社会结构。[③]

习性作为一种形塑的结构，会在群体中形成原则。权威在于期望和要求服从的权利。帕森斯把权威定义为一种优越地位，它"包括在社会关系体系中控制他人行为的被合法化了的权利（或者责任）"。[④]园长权力的形塑结构，我们通过园长的权威影响来对其进行解读。根据权威关系的效应，我们从三个方面来分析园长权力的权威影响：整合效应、凝聚效应和依赖效应。

综上所述，根据布迪厄的习性来进行分析，对于园长权力的影响，我们从权力的交换策略、权力的分化影响及权力的权威影响三个方面进行解读。考虑到权力影响的正效应和负效应，我们先分析权力影响的正效应即权力的交换策略、权力的权威影响，然后再分析权力影响的负效应，即权力的分化影响。具体分析框架如图 5-1 所示。

---

① 皮埃尔·布尔迪厄. 帕斯卡尔式的深思[M]. 刘晖，译. 北京：生活·读书·新知三联书店，2009：174.

② 皮埃尔·布迪厄，华康德. 实践与反思——反思社会学导引[M]. 李猛，等译. 北京：中央编译出版社，2004：184.

③ 皮埃尔·布迪厄. 实践感[M]. 蒋梓骅，译. 南京：译林出版社，2012：136.

④ 罗德里克·马丁. 权力社会学[M]. 陈金岚，等译. 石家庄：河北人民出版社，1992：67.

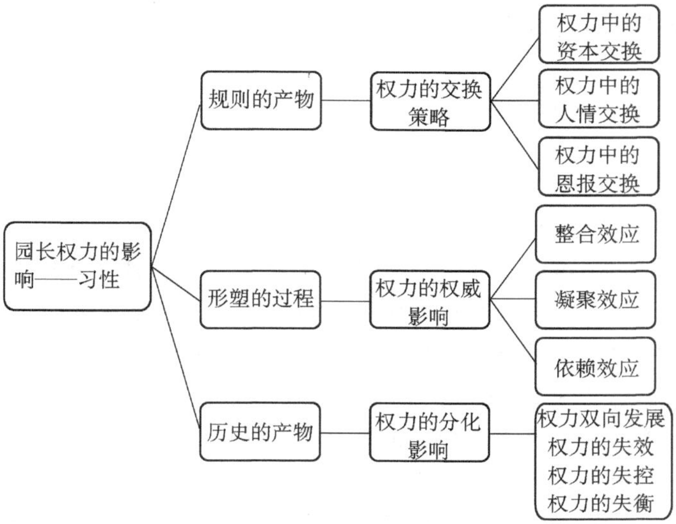

图 5-1　园长权力的影响分析框架

第二节　权力的游戏：S 园长权力的影响

通过对习性的解读，本部分将从权力的交换策略、权力的权威影响和权力的分化影响三个方面来阐释 S 园长权力的影响。

一　权力的交换策略

权力作为建构于己有利的协商性行为交换的能力，可被定义为行动的诸种可能性的不均衡交换，也就是说，一群个体之间行为的可能性的不均衡交换和/或集体行动者之间行为的可能性的不均衡交换[①]。对 S 园长的权力交换策略，我们从权力中的资本交换、人情交换、恩报交换来解读。

① 埃哈尔·费埃德伯格. 权力与规则——组织行动的动力[M]. 张月，等译. 上海：格致出版社，上海人民出版社，2008：117.

（一）权力中的资本交换

1. S 园长与员工的资本交换

（1）管理仪式

S：其实，星期六的工作我们都已经安排了，今天是临时召开级长会议。说两个事，一个事就是让你们商量一下每一次开学都给小朋友一点小礼物，就是图个吉利。但是因为今天呢，医生跟 A1 她们说，都过完年了，只要一过了十五就不需要这样子。但我觉得好像不管是不是过完十五，红包没有的话，就希望给小朋友一个见面礼。以前是给个金币，后来医生跟 A1 去了超市，没有那种金币，只有这个，拿回来了以后我就还是怕（不是扁平状的金币巧克力，而是小颗粒状的）（大家议论）。A1 就说肯定没有问题，但是有什么问题还是找园长，不会找 A1。（大家笑）所以我就想问下级长，如果真的是太危险了，就什么都不发。你们看看，如果不分，那么各个级领回去，自己处理。这是第一个。第二个，就是你们要回去开个会，今天上午 10 点多 Q1 给我打了一个电话，她说 Z 总今天晚上请大家吃饭。所以呢请组长通知大家。

老师：掌声呢？

大家：哦哦哦。（掌声）大家笑。

老师：今天应该属于庆功宴。（上个学期末通过了市一级幼儿园评估）

S：星期六督导室告诉我们，市级过关了，但文件上还没有看到，没有公布。今天会议室这里我就不想讲。过是过了，但是那个文件要公布以后才能生效。（W-2014-02-17-002）

A2：那公积金？

S：还是下次全园大会再讲吧，大家讲来讲去就乱了。不过，讲点也没关系。我们工资里住房补贴 200 元。从 3 月开始，就不发现金了，要交住房公积金。这个钱要打到个人账户里。以后你们买房就可以用，这个钱就不再另外扣你们了。老总说整个公司都买了，就差我们幼儿园了（大家讨论公积金）。这个住房补贴当时已经说了，如果市里要求买的时候，住房公积金这个钱是公家的。就是这个钱。这个不要记，每年调整。个人加多少，公司加多少。Q1 说你们每个都很多，幼儿园应该很高了，700 多。

A2：这必须买。

S：那就这样，大家散会吧。（W-2014-02-17-002）

会议作为一种管理仪式，常常并不做出决策，只是为表达、发展和庆贺等提供场合与机会。会议为管理者提供了机会来展现事件，从而凸显文化的价值观和信念。无论管理者怎样做，完美的管理仪式会加强凝聚力和团结心，向外传递出稳健的形象。[①]很多时候，对于园内的重要信息，S 园长会通过级长来进行传递，有时则会将信息的传递止于级长层面。级长是幼儿园内的骨干力量，级长会议既是对各位级长权力位置的一种认可，也是通过这样的层级信息传递，凸显各位级长的权力资源优势。

（2）协商性行为

S4 不是请了两天假吗？拉肚子。所以他们就喊人手不够。我跟他们说，等 A3 来了，看看怎么安排，今天班上都去体检了，抽不出人。所以今天早上我就和 A2 说，行政轮流帮忙，就不要抽班上老师了。他们说那天是 A3 去帮忙，上一次也是 A3 去帮忙。厨师们希望保健员或 A3 去帮忙，这样子讲话可以随意些。所以我说今天 A3，明天 A5。他们说不用了，忙得过来。所以我要和他们确认一下，如果忙得过来，就不要喊叫，就不要在后面说什么了。（W-2014-03-18-002）

但是那个 A5 知道吗？哎，那天厨房 S4 休息就喊没人，今天说安排 A5 过去，我亲自过去的。他们又说不用，因为她就想要保健员，A3 就说保健员还没有回来。我说保健员今天不行，因为今天体检。所有人都要帮忙。那我说我过去帮忙。（W-2014-03-18-002）

国内大多数幼儿园伙食包含孩子的两餐两点（早餐、早点、中餐、午点），G 幼儿园也不例外。厨师偶尔的缺位会影响整个幼儿园的运作。幼儿园中的各个岗位都是一个萝卜一个坑，所以缺位的补充需要从全园的层面来协调。S 园长运用园内的权力资本，将行政管理人员轮流补位到厨师的岗位，以确保幼儿园的正常运转。

A1：那你看下能不能跟 Q1 说让他们那边出一下证明，年轻老师们要办居住证。

S：可以出，怎么不能呢？

A1：上次都没有出，上次 T2 一个人，求了好久才办到的。所以那天 T2 办那个证明还在路边哭了一顿。

S：是我们这边不肯出还是什么？

A1：是没有那个租房合同。

---

① 特伦斯·迪尔，艾伦·肯尼迪. 企业文化：企业生活中的礼仪与仪式[M]. 李原，等译. 北京：中国人民大学出版社，2008：72.

S：开证明行不行啊？她们住集体宿舍，开证明行不行啊？

A3：单位的话，自己的房产的话，就提供房产证或者租房合同吗？

S：对呀，拿房产证就行了吧？

A3：房产证的话要 Q1 那边有才行，我们这边都没有。反正经理说他那边无论是房产证还是租房合同，他那边都是没有的。他说找 Q1 才行。

S：好！（W-2014-02-25-002）

S 打电话给 Q1：哎，Q1 总，因为我们现在要搞那个劳动年审，就是很多很多东西要审，外地的人员要提供那个居住证。提供居住证的话，就要我们幼儿园办理居住证，她们在 Y 村那里附近吧。对，他是说要提供房产证，或者是租房合同。物业经理说要你批准。可以拿到，是吧？那好好好。刚才 A3 跟我说了这个事，那行，那你给 Z 经理打电话，那好。谢谢你！（W-2014-02-25-003）

遇到园内一些事务性的事情，下属如果解决不了，只能求助于 S 园长，此时，S 园长也只能通过上级的权力关系来协调解决。

在任何一个行动领域中，权力都可被定义为行动的诸种可能性的不均衡交换，也就是说，一群个体之间行为的可能性的不均衡交换[①]。S 园长的权力资本相对丰富，因此在处理一些突发事情或是棘手的事情时，需要动用 S 园长的权力资本进行协商解决，这是一种建构于己有利的协商性行为交换的能力。

2. S 园长与家长的资本交换

（1）授权仪式

11 点入园。今日 S 园长安排市级幼儿园的挂牌仪式，邀请了 3 位家长委员会成员，还有区内 2 所公办园的园长、中学的校长、大小老总，中午区教育局副局长到场。

13：30 午餐后，因有位家长委员会成员与副局长合影，Q1 特意打电话给 S 园长，强调不要拍照上传。S 园长紧急召开中午参加用餐的级长与行政开会。

①先说各组、后勤要分别开会，感谢大家对上市一级园的付出。②再说拍照不要上传，T9 表示自己上传了些照片在园内的群里，S 让其立马删掉。

S 园长懂得避重就轻，即使一个小会也会很正式地传达，同时随机地加入某些内容，让下属认真对待。而对于全体教职工的关照也显现在此种细节当中。（D-2014-04-17）

授权仪式通常是为了让求职者对他作为集团的全权成员的存在、对他的合法

① 埃哈尔·费埃德伯格. 权力与规则——组织行为的动力[M]. 张月，等译. 上海：格致出版社，上海人民出版社，2008：117.

性感到安心，但也是让集团对自身作为被认可的而且有认可能力的集团的存在、对社会虚构的现实感到安心[①]。在这里，S园长通过授牌仪式来让关键成员（上级权力层代表、社会权力层代表）感受到作为G幼儿园特邀代表的存在和荣誉，这也是S园长通过权力资本的运作来向相关人员展示自己的工作业绩，借以巩固自己园长权力地位的途径。

（2）互惠互利

与G幼儿园一墙之隔的宠物店开设了宠物医院门诊，因为与操场离得近，孩子在操场游乐时，不时飘来医院传出的各种动物异味，给幼儿园的教育教学和日常管理工作带来很大困扰，同时也威胁到在园幼儿的身体健康。由于该宠物医院有合法的证照，对于与教学单位的间隔距离，在法律操作层面尚无可行的依据，导致幼儿园在解决这个问题上困难重重。S园长充分调动园内的资本，借助家长的力量来解决这个问题。

S：奶奶慢走。早上好，琪琪奶奶。昨晚她才发给我，很晚才发。我看到了信息，想着一定是爷爷。

家长：是的。你看到信息了。

S：是的。谢谢啊！

S园长介绍是关于宠物医院的事。刚才是琪琪的奶奶，她爷爷就是人大的，这事就是他一直在帮忙。刚才那个是记者，这个事曝光就是她做的。她是信息报的呢，报纸都写了。奶奶也很不错，有事就会告诉我们。（W-2014-02-17-001）

在园内的会议上，S园长再次要求员工重视此事，并提醒教师分别做好家长的沟通工作，利用家长的资源来解决这个问题。

“目前，幼儿园已做了一切努力，但效果不明显。希望通过你们（老师）发动家长、家长委员会等社会资源共同想办法寻求解决的途径和方法，以确保幼儿的健康。”S：“希望通过召集家长委员会共同商讨。”A2：“会不会讨论太热烈了？”S：“讨论热烈就好啊，我们不去闹事就行了。”A2：“业主看到我们（幼儿园及家长）行动了，他们又停下来了，应该一起行动才能有效果吧！”S：“业主是想通过幼儿园的力量来帮他们解决问题，A2，现在打电话通知俊俊家长（家长委员会主任）来参加会议。”（W-2013-11-22-001）

随后，S园长利用每学期召开的家长委员会会议，特意提出此事进行专门探讨。

---

① 皮埃尔·布尔迪厄. 帕斯卡尔式的沉思[M]. 刘晖，译. 北京：生活·读书·新知三联书店，2009：288.

S 园长宣读《G 幼儿园家长委员会章程》，并发到家长委员会成员手中。

S 园长向家长介绍 G 幼儿园 2013 学年工作计划、目标（说明：本来这个家长委员会会议在学期开始就要开，但由于教育局要实行规范化幼儿园评估，我园 4 个行政人员被抽去参加评估工作；另外，我园于 2012 学年 9 月已向广州市督导评估中心递交了“市一级”评估申请报告，以为 2013 年就来评估验收，但由于三方资金协议的原因未能解决，所以我们一直在努力斡旋和做各项准备工作，因此，这个会议就推迟至期中才召开。）

S 园长特意解释了三方资金的问题……

提出宠物医院的事情及与之沟通的来龙去脉。

S：“2010 年 8 月未开张前我们已经找他（宠物店老板）反映情况。我们幼儿园开在先，从孩子的健康考虑是不能有感染源的。我们办园 10 年，他选址在这里办宠物医院，记者来后告诉我们是 9 月发的证，它装修是在假期。”家长讨论热烈，并纷纷提出疑问：“它的产权是物业的吗？”S：“不是物业的，已经卖了。”家长：“它签了 8 年的合同，如果违约要赔偿 300 多万。”S：“他（宠物店老板）告诉我说赔 80 多万，他说我们之前没告诉他这里是幼儿园，装修好了你才来说。你考察之前就应该知道，隔着玻璃就能看到我们是幼儿园。”A 家长：“我的孙子在小小班时经常生病，我还跟医生反映，问是不是幼儿园有感染源，现在想想跟这个宠物店脱不了关系。”B 家长：“我去问了街道，为什么区环保局过来没要他整改呢？”S：“街道回答说：整改是需要时间的，他没到那个度，整改期间是可以正常营业的。”C 家长：“执法部门怎么可以发牌呢？这是不负责任的行为。”D 家长（律师）：“不断地从多部门，环保、工商、街道办等去投诉他，你不能对相邻的关系造成污染，如空气、水、健康等。另外，利用舆论对其造成压力使得行政部门介入解决，可能时间花得比较长。”S：“要发动家长们的力量了，他说他是有背景的。”（W-2013-11-22-002）

在家长委员会的会议上，S 园长成功地引起各位成员对此事的关注和重视，并当即决定由家长委员会主任成立 QQ 群专门跟进此事，寻求各方资源争取尽快解决此事。

10：17 在操场巡班时，发现宠物医院味道很臭，S 园长找到有爷爷在政府部门工作的那个孩子所在的班，提醒老师带着孩子到操场西头走走，让孩子将自己的感受回家向家长表述，引起家长的重视（造成舆论）。（D-2014-02-25）

为了推进问题的解决，S 园长调动园内的各种资源进行关注，最终该问题在家长各方的干预下，宠物医院于当年（2014 年）6 月结束营业。

交换的必要条件是，为了继续得到所需要的服务，个体要为他们过去已得到的服务履行义务。[①]在这一点上，S 园长对于家长资源的运用非常有效，这当中也离不开前期对家长服务的投入。权力关系即是互换，它是互利互惠的。它是在一种持续的相互作用的循环中暗示的给予和暗示的接受。[②]在这个事件中，最终的落脚点是孩子的健康隐患问题。因此，在各方资源的推动之下，问题得到了妥善的解决。

3. S 园长与外界的资本交换

（1）角色套系

在中国社会，许多人常常利用混合性人际关系的特性，运用种种方法来加强自己在他人心目中的权力形象，以影响对方，并获得自己想要的生活资源。这类人际关系的特色是：交往双方彼此认识而且有一定程度的情感关系，但其情感关系又不像主要社会团体那样，深厚到可以随意表现出真诚的行为。[③]

当天下午是大班毕业典礼，8：23 有电话打来，A1 在隔壁大声问，美容学校的 Y 校长是否确定是 9：15 到园？S 园长叫人进来，反复说昨晚回去很晚，9 点多还打了多个电话落实嘉宾（市评估中心的 C 老师、区教育局的 T 园长、姐妹园的园长）。

9：37 S 园长去小区门口接美容学校的 Y 校长。Y 和 S 园长曾在同一所幼儿园工作过，后来 Y 去学美容美发，并开办了学校。每年的毕业典礼，S 园长都要请 Y 过来帮忙化妆，两人关系很紧密。对于自己工作的敬业、个人资源的丰富，S 园长总是不遗余力地强调和展示。（D-2014-07-02）

今日一早根据发展中心安排，S 园长前往姐妹幼儿园参加期末的教研活动，同行的还有 A1。在路上，S 园长谈起了区里的教研员 T 园长，说她现在去了学前教育指导中心，T 园长亲自打电话告诉她这事，并在电话中说，S 园长我们之间的合作很默契，一切都无须多用语言来表达。又说起这周日（7 月 6 日）幼儿园的期末考核已邀请到了市评估中心的 C 老师、Q2、T 园长，本来还邀请了省评估中心的 L 园长，但因当天有安排，来不了。并特意说当天打电话时，信号不好，L 园长还是听出了 S 园长的声音，并说“你是 S 园长

① 彼得·M. 布劳. 社会生活中的交换与权力[M]. 李国武，译. 北京：商务印书馆，2012：158.

② 哈罗德·D. 拉斯韦尔. 权力与人格[M]. 胡勇，译. 北京：中央编译出版社，2013：4.

③ 黄光国. 人情与面子：中国人的权力游戏//杨国枢. 中国人的心理[M]. 北京：中国人民大学出版社，2012：7-12.

吧”，然后说当天已有安排过来不了。S 园长在下属面前很喜欢展示她的个人资源，尤其是和关键部门人员的“亲密关系”。（D-2014-07-04）

今天是周日，S 园长安排在这个周末进行期末的全员考核。S 园长邀请到了区教育局的 T 园长、市评估中心的 C 老师，本来想邀请省评估中心的 T 园长，因其有安排，未能邀请到。往年的教师考核基本是技能考核，今年根据 Q2 的建议，幼儿园进行了改革，改为现场抽题 1 分钟答题的形式，要紧凑很多。S 园长很尊重几位评委们的意见，并让评委直接对老师点评。对于考核嘉宾的邀请，是 S 园长全程安排的，也希望有机会能聚聚，联络下感情。（D-2014-07-06）

个人如果期望资源支配者依照“人情法则”，将其掌握的资源做有利于自己的分配，他必须运用各种方法将对方套系在和自己有关的角色关系中，以混合性的关系和对方保持往来。攀上关系只是双方建立混合性关系的第一步。如果个人知道某人有掌握某种资源的支配权，具有交往价值，他还可以进一步以拜访、送礼、宴客等方式，来加强彼此之间的情感关系，其中又以宴请和送礼最为重要。我们也可以将角色套系和加强关系视为中国人权力游戏的方法之一。[①]

建立个人的社会关系网络也是 S 园长权力游戏的方法。她在自己所能掌控的 G 幼儿园场域中，创设正当的、合法的机会，与关系人物保持良好的互动往来，加强情感联系，而关系人物的选择也是 S 园长基于对于个人权力影响相关性来进行衡量的，以期通过对关系人物的前期恩惠，来换取日后更大的回报。

（2）加强关系

8：05 入园。S 园长去市教育局拿市一级牌，尚未到园。直到中午 12：20 左右 S 园长拿着牌回到园内用餐。用过餐，S 园长拿出市局下发的红头文件，是唯一给 G 幼儿园下发的文件，S 园长表示这属例外。评估之事上，S 园长一直强调自己在其中的作用，以及运用各种关系行的各种“例外”和“方便”。这也是一种建立权威的反复“强化”。（D-2014-04-15）

中午 S 园长拿出区教育局关于统一招生的文件，谈起对面的幼儿园已开始招生，本园要不要也开始招生。A1 表示之前向家长说的是 5 月开始，现在提前不太妥当。S 园长觉得区教育局要求统一到 5 月中旬的做法也不太妥当，现在家长询问的很多，拖太久恐会造成生源流失。当即表示要向区小幼科的 T 科长反映一下此事。于是当着 A1 的面拨通了小幼科的电话，找到了 T 科长，反映招生可否稍提前，对方表示会综合考虑，到时再反馈。

① 黄光国等. 人情与面子：中国人的权力游戏//杨国枢. 中国人的心理[M]. 北京：中国人民大学出版社，2012：241-242.

在电话沟通中，S 园长似乎也是要强调她和区教育局相关人员关系紧密，可以随时联系。这也是一种权力资本交换的表现。（D-2014-04-15）

制度化的权力要求上级提供服务，这些服务为下级提供利益，而上级向下级提供的这些利益又巩固了上级的权力。这一权力使得下级的服务不足以建立与该上级的平等关系。[①]S 园长多年经营的社会关系网络，会为她在幼儿园的管理当中提供很多便利，这些关系网络一方面可以巩固 S 园长在园内的影响力，另一方面也能向上级权力层展示个人的权力影响，从而巩固园长权力的合法地位。

（二）权力中的人情交换

中国的人情关系也是一种交换行为。人们常有“送人情”的说法，中国谚语中的“人情在人情愿”，表示人情是一种社会交换。《礼记·曲礼》上早有反映：“太上贵德，其次务施报。礼尚往来；往而不来，非礼也；来而不往，亦非礼也。”中国汉字中的“礼”不但表示规范，而且兼有馈赠的含义，故送人情等于送礼。安土重迁和血缘关系导致人际交往的长期性与连续性，因此算账、清账等都是不通人情的表现。人情应该是算不清、欠不完的，这样才能旷日持久地继续下去。[②]处在这样一种文化氛围下的 G 幼儿园，S 园长自然不会无视这种人情的交换规则。

人情法则的含义之一是：由于关系网内的人彼此都会预期将来他们还会继续交往，而且不管在任何文化中，以均等法则分配资源，一向都是避免人际冲突的重要方法[③]。

1. 礼尚往来

送礼是一种很古老的习俗，一直延续至今，无论中外，它不但存在，而且没有消减的趋势。它本身反映出一种文化中的人际关系的过程。[④]受礼者在接到礼物之后，就好像对送礼的人欠下一笔债——人情的债。送礼一来一往，再来再往，一直不停地延续下去，渐渐有了作用自主的现象。[⑤]

休息近四周后，S 园长回园。在一楼遇到小小班的 T14（在园工作 12 年，担任级长），T14 热情地与 S 园长拥抱，S 园长把其叫到了一旁。事后 S 园长

---

① 彼得·M. 布劳. 社会生活中的交换与权力[M]. 李国武，译. 北京：商务印书馆，2012：181.

② 翟学伟. 人情、面子与权力的再生产[M]. 2 版. 北京：北京大学出版社，2013：104.

③ 黄光国等. 人情与面子：中国人的权力游戏//杨国枢. 中国人的心理[M]. 北京：中国人民大学出版社，2012：12-14.

④ 杨中芳. 价值变迁与送礼行为//杨国枢. 中国人的心理[M]. 北京：中国人民大学出版社，2012：302.

⑤ 杨中芳. 价值变迁与送礼行为//杨国枢. 中国人的心理[M]. 北京：中国人民大学出版社，2012：305.

解释，一个月前，T14 的女儿（也在幼儿园中 A 班）告诉她 12 月 17 日是她的生日，让 S 园长别忘了。但因中间休假错过了，她就想让 T14 转告其女儿，她没忘，并封了个小红包给她女儿作为生日礼物。之所以回礼，是因为之前 T14 从老家带过礼物给 S 园长，S 园长借机会回礼。（D-2013-12-27）

礼物交换所导致的资本形式是一种象征资本形式，也就是说，通过礼物交换的形式，某种信任关系或者说认同关系得以产生。也可以说，礼物交换的直接目的就在于生产一种信任关系、认同关系。[①]中国强调“礼尚往来”，S 园长对于员工的回礼也是通过礼物的交换来说明她对 T14 的信任和认同。

2. 报之规范

当时我妈想让我结婚，但我不想结婚，就想换个工作。当时也无所谓。后来园长提出竞聘，我是有一点点压力的，其实不太想接这个事情。但是，园长做思想工作是很厉害的，由不得你拒绝。然后我就觉得，嗯，那我就去试一下。另外，园长和你说这个事情，如果你不去做，好像辜负了园长。所以就竞聘吧，结果上了。上来那一年其实过得也挺艰难的。（FA1.2-2013-12-04）

A1 对于当时突然任命，虽然有压力，但更多地出于情感的原因而接受了。

如果没有园长，我绝对不会这么尽心尽力，是吧。我觉得没必要吧。比如说，其实刚开始那两年，我觉得还是挺好的。园长当时真的是全力支持我。我不懂的，可以问她，很多时候，我只要做就行了，其实刚开始的两三年我不需要思考很多东西。没什么好思考的，我只要做就行了。第二点是，要怎么做事情，比如开家长会，要怎样去面对家长，园长都会带着我。她会给我提供很多指导。我只要鼓点勇气去做就行了。无论我做得好还是不好，园长永远都说我好。所以那段时间，我会觉得，虽然会碰到很多阻力，但是若不去做，第一，我会觉得对不起园长，所以不管遇到什么困难，我一定要去做。第二，至少我不希望，别人本来就不看好我，然后我还把这个事情做砸了。我还是得把这个事情真的做成才行。（FA1.2-2013-12-04）

面对困难和阻力，A1 表现出了一般人少有的冷静和隐忍，这也是成为一名管理者必备的素质。S 园长在关键时候的支持，让 A1 深受感动，也正因这段经历，成了 A1 留下来的主因，情感还是起了重要作用。

“人情法则”是建立在“报之规范”的基础上的：“受者”接受了“施者”的

---

① 刘拥华. 布迪厄的终生问题[M]. 上海：上海三联书店，2009：22.

“人情”，便欠了对方“人情”，一有机会便应该设法回报；“施者”在给予“受者”“人情”时，也能预期对方终将回报。基于这样的“报之规范”，人们才会以“人情法则”和别人交往。[①]A1 是 S 园长的得力助手，这些年 S 园长对她的倾力培养，也让 A1 感恩不尽。正是出于这样的人情法则，A1 在面对工作中的困难和挫折时坚强地挺了过来。

3. 做人情

2009 年，因为我妈妈身体的原因，跟我哥嫂都有一些矛盾，我妈跟着我生活了 20 多年，她觉得还是女儿跟母亲比较随意，她摔了腰，需要人照顾。我哥那时候还是觉得我比较合适，我就只能辞职。那时辞职，园长也不想我离开，她说如果你哥嫂那边能安排的话，尽量不要辞职。但我哥还是要我去。我就跟园长说实在没办法，如果有机会我还会回来的，最后我还真回来了。8 月辞职照顾妈妈，到 10 月左右我妈身体就可以了。她说我还要照顾两个小孩，那时我女儿读大学了，儿子也读中专了。（不上班）要不到时你经济压力会很大。那时我就跟我哥商量（说我要去上班）。后来我又不好意思打电话给园长，就去了另一所幼儿园。那所幼儿园问我为什么离开，她说那里挺好，我说是挺好，我是真的舍不得。我也和 A4 说，我有没有机会回来。A4 就说你打个电话给 S 园长。我就打了，S 园长就给了我机会。我还是觉得熟的比较好。做生不如做熟，你说是吧？作为领导对我工作那么支持我肯定要努力。（FN5-2015-01-30）

“人情”的社会规范包含两大类的社会行为：其一是在平常时候，个人应当采取馈赠礼物、互相问候和拜会访问等方式和其他关系网内的其他人保持联系及良好的人际关系。其二是当关系网内的某个人遭遇贫病困厄或生活上的重大难题时，其他人应当有“不忍人之心”，同情他、体谅他，并尽力帮助他，“做人情”给他。人情法则的重要含义之一是：关系网内的人彼此都会预期将来他们还会继续交往。[②]对于 N5 遭遇家庭困难不得不离开，S 园长表现出的是同情。随后在 N5 转投其他幼儿园又想折回时，S 园长并未拒绝，而是表示体谅，重新提供了机会。这一切使得 N5 对 S 园长格外感激。N5 之前也是在园工作 10 年的老员工，在保育员的工作岗位上有着丰富的工作经验和一定影响力，S 园长对 N5 施展的人情法则，对于其他员工而言，也是一种影响，个人的权力地位也在无形中得到巩固。

---

① 黄光国等. 人情与面子：中国人的权力游戏//杨国枢. 中国人的心理[M]. 北京：中国人民大学出版社，2012：236.

② 黄光国等. 人情与面子：中国人的权力游戏//杨国枢. 中国人的心理[M]. 北京：中国人民大学出版社，2012：235.

中国的“人情”概念，强调在差序性结构的社会关系内，维持人际和谐及社会秩序的重要性。换言之，“人情法则”不仅是一种用来规范社会交易的准则，也是个体在稳定及结构性的社会环境中可以用来争取可用性资源的一种社会机制。①

（三）权力交换中的恩报交换

恩情是契合中国人长期无变化的人际交往。你想让一个人跟你产生恩情关系，就一定要在这个人还没有变成目标人物的时候施恩于他。可见恩情是事先投资。②

当一种封闭的结构形成之后，施报双方的交换方式表面上看是在礼尚往来，但其所形成的法则具有潜在的稳定住这个结构的功能。③

1. 施恩

（1）工作肯定

园长对我的评价还是比较好，在平时做事、奖金方面也有体现。（FN1-2014-04-02）

嘘寒问暖，打电话问候，时不时给我们的孩子买点东西。工作上呢，我个人感觉（她）对我的肯定还是有点的，我2002年毕业，2004年任班主任，2005年任级长，肯定是对我的能力认可后才给我机会，这份肯定还是在的。（FT9-2014-04-23）

园长以前年轻的时候可能以貌取人，后来慢慢就把这个放到次要位置上去了，也不是说不看，但人品是首要考虑的，在这方面确实变化很大，很多人都有过变动，只有我没怎么变动，你要说她不重视你吧，也不是，重视你吧，也不是。她很重感情，人情味比较重些。有些时候多多少少都会跟你聊心里话，家庭里面的，对生活的关注，想方设法一百几十地给我加工资，给加班费啊。（FT1-2013-12-11）

（2）促进个人成长

我在这里这么多年，园长给我很多成长的机会，她对我是非常好的。像我们幼儿园有学习机会的话，我一般都会去，所以我觉得很多东西都要出去多学习才行。我的成长跟这些也是有关联的，如果整天待在幼儿园里就是井底之蛙。我刚上来，上次去厦门，这个机会她也给了我，我心里真的是很高

① 黄光国. 人情与面子：中国人的权力游戏//杨国枢. 中国人的心理[M]. 北京：中国人民大学出版社，2012：3.

② 翟学伟. 人情、面子与权力的再生产[M]. 2版. 北京：北京大学出版社，2013：309.

③ 翟学伟. 中国人的关系原理——时空秩序、生活欲念及其流变[M]. 北京：北京大学出版社，2011：206.

兴的。其实像园长她也可以自己去，上次我也去了番禺，她给我很多机会，我的成长和这些都是分不开的。（FA4-2014-02-17）

（3）关心生活

幼儿园挺好，领导、同事都很好。上个月我请假了，特殊原因，我哥哥住院了，比较急，我爸爸妈妈没办法过来。A4知道了让我先走，其他老师说不着急，先把路线查好。A4打电话说不要着急，我回来，园长又把我叫到办公室问怎么样。我刚来不知道怎么做，A4都会告诉我。没有想过离开，我熟悉这里的风格，我的目标是做老师。（FN3-2014-04-23）

在幼儿园10多年了。我觉得园长对我们福利待遇很上心，还有经常关心我们，还有工作上啊，她都会经常和我们沟通。好的继续发扬下去，不好的也会沟通帮助我们。就比如我家里有什么事要请假，园长问什么原因，像我家就有一个80岁的妈妈一直陪着我，都会同意。之前在大班，心里也一直想着工作，（带的）大班毕业了就到小小班，我想我就要到小小班了。然后园长想让我去中班，我们要评市一级幼儿园。她说我们就是认可你的工作才会让你去。我觉得领导对我认可了我就要支持。（FN5-2015-01-30）

确实领导对我们也不错，很关心我们，家里有什么问题就会批假。像我母亲去世，领导就叫我赶紧走。那时我真的很感动，园长还叫她老公送我，就是这些。（FN7-2015-01-30）

（4）关心孩子

还有很多千丝万缕的关系，比如说，孩子在这里读书。她对我孩子很好，比如孩子过生日，每天孩子放学的时候吃东西，总会拿一份给孩子。她做的很多事情会让你很舒服。比如孩子不舒服了，她就一句话：去看病。（FA1.2-2013-12-04）

感觉还可以吧！就是说领导各方面还都挺关心我们的。比如说小孩子方面——哎呀！你的小孩子怎么怎么了。就是一有什么事情首先就告诉我，我是觉得这方面对我小孩子还是挺关心的，对我也是挺关心的！刚来那时候，（园长总问）累不累呀怎么样的，我觉得还是挺开心的！（FS3-2015-01-30）

（我）小的小孩在这边小学读二年级。按照政策进去不了。园长跟校长打交道，替我们搭线。教师节我们一起吃过饭，园长跟他们熟悉，因为做幼小衔接，也有一些往来。园长就给校长打电话，我们在旁边。后来上学问题就解决了，还有幼儿园的一个小孩家里情况不好，园长同情他，也请了校长做了安排。（FA3-2014-03-18）

关系含有个人在现有的紧密的社会网络内借用机会主义的方式来进行互惠活动之意，而这种互惠的方式不单纯地来自他所处的网络特征，而更多来自社会结构中的权力[①]。S园长对于员工的施恩，无不是借助于G幼儿园所获得的职位权力的运用，她的施恩，也换回了员工的回报。

2. 回报

“报”在中国文字中有应答、回应的含义。《集韵·号韵》云：“报，生命中也。”《字汇·土部》曰：“报，生命中也，酬也。”[②]

（1）干好工作

在与不在，她只要把工作安排好了，下面的人只要把自己分内的事情做好，整个幼儿园就很自然地运转了，不是说非得领导在才安心。大家都知道那个时候赶评估，多多少少心里都有个数，这个是关键时刻，不能因为园长不在，我就对不起园长，我工作做得好，也是对园长的一种回报啊。其实在一些生活细节方面园长还是很替我考虑的，心里感觉这个幼儿园很好，工资虽然不高，但在关键时刻能做就做好。（FT5-2014-04-15）

（2）安心工作

应该是2009年左右吧，当时我生完孩子回来，因为工作交接问题，我想过辞职。后来打消了这个念头，是因为一个领导不断地赏识你、抬举你，最终你会用你的行为去回报。她可能不会对你说要你留下来，但她对你做这种说服工作时，你会意识到她的意思是你还是要留下来。你可能会去做这种选择。我是觉得，园长培养我这么多年，我比较熟悉这个事务，如果我走，找另一个人接手，是需要时间去熟悉这个业务的，我觉得特别的不道义。（FA1.2-2013-12-04）

报作为中国人的一种交换概念，其运作方式是在封闭的系统中实现的，无论是物质层面、行为层面，还是信仰层面，都含有这样的特点。其目的是确保对象的明确和回报的稳定。[③]在G幼儿园这个相对封闭的权力场域中，S园长运用权力资本在物质层面、行为层面等各方面对员工施与恩惠，而这些也是确保员工回报的稳定。多年的经营使得S园长在G幼儿园也确实取得了相应的回报，作为一所民办幼儿园，在该园的47名员工中，工作年限5年以上的员工有26人，约占55%；

① 翟学伟. 中国人的关系原理——时空秩序、生活欲念及其流变[M]. 北京：北京大学出版社，2011：99.

② 翟学伟. 中国人的关系原理——时空秩序、生活欲念及其流变[M]. 北京：北京大学出版社，2011：204.

③ 翟学伟. 中国人的关系原理——时空秩序、生活欲念及其流变[M]. 北京：北京大学出版社，2011：206.

工作年限在 10 年以上的有 18 人，约占 38%（N16-2013-12）。当然，队伍稳定只是 S 园长权力影响的一个侧面。个体的社会流动性是指其参与新群体的程度。群体的适应性程度是指与其他群体相冲突时群体行为强度的相反一面。群体的流动率与群体的适应性呈正相关关系。适应性程度的巨大变化伴随着群体成员的高流动率。[①]

社会交换不管是否以这种仪式化的形式出现，都包含着带来各种未来义务的恩惠，不是加以精确规定的义务，回报的性质不能加以讨价还价，而是必须留给做回报的人自己决定。[②]只有社会交换会引起个人的义务感、感激之情和信任感。[③]可交换性作为权力的一种本质形式，强调权力本身是一种资源，可以滋生利益，同其他社会资源进行交换。[④]在 G 幼儿园中，S 园长的权力交换，也带有恩惠的回报性质。

二　权力的权威影响

权威是领导者获得他人服从的心理能力。它有赖于人们对职位的合法权力的服从。[⑤]具备合法性的权力即是权威，韦伯将其定义为“来自既定来源的某些命令（或所有命令）将被某个既定群体的人服从的可能性”[⑥]。权威的显著特征是，被下级集体所承认和执行的社会规范迫使它的成员服从上级的指示。服从对该集体来说是自愿的，但是社会约束使得它对个体来说是强制性的。[⑦]本书将从权威关系的整合效应、凝聚效应和依赖效应三个方面来进行解析。

（一）整合效应

一个群体的形成包含着整合纽带的发展，这种纽带将个体们团结在一个集体

① 哈罗德·D. 拉斯韦尔，亚伯拉罕·卡普兰. 权力与社会——一项政治研究的框架[M]. 王菲易，译. 上海：上海世纪出版集团，2012：48.

② 彼得·M. 布劳. 社会生活中的交换与权力[M]. 李国武，译. 北京：商务印书馆，2012：159.

③ 彼得·M. 布劳. 社会生活中的交换与权力[M]. 李国武，译. 北京：商务印书馆，2012：160.

④ 郭道晖. 社会权力与公民社会[M]. 南京：译林出版社，2009：10.

⑤ 迈克尔·G. 罗斯金.政治学与生活（第 12 版）[M]. 林震，等，译. 北京：中国人民大学出版社，2013：10.

⑥ 马克斯·韦伯. 社会和经济组织的理论（*The Theory of Social and Economic Organization*）（New York：Oxford University Press），1947，p.324. 转引自彼得·M. 布劳.社会生活中的交换与权力[M]. 李国武，译. 北京：商务印书馆，2012：298.

⑦ 彼得·M. 布劳. 社会生活中的交换与权力[M]. 李国武，译. 北京：商务印书馆，2012：298.

单位中，这些就是社会吸引的纽带。[①]

1. 创造图景

无论是换了几方接管，在全园大会的时候，她一定会跟全园的老师说，换了现在的这个人（主管）有多么多么的好。你看现在我们又加了多少钱。你每次都会接受的，你每次都会觉得，放弃现在的这份工作是不是很可惜呢？其实，我们的这个世界范围很狭小，不可能说我跳到另外一所幼儿园来比较这个东西。比如说像N4当时也跳出去了，去了其他幼儿园，而且就在附近（与G幼儿园同处一区，仅一街之隔），她在那里试了一下，就是这个事情，园长没说。她试了两天，还是觉得G幼儿园好。后来，她还是打了个电话，又回来了。当然，这个事情园长不会当着N4的面说，但是她会当着主任的面说，你看，走了，重新回来，你得重新开始。对别人来说，如果你选择放弃，这个园龄（工资每年加100元）就不可能这么加。不可能按你之前的工龄按老员工算，你就按新员工算。所以，你就得自己去衡量。员工在选择辞职的时候，就得想清楚。（FA1.2-2013-12-04）

关键时刻，园长总能带给员工好的愿景，这是园长在关键时刻的作用体现。

整合权力常常依赖于创造未来图景，并说服人们相信它真实有效的能力[②]。彼得·圣吉曾在他的《第五项修炼：学习型组织的艺术与实践》一书中，谈到共同愿景能够激发人们的热望和抱负，带来认同感，构成最基本的组织共同特征[③]。作为组织的管理者，S园长很擅长为员工描述愿景，这也是在经历多次管理人变更而团队依然稳定的原因。

2. 权力协调

园长首先要公平公正地办事，她的能力效果直接影响她的团队，应该说园长做到了这一点，所以说她的团队还是比较好。我觉得就是对外检查和开展教研，从这些方面去观察，教师团队就是和谐，大家坐下来互相地提意见或者互相学习这也体现和谐。有时候她们搞些表演，厨房人员都能支持，后勤哪个保育员出节目，要是你不和谐，可以说我不去，但我们幼儿园不会。那么这一点就能体现园长把幼儿园管理得很和谐，她能落实到具体的岗位和人去完成。（FQ2-2014-12-18）

所以说当幼儿园申报市一级时，园长很认真，全体老师也都全程跟进，

① 彼得·M. 布劳. 社会生活中的交换与权力[M]. 李国武，译. 北京：商务印书馆，2012：77.

② 肯尼思·E. 博尔丁. 权力的三张面孔[M]. 张岩，译. 北京：经济科学出版社，2012：107.

③ 彼得·圣吉. 第五项修炼：学习型组织的艺术与实践[M]. 张成林，译. 北京：中信出版社，2009：205.

对这一块大家都是同心协力的。（FQ1-2014-11-18）

对整个群体拥有权力的人能够通过吩咐每个人做什么来协调他们的活动，以追求各种目标①。S 园长利用自己的权力资本协调幼儿园的内部事务，从顾问的描述中可以看到，她对 S 园长在团队内的影响力相当肯定。

3. 形成秩序

A：今天园长不在园，我看你们工作也挺有序的，为什么？

A1：这么多年，肯定都知道这些工作程序该怎么做。园长如果不在，有什么事情她会打电话回来安排的。（FA1.1-2013-12-04）

如果在园的话，我觉得可以把近期的一些工作做好汇报，接下来应该做些什么都可以问下她的意见，要经过她同意。比如说这次的家长讲座，我肯定要事先和她说一下。比如说每天巡班，每个班早操的情况，这些一般不会去请示。（FA1.1-2013-12-04）

层层管理，不能她病了就全乱了，哪里出问题就找谁，我们责任到个人，园长不在，同样要工作。我很少进办公室，除非有什么事情。每个人手头上都有事情做，或者有时候会说，园长去哪里了？但问不问都要做事情，晚上还要加班。（FS2-2014-07-14）

管理方面也比较规范，经常开会，每个月都有一个全园大会。布置一个月的工作，总结，做出下一个月的工作安排、班主任会议。哪个家里有困难园长都会主动去看、去帮助。员工生小孩，我和园长都会去看望。有员工的老公生病了，园长也会去。年轻老师的住房园长都会去申请，为老师考虑得也多。（FA2-2014-02-17）

除非我们解决不了的，我们就会打电话要园长解决。比如，有孩子受伤，家长有意见，园长不在场的情况下。就算园长在场的情况下，园长也会让我们先解决，园长肯定是最后才出面的。

这种意外伤害的，在场的老师会先带孩子给保健医生看，如果需要去医院，班主任老师就会打电话通知家长，就是问他要不要带孩子去那家（指定）医院。这个时候，老师就会和我们汇报，我们就会和园长汇报。我们就会相互沟通，沟通好了后再看看接下来怎么做。上次我和园长在中山，幼儿园遇到孩子夹到手的情况，那老师和医生先去医院，在去医院的过程中，我们一直在了解：家长的态度是什么，孩子受伤的情况是怎样的。

这种程序主要是每次开会的时候都会讲，每次发生意外事故，我们都会

① 彼得·M. 布劳. 社会生活中的交换与权力[M]. 李国武，译. 北京：商务印书馆，2012：214.

让当事人写反思，这个事情会在全园大会上通报。也不一定会是通报批评这个老师，但会通报这个事情，然后再讲遇到这个事情，应该怎么处理。久而久之，类似的事情大家都知道该怎么处理。当家长不依不饶，非要找园长不可，如果在我们这层能解决的话，一般都不会让他找园长。（FA1-2014-12-04）

在迎接市一级评估最关键的时候，S 园长旧疾复发，导致她不得不在家休养了一个月。这段缺位的时间里，幼儿园的管理仍然有序进行，不论是管理层还是员工层，并未因为她的缺位而陷入恐慌或混乱。这一方面是管理核心层对于信息的严格控制，另一方面管理核心层有意识地向全体员工传递 S 园长对幼儿园依然是在幕后进行指挥和控制的信息。正是通过实践的作用，自我与社会的相互印证与相互契合形成了信念，形成了对既定社会秩序，统治与支配的认可与服从。[①]G 幼儿园的团队在 S 园长多年的权力实践中，已非常熟悉她的权力运作风格及权力运行秩序，S 园长也会有意识地通过一些正式的会议来强化和传递自己的权力。

4. 随机能力

当年 H 高校接管，小区游行，肯定跟老师的心态有关。S 园长还是做了一些工作，只要大家齐心协力，这一关还是可以过的。我觉得只要把自己分内的事情做好，领导会处理好的。如果实在不行，担心的可能就是自己的工资，园长在开会的时候，还是给出了工资信息，说过渡完了，工资会为我们争取，这也是我们跟着园长做的原因，就是该争取的园长肯定会去争取。就像园长说的，如果大家的工作做得好，她真的会为大家去争取，就不会担忧工资发不出来。（FT5-2014-04-15）

一般会先跟行政讨论，再去调查。对家长也是一样，跟家长去沟通，绝对不会发脾气，有矛盾都会去处理好。她在处理一些家长问题时，让人佩服。如东东磕了牙齿，家长反应很激烈，她都很热情的，很谦和，都会寻求各方资源的帮助，（尽量争取）处理得也好一点，实在有困难就会请求上面，最多去找 Q1，不会找 Z 总。（FA2-2014-02-17）

整合权力中有一个方面还未受到它应该得到的足够关注，即某一个人或文化处理不确定性和随机性的能力，不管面对的是好运还是霉运[②]。组织在运行的过程中会遇到各种突发事件，这个时候是最考验管理者的领导才能的。G 幼儿园经历几次接管，园内也会遭遇个别家长的无理取闹，每每在这个时候，S 园长均能大事化小，这也是让员工心生佩服的地方。

---

① 王树生. 权力的迷宫——埃利亚斯、布迪厄与福柯的比较研究[M]. 北京：中国社会科学出版社，2014：173.

② 肯尼思 • E. 博尔丁. 权力的三张面孔[M]. 张岩，译. 北京：经济科学出版社，2012：107.

（二）凝聚效应

大量的研究表明，凝聚力增强了社会控制和协调。社会凝聚力的整合纽带在追求共同目标中巩固了该群体[①]。群体凝聚力既是社会支持也是规范性控制的一个重要来源。社会支持有两个相关成分——社会赞同和内在吸引。[②]

1. 印象策略

印象可能会自我实现的一个原因是，它们所引起的别人的期望会影响该个体的行为[③]。

对于员工间的是非，她心胸宽，都会去接纳。老师之间你说我长短的，肯定都会有，园长也会在背后听到人家说她怎么样，她都不会去计较。幼儿园老师思想还是比较单纯，又比较直接，如果是工厂或者公司我都应付不来，所以还是很开心。（FA2-2014-02-17）

刚来的时候，我印象最深的就是园长特别亲切，以前在那边（别的幼儿园），那个园长给人的感觉是特别高雅、高贵，很难接触，没那么亲切和蔼，你看到她，都会觉得不会聊那么多。第一天刚上班，园长就说，嗨，那位美女是谁？那天吃馒头喝牛奶，园长还帮我打，这几个领导给我的感觉都特别亲切，我还跟我男朋友说，这个领导好好哦，会像妈妈那样关心你，也是挺舒服。（FT4-2014-04-02）

我们园长，我开始来这里，她给我的就是一种很和蔼的感觉，包括我们去外面招聘老师，（她都很和气）都变成我们幼儿园的一个特色了。我会跟新老师聊，或者她们有一些师姐在这边，幼师那边，有时候也会听师姐说嘛，很想见一下 S 园长，很和蔼的一个人，就像是大家的妈妈。生活上很多东西她都会替你考虑到。我也经历过住宿（住集体宿舍），在咱们幼儿园住过，这个过程是有感触的。很多还是冲着园长来的，觉得跟着这么好的一个园长（很舒心）。像我们园长你对她的尊重肯定是有的，但她还是很可亲的那种，会关注你很多的东西。

比如我们老师搬宿舍吧，S 园长和 Q1 过去看嘛，（甚至会关心）晒衣服的链子，里面要装一个东西什么。园长还开玩笑说，什么都要考虑周到，可能就是园长这一点能把老师吸引住。（FA4-2014-02-17）

幼儿园感觉比较轻松，因为以前实习，园长来就会感觉紧张，在这边，

① 彼得·M. 布劳. 社会生活中的交换与权力[M]. 李国武，译. 北京：商务印书馆，2012：113.

② 彼得·M. 布劳. 社会生活中的交换与权力[M]. 李国武，译. 北京：商务印书馆，2012：114-115.

③ 彼得·M. 布劳. 社会生活中的交换与权力[M]. 李国武，译. 北京：商务印书馆，2012：131.

每天都会看到园长，不会拘谨，园长是很和蔼的，是微笑的。氛围和谐、自然，像朋友一般，互相学习，融洽。（FT6-2014-04-17）

氛围挺好，刚进来时园长很热情，我觉得很舒服，很开心。幼儿园的老师很团结，园长还是很有亲和力，关心每一位老师。（FT10-2014-07-14）

园长很慈祥，她是真正爱孩子。网上不是有虐待孩子的事件吗，她一看就很揪心，怎么会有这种事情，觉得很不可思议，她充分相信我们幼儿园没有这种情况，就会跟我们聊一聊这些，让我们说一些自己的意见。她每天都看报纸，50 多岁，每天都在更新自己的知识，有自己的教育理念，再把好的理念和新闻分享给我们。（她）关心我们的生活，有时候看见她给老师打招呼后，还会问问你家里怎么样，了解这些情况。孩子有时候就走过来让园长抱一抱，这种亲和力不是装出来的，孩子是最真的，肯定是（她）有某种气质吸引了孩子。（FT2-2013-12-19）

和平常普通朋友一样，园长给我的最大感觉是随和，这也是我留下来的一个原因。我来的时候呢，她真的就像一个长辈告诉你这里的情况，问你到时候住在哪里，感觉没有领导的压力，我说这个园长真的好随和啊，因为领导都会给人一种压迫感。园长还会问我们，关心我们的生活。以前跟园长接触得还比较多，因为我在一楼嘛，（现在）见到园长的次数还是比较少的，见到就打招呼，有时候在地铁里碰到就会问，孩子上学怎么样啊，感觉跟园长接触没那么多，（我们）以前一起住过宿舍，真的很好。她一个是比较有亲和力，和蔼，生活上也会比较关心员工。以前住宿舍的时候，她觉得能够帮到的就都互帮，争取。当时我家远，孩子又那么小，上幼儿园嘛，我是没办法。上面（领导）照顾得比较周到，你就能安心地工作，否则我可能去别的地方工作了。作为下面的员工，这些方面还是比较重要的。（FT5-2014-04-15）

当时不知道她生病，后来她戴口罩回来的，精神不是很好，我觉得她可能是没办法，一定要回来，还有两天就评估了，撑着回来了，按理说是不应该回来的。有时候跟她聊聊，她说命差点都没有了。她做事很执着，说真的，她生活是很优越的，我觉得她是有一种责任心的，晚上很晚回去，我说谁煮饭呢？她说吃咸菜喽。（FS2-2014-07-14）

我们将员工们描述的 S 园长的关键词收集统计如表 5-1 所示。

表 5-1　S 园长的形象素描关键词

人员	形象素描关键词
A2	心胸宽
A4	和蔼，像妈妈，很可亲
T2	慈祥

续表

人员	形象素描关键词
T4	亲切，像妈妈
T5	随和，有亲和力，和蔼
T6	和蔼，微笑
T10	热情，有亲和力
S2	工作执着，有责任心

通过员工的描述，我们可以基本勾勒出一幅 S 园长的素描画像：亲切、和蔼，常常面带微笑，对待员工心胸宽、热情，没有权力的架子；对待工作执着、有责任心。从员工的描述当中，我们也可以看到大家对 S 园长的为人的认可。一个人在前台的表演可以看成其个人形象的尽力展示，他在该区域中的活动维系并体现着某些标准。这些标准可以分为两大类：一类涉及表演者用语言或姿势与观众交流时的方式，这类标准经常被视为“礼貌”；另一类涉及表演者在观众的视听范围之内，但并没有与观众交流时自我表现的举止，我们用“体面”来指称这类标准，尽管这一用法还需做进一步的说明和限定。[①]个体倾向于根据在场的其他人所给出的有关过去和将来的印象来看待他们。正是在这时，沟通行为转化为道德行为。[②]S 园长的个人形象经过多年的建构，俨然已成为 G 幼儿园的一张“名片”。

2. 信念表征

信念所表征出来的是一种行动者对社会世界不言而喻的接纳关系[③]。信念来源于习性的积累与沉淀。信念是借助身体并历史地积淀下来的集体习性的个体呈现，是我们对世界秩序的身体化把握与默契。[④]

团队给我的印象就是团结、氛围好、人与人之间比较和谐。（FQ2-2014-12-18）

比较喜欢团队的氛围，你说像 T1 那些她要去找不是说找不到，是吧？不是说找不到的。像 A2 上班，她老公都说你不要在那里干了，但人有的时候还是会追求精神层面的东西，她会觉得舍不得这个团队。像之前我们有个 L 主任吧，她是回去生孩子了，园长就让她自动辞职，她走了以后去了其他幼儿园，就没有这种氛围，就算你工资高吧，她会觉得压抑，所以她经常会回来。我们这里走了好几个老师，她们也会经常回来，所以有很多人很留恋这里。就是说大家都齐心协力，还是都挺齐心的，不会你想东他想西，那样的话就

① 欧文·戈夫曼. 日常生活中的自我呈现[M]. 冯钢，译. 北京：北京大学出版社，2008：94.

② 欧文·戈夫曼. 日常生活中的自我呈现[M]. 冯钢，译. 北京：北京大学出版社，2008：212.

③ 刘拥华. 布迪厄的终生问题[M]. 上海：上海三联书店，2009：89.

④ 王树生. 权力的迷宫——埃利亚斯、布迪厄与福柯的比较研究[M]. 北京：中国社会科学出版社，2014：173.

没办法达成一致，所以说我就觉得还是挺不错的。（FQ1-2014-11-18）

主要是这里的氛围，凝聚力很强，我们以前的幼儿园，互相之间的竞争比较厉害，我们幼儿园的人都挺单纯的。（FA3-2014-03-18）

我喜欢这种氛围，这里有很多我想跟他们一起工作的人。比如说遇到事情需要帮助，会有人帮我，刚当上主班，自己也有压力，那些老师不管是当面还是发微信都会说，有问题找我，感觉很暖心。（FT10-2014-07-14）

自己不懂的时候，别人很耐心教你，以前去实习，你问一句老师就答一句，你不问老师也不会怎么样。这边的老师如果家长反映什么问题，她会告诉我，她会说自己是怎么处理的，和家长是怎么沟通的。（FT6-2014-04-17）

其他民办园没有我们这边轻松，有一次出去逛街，我一个同学说糟了，忘记买什么了，我说明天早上买，或者跟主班商量换个教具，她说不行，主班说要这个，感觉跟主班的关系不是很好。（FT6-2014-04-17）

之前在那边的幼儿园是公立的，教师感觉不上进，那种环境让我觉得不自在，主班在上课，配班干自己的事情，每天都是做自己的事情，缺少沟通，教师关系单一，班级之间没有评比，老师只为班上的利益，其实（表面）看着好，但都不喜欢彼此。学姐介绍了这所幼儿园，这里的人都感觉很幸福，我就觉得如果幼儿园能做到这个样子，让员工有这种感情，这所幼儿园肯定不会差的。我当时过来的时候什么都没有问，如果员工有这种情感的话，应该是不错的。在广州待的时间不长，但在这上班，我感觉好开心，好幸福啊，好庆幸在这个园。

很多事情做得不是很好，班上的老师就用实际行动来提醒我，潜移默化。我在吃饭，我在加班，一边聊，很开心，周末在家炖火锅。小朋友特别调皮，玩游戏，讲故事，他们就特别可爱，放学的时候，看你在里面，就特意跑过去跟你打招呼。不管是加班什么的，都挺开心的。家长也比较支持工作，有时候了解小朋友的情况，像朋友聊天一样，可能是班上尽量不让小朋友出现事故。自己也体验到一种幸福感。

这里好多老师都工作了10年左右，跟她们相处，她们很有本事，但不会给你一种我是什么什么的感觉，她们有时还会问你，这个Word怎么弄，跟你请教，互相学习，上完一节课，就会问主班意见，她会仔细地点评，如果是我上就会怎么样怎么样，好的自己吸收，不好的就忘掉。大家就像朋友互相吸收一样，老师之间没有利益的牵扯，班上发生什么事情，你觉得没有处理好，领导能看出你的小心思，随便聊一聊，就会让你思维很开阔，你这件事情怎么处理会比较好。（FT2-2013-12-19）

当时过来，感觉还好。感觉都不错。在这里感觉做这个岗位不会被人看

不起，在这里比较平等。还是挺团结，特别是领导，她对事不对人。她做事比较有人性。（FN4-2015-01-30）

这里挺好的。我不是这个专业，说一定要教师资格证，那时候一直在考，刚好错过那段时间，A1 又让我回来了。我考过了，只是证件还没有拿到。那段时间园长就给我一些鼓励，这也是缘分吧，没有想过要走，同事之间的交流，吃饭逛街都挺好。A1 以前做主任，给我们一些教研课，很关心我们的私生活，大集体让我感觉挺温馨的。领导关心我们，加班嘘寒问暖的，大家相处像家人一样。（FT8-2014-04-23）

有一年多了，来到这里挺好的，感觉那些老师很亲切，这里的氛围一定很好，那时候去的是中班，老师挺好的，对孩子也挺好的。刚开始来的时候，我是不敢说话的那种，傻傻的，全园老师都知道来了一位新老师，遇到人就会跟人家说这是我们班新来的老师，别的幼儿园都没有这样，厨房的人也都挺好的。（FIT1-2014-04-15）

总的来说，我觉得还挺好的，同事之间有事情也会互相关心，互相照顾，我觉得这是最好的。我本身不像别人那么开朗活泼，幼儿园的老师基本要开朗外向，在这一块，感觉和同事之间多少有点压力，和同事之间也会调侃，压力之后的放松吧。总的来说，我觉得幼儿园还是很好的。（FT5-2014-04-15）

G 幼儿园多年来在 S 园长的影响下，形成了一种积淀下来的集体习性。我们将员工描述的团队氛围的关键词进行统计如表 5-2 所示。

表 5-2　G 幼儿园的团队氛围描述关键词

人员	团队氛围描述关键词
Q1	齐心协力
Q2	团结，和谐
A3	凝聚力强，单纯
T2	像朋友，好开心，好幸福
T5	互相关心，互相照顾
T6	轻松，耐心
T8	温馨
T10	暖心
IT1	亲切
N4	平等，团结

不管是来自上级权力层、外界的专业人士还是园内的员工，大家对 G 幼儿园这个集体的描述聚焦于团结、和谐、温暖。团结是各种各样观点的整合。对于一个展现其团结的群体而言，群体中的个体必须考虑其他人的观点，认同他人，并

关注他们的利益。团结就是一起“思考”和一起“体验”。团结并不在于主观性的简单相似。[①]所有的人类个体都有这个需求：渴望自己能够有所归属，无条件地投身于某个集体。[②]在G幼儿园中，员工对幼儿园的集体认同与归属感，对于团队的稳定与S园长的权力巩固起着促进作用。

3. 社会赞同

社会赞同是个一般术语，而尊敬或尊重则指的是特定类型的赞同。尊重的显著特点是，它需要对被认为是根据客观标准做出判断的那些能力表示单方面的赞同。对信念和观点的赞同经常是相互的，因为我们往往会赞同其价值与我们自己相类似的他人的取向，而他们往往也赞同我们的取向。[③]可以说，对于G幼儿园这个团队及S园长，各界的社会赞同是一致的。

> 园长包括她整个团队从幼儿园这一块来讲还是比较正气，就是说在管理当中还是比较正气，不会乱七八糟受社会的影响，比如说收受红包这些东西，是吧？你像逢年过节老师那么辛苦带孩子，家长看到都很感激，给你一点月饼或是过年的红包，但是我们公开讲是不可以的，但是你说私底下个别老师有没有接受，这个我们也没有去调查，但是我们就是在公开的场合要求不能去收受。为什么呢？因为你收受了以后就变成老师有偏颇心，那每个孩子现在都是“小皇帝”，交到你这里，如果老师有偏颇心就不好了，就是这样子。我们三番五次都是这么说的，不要去收受，其实就是团队的正气！（FQ1-2014-11-18）
>
> S园长还是很热爱幼儿教育的，是吧！而且她工作起来也是工作狂，那个时候为了准备申报材料经常通宵达旦地工作，这一点在她这个年龄很让人敬佩。她非常非常热爱教育事业，而且她的热情也带动这帮老师，现在要找像S园长这样负责任的人也是很不容易的。（FQ1-2014-11-18）
>
> 团队活跃，有学习机会，蒸蒸日上，很有活力。主要是领导影响，领导不好，一盘散沙，主要是领导的关爱，有些是精神层面的关爱。这是潜能，自己也要做好准备，否则会丢脸，每个人机会同等，看你怎么对待。领导要抽查考核，每个学期都有，笔试、操作都有，涉及很多方面。（FS2-2014-07-14）
>
> 这个群体感觉亲切，因为园长。这种氛围不是随便形成的，园长大会小会上说有缘千里来相会，大家相处起来会更好，有时候提到（这些）的话，

---

① 哈罗德·D. 拉斯韦尔，亚伯拉罕·卡普兰.权力与社会——一项政治研究的框架[M]. 王菲易，译.上海：上海世纪出版集团，2012：43.

② 费尔南多·萨瓦特尔. 政治学的邀请[M]. 魏然，译. 北京：北京大学出版社，2014：72.

③ 彼得·M. 布劳. 社会生活中的交换与权力[M]. 李国武，译. 北京：商务印书馆，2012：117-118.

我自己感觉挺亲切的。(FT9-2014-04-23)

一直留下来是因为挺开心，同事相处融洽，没有说我提防你，你提防我。一直氛围都挺好的。形成这么好的氛围，我认为是因为园长处理事情比较博爱，能够权衡每个人。比如我们的工资都以学历做基础，公开透明，额外的什么大家都是平等的，年终啊，都比较规范，养老保险这些都有嘛，年终奖也不是园长想发就发，都是有一个原则和点数，比较公平。(FA2-2014-02-17)

氛围越来越好，园长每次开会都强调同事之间要团结，互相关心。园长有这方面的要求，有领导的管理，毕竟同事之间没有矛盾也是不可能的，主要看你怎么去处理。(FT5-2014-04-15)

比较团结。可能是领导引导啊！她的管理方法挺好。就是不管什么岗位，有事情大家都得一起加班，都得留下。不是说这个事情就是一个人的，而是大家一起的，一起做完。嗯。她都不会分得很细。大家在这里这么久，如果要完成一件事情，不管多苦多累，她们都会在那里，不管你是哪个职位，都得一起工作。(FN4-2015-01-30)

群体行为可以被解释为个体行为的模式。行为总是个体的行为[①]。G 幼儿园团结、温馨的团队氛围，自然离不开 S 园长的行为影响。由共同信念的支持性赞同所提供的报酬使得伙伴们越来越彼此吸引，对于每一个具有讨人喜欢的自我形象——这一点被别人发现他有吸引力这个事实所证实——的人而言，这种报酬性经历进一步增加了他们的相互吸引。[②]S 园长在 G 幼儿园的长期影响，已让团队形成了带有标签性的团队氛围，而这一切在团队成员看来，均与 S 园长的影响是分不开的，因此，这种支持性赞同使得 S 园长与团队成员越来越彼此吸引，在这个过程中，S 园长的权力地位也进一步得到巩固。

(三)依赖效应

权力依赖于人们对当权者不得不提供的利益的需要[③]。“我们”[又称为内群体(in-group)]是一个确定身份的主要途径，也是一个人克服生活困难所依赖的唯一安全保护。因此，这个人终生都会忠诚于自己所在的内群体。个人和他所在的内群体之间，无论是在实际生活中还是在心理层面上，都存在一种相互依赖的

---

① 哈罗德·拉斯韦尔，亚伯拉罕·卡普兰.权力与社会——一项政治研究的框架[M]. 王菲易，译. 上海：上海世纪出版集团，2012：19.

② 彼得·M. 布劳. 社会生活中的交换与权力[M]. 李国武，译. 北京：商务印书馆，2012：127.

③ 彼得·M. 布劳. 社会生活中的交换与权力[M]. 李国武，译. 北京：商务印书馆，2012：197.

关系。[①]

1. 滞后效应

毕业就留在了这，是一种习惯，可能你已经有了圈子里的一个习惯。刚好家又在附近。我觉得我这 10 年来挺幸运的，怎么个幸运呢？我觉得我做出来的东西，园长跟领导他们会看到，然后会对我有肯定，我就有动力。（FT3-2013-03-18）

一个人在一个地方待久了，就会有一种惰性，安逸，也会给自己找个理由留下来，如果你的这种惰性没有了，冲击力保持的话，就不一样。（FT4-2014-04-02）

没有想过离开。因为之前我没在这里上班，也做过其他工作，每次做也不是很开心，每次都是做一年多两年多，就没做。在这里，可能跟孩子相处，小孩子可爱，跟孩子一起工作挺开心。我觉得这工作挺适合我。现加上后来我又有个小的（孩子），在这里上学又方便。在这里上班也觉得挺开心的。这种氛围让你觉得开心。就是大家之间，同事之间都没什么的。有什么都会一起说，一起聊，挺开心。不会在背后说什么，和孩子在一起很开心。我觉得做份工作主要就是开心，开心才做。不开心就没必要了，是吧。（FN6-2015-01-30）

在一定的条件下，志向与变化着的机会之间也可能发生一种结构性的迟延或“滞后效应”。习性意味着行动者专心于现在，并依据以前的经验参与未来。[②]工作多年之后，员工们似乎已适应 G 幼儿园的团队和 S 园长的权力影响，潜意识里也产生了对 S 园长的权力依赖。

2. 合法权威

虽然有几次接管，没有担心，都没有！说实话，跟着园长挺放心的！特别是第一次接管，那个家长闹得特别凶的时候，会有点担心，不过我们也是担心不知道能不能继续在这里工作，所以心里也是有点波动的。当时园长跟我说，S4 你放心，有我在这里！园长说你们把自己的工作做好就行了！（FS4-2015-01-30）

在这里觉得比较安稳，习惯了，园长比较宽容。（FN1-2014-04-02）

当时准备辞职，刚好幼儿园组织团队训练。玩游戏时，主持人讲了一段感动的话，讲到妈妈的话，正好碰上园长，游戏之后发表感言，（说说）游戏之后你的感触是什么，并面对面给她一个拥抱，园长当时泪流满面。园长给

---

① 吉尔特・霍夫斯泰德，格特・扬・霍夫斯泰德．文化与组织：心理软件的力量[M]. 2 版．北京：中国人民大学出版社，2010：80.

② 戴维・斯沃茨．文化与权力：布迪厄的社会学[M]．陶东风，译．上海：上海世纪出版社，2012：130.

我们很多关爱，像家长一样。2006年我做了一个小手术，园长一直陪着我。打抗生素，我过敏都不知道，没给我做皮试，药物过敏很厉害，园长很着急打电话给医生怎么怎么样，给我的感触很深。园长说要是有什么事，怎么跟家长交代，这么漂亮的一个姑娘，我当时挺感动的。幼儿园领导对我们挺关心的，回去跟爸妈说，他们也觉得很好。最终留下来还是因为有感情吧，大家同事、领导，主要是园长的关心，我是比较重感情的人，我承诺过只要园长在，就不辞职，就要遵守。（FT13-2014-09-23）

如果园长退休，我们都会说，园长你别走，你走了，我们也不干了，心里都有感情了。如果园长走了，我心里还是舍不得，感觉很失落，这真的是心里话。（FT5-2014-04-15）

在一个群体中赢得高级地位，不仅要求用出色的能力给别人留下深刻印象，而且要求实际运用这些能力来为达到该群体的集体目标或其成员的个体目标做出贡献[①]。正式组织中的权威需要制度化成分和领导地位成分的结合。[②]S园长在G幼儿园工作已有10余年，经历了幼儿园的混乱到稳定发展，她带领着团队平稳度过了两次接管风波，也带领着团队将幼儿园推向区一级和市一级幼儿园。S园长不仅在G幼儿园中拥有合法的权力资格，也在全体员工中拥有合法的权威影响。权威导致自愿服从，使上级的影响力合法化的下级的社会规范和价值把这种权力转换为权威。[③]

3. 替代选择

我不是那种（由于）一些原因愿意走动的，我是一种安于现状的人。S园长你也知道，起码在这里，自己很开心，所以就没有过走的念头。我觉得最主要的是自己开心，如果自己干得不开心，多难熬啊，我是觉得挺开心的，起码没有那么复杂。开心主要是因为大家的氛围吧，因为女人堆的地方，是非也比较多，不是说我们幼儿园没有是非，毕竟也是女人堆的地方，但总的来说，现在G幼儿园整个氛围还是让人比较舒服的。（FA4-2014-02-17）

有一段时间，我也说不清（原因），（就是觉得）心里累，我就跟她说，我也想当保育员，不想当老师，搞搞卫生就可以了，不要给自己这么大的压力。然后她就开导我，说我不能有这种想法，鼓励我。（后来）自己想想，（觉得）自己真不应该这么想，我也不知道（当时）为什么会觉得这么累。原先在T园的园长，她也认识我们园长，想让我去她们幼儿园，我知道这个事情

---

① 彼得·M. 布劳. 社会生活中的交换与权力[M]. 李国武，译. 北京：商务印书馆，2012：203.

② 彼得·M. 布劳. 社会生活中的交换与权力[M]. 李国武，译. 北京：商务印书馆，2012：299.

③ 彼得·M. 布劳. 社会生活中的交换与权力[M]. 李国武，译. 北京：商务印书馆，2012：310.

以后，心里也不想去。因为毕竟是一个私人的老板，那个园长也没有直接跟我说，跟我们 S 园长说的，我们园长说你们有好的发展，她也不阻拦，希望我们有更好的发展。我这个人真是这样的，在一个地方待久了，我也不想走。我也不了解那边的待遇是怎么样的。（那个园）跟我们不一样，我们是一个公司的，它只是一个私人的，我也权衡了下，相对还是这里稳定。（FA4-2014-02-17）

觉得幼儿园很温馨！中间有想过要换地方。前几年，想换一个环境挑战一下自己！也去看过，后来没去，主要还是幼儿园这边觉得舍不得！在一个地方做时间久了会有一定的感情！（FS4-2015-01-30）

爱默森在研究“权力—依赖”关系时曾提出获得和维持权力所必需的策略就是切断接近这些服务的替代提供者的通道，确保其他人总是依赖必须某人提供的服务[①]。员工在 G 幼儿园的工作实践，让他们熟悉和适应了团队的氛围及领导者的行为风格，哪怕遇到替代的机遇，他们在比较之下也会选择继续依赖熟悉的权力场域。

三　权力的分化影响

权力分配是不断变动的，权力在组织间的分配也是不断变动的[②]。在社会交易中所引起的义务不平衡造成了权力上的差异。[③]S 园长权力的分化影响表现为以下几方面。

（一）权力的双向发展

S 园长谈到最近公司要幼儿园移交所有人的人事档案资料到公司总部统一管理，她最初并未多想，后来在 A5 的提醒下，了解到 Q1 可能不再分管幼儿园，可能由一名新的副总来接管，而据 A5 的提醒，新的副总不太好打交道。S 园长不想幼儿园的上层管理弄得太复杂。公司接管以来的 3 年，S 园长和我关系处理得很好，Q1 也一直非常支持幼儿园，从 S 园长的角度，好不容易经营起来的关系，一下子又换人，等于要重新建立关系，这是需要花时间和精

① 彼得 • M. 布劳. 社会生活中的交换与权力[M]. 李国武，译. 北京：商务印书馆，2012：196.
② 肯尼思 • E. 博尔丁. 权力的三张面孔[M]. 张岩，译. 北京：经济科学出版社，2012：33-34.
③ 彼得 • M. 布劳. 社会生活中的交换与权力[M]. 李国武，译. 北京：商务印书馆，2012：221.

力的。S 园长对此事显得有点烦心。（D-2014-03-18）

园长权力的特征之一就是权力的二重性：一方面权力对掌权者的影响和作用具有二重性；另一方面权力具有双向发展、双向作用的可能性。[①]作为园长，S 的权力同样有着二重性的特征，在园内她是权力主体，但对上级权力层而言，她是权力客体。权力具有双向发展的可能性。维持良好的上下级权力关系突然遭遇可能的变动，这是 S 园长不愿意看到的，因为重新去建立和维护新的权力关系需要花费心思与精力。上级权力层的更迭在 S 园长的努力争取下，最终还是维持原状，权力的变化朝着她想的方向发展。

（二）权力的失效

新学期伊始，因各种原因，G 幼儿园有 8 位老师先后提出辞职，其中 6 位是工作 3 年以下的新教师，2 位老教师则是由于家庭原因选择离开。

这个学期教师流动很大，现在园内主要靠几个老教师在支撑，新来的几个教师因为是临时找的人，素质不太好，主班老师们也有意见。班上开学后，班级环境也未弄起来，现在幼儿园开展主题活动，没有相关教材，感觉老师们心情浮躁。断层的教师团队，隐忧频现。而在 S 园长看来，应该不断地给老教师提工资，希望用待遇来留住这些员工。至于新员工，在她看来，可走可留。只是老员工也逐渐地产生职业倦怠，缺乏相应的上升空间，单是待遇留人，有些不那么靠谱。老员工不断抱怨，新员工又待遇不高，引进不了高素质人才，中间完全断层，工作两三年的好一点的老师基本离开了。这个问题不解决，幼儿园的教师队伍建设是个大隐患。（D-2014-09-17）

对群体拥有权力的人，如果他的引导被证明不具有报酬性，那么他将失去对追随者的权力。如果领导者已经用尽了他们对他的义务，并且他们继续在他的指引下已一无所获，那么他甚至将不再是他们的领导者。[②]曾经以教师队伍稳定号称的 G 幼儿园，当年的离职潮，让 S 园长有些措手不及。而这一隐忧的存在其实早有端倪。

想法肯定有的，我一个同学当园长，叫我过去，我朋友把培训班给我了，但是要园长写推荐信。园长让写申请，说这里不行，那里不行，我就烦了，不做了。做一份事业，如果拿到证就会好一点，换一种心态，在不同的职位面对的压力也不一样。听到同学当园长心里感觉还是不舒服。（FT9-2014-04-23）

---

① 王爱冬. 政治权力论[M]. 保定：河北大学出版社，2003：11.

② 彼得 • M. 布劳. 社会生活中的交换与权力[M]. 李国武，译. 北京：商务印书馆，2012：215.

准备辞职。我也不知道，这几年一直都重复做这样的事情，整天就是这些，没有进步的感觉，换个行业看能不能提升。准备去做人事，主要是尝试一下，如果觉得适合做幼师，我还会回来的。当主班还是有压力，什么事都要去承担，每天下班，都会想今天和哪个孩子家长反馈，好像没有自己的空间，对工作中的琐事有些不太愿意继续做。之前朋友就让我过去，又面临评估，我带了一个新班，我不喜欢半途而废，我做事就是比较负责，做一半就离开对幼儿园对自己都不负责，这个学期一直都在考虑。跟园长说，她说好事就说，坏事就不要说了，她还是想要我们留下来。那边 8 月到岗。（FT10-2014-07-14）

在访谈 T7 的过程中，她谈到目前幼儿园对于新教师来说发展空间有限，自己萌生去意。晚上和 A1、T1 一起聚会，聊起这个话题，A1 也觉得郁闷，但她觉得除了 4 个级长非常优秀，难以取代，主班的位置还是有希望的，只要新教师努力，而 T7 却对此不太乐观。包括老教师，接下来的发展和走向也是个问题。如何提供平台和空间？园内的教师成长与空间，似乎是 S 园长一直忽略的问题，一心想留着老员工，似乎欠妥当，值得考量。（D-2014-04-17）

这次流动的主要是工作 3 年以下的新教师。老教师稳定是把双刃剑，新教师出不去也上不来，造成新教师发展空间受限。这是一个尴尬的局面，也是新教师集中流动的原因所在，他们需要寻找更适合的平台和空间。

对于此次较为集中的教师流动，作为上级权力委托人的 Q1 和专业顾问的 Q2 倒是有着中立的看法。

现在这个社会，不单是幼儿园，（其他单位也有）这种员工不稳定（现象），其实我们早就面临这个问题了，只是幼儿园后发。幼儿园后发在哪里呢？因为之前我们有一个精神支柱给她们，我们要创什么创什么，大家在这里都想要搏一搏，那拼搏完以后就觉得无非也就是这么回事，是不是？我觉得年轻老师就会有这种想法，你想你上了市一级，不可能我的工资就可以翻几番，不可能的，今年我们的工资该升的还是照升，但是可能升的工资福利没有到达他们心中所设的那个标尺，这是一方面。另一方面可能也有别的幼儿园来挖人啊！员工觉得既然有好的工作那就走了，是不是？而且我们这里有“羊群效应”，之前大家都不动就可能还不动，一动你一看她也走了那就会动摇她（留下）的决心，是吧？也就走了。再加上现在我们再管这种年轻队伍，80 后还好一点，90 后就有点……我觉得接下来这种不稳定还是会经常发生的。（FQ1-2014-11-18）

今年这个变化我觉得是正常的，为什么？因为 5 年肯定会有一个波动，你想想招来的员工 20 岁，5 年之后要不要结婚；你统一开班的时间到了一定的程度（就会波动），但是这次波动后又招一批新的，要是这批新的能稳住，她才

20来岁，5年后到二十七八岁，女孩子谈婚论嫁她肯定是要走的。所以作为行政有三个阶梯，作为管理者你怎么调整都要形成三个阶梯——老的一个梯队，中的是一个梯队，新的又是一个梯队，就是两头不要多，希望中间大，中间的成员是真正做事的，到了一定时候她会走，新的又会补上，她也成了中间梯队。（FQ2-2014-12-18）

对于这次离职潮所带来的被动局面，S园长最终还是利用社会资本采取了一些补救措施，平稳地度过了这个动荡的学期。年龄群体之间的非自愿的和不可避免的流动可以缓和群体之间的冲突。[①]个体在组织和群体之间的流动是最重要的保护措施，以免被超过某人控制的权力之间的竞争性冲突所破坏。[②]此次的离职事件也改变了S园长之前的一些权力控制措施和想法。之前，S园长偏重于维护幼儿园内一直较为稳定的老教师，虽然在发展空间上提供不了平台，但会在薪酬等方面拉大差距，力求稳定这支中坚力量。而这次的离职潮让S园长警醒，上面不流动，下面流动过于频繁，队伍会出现断层的危险。因此，对于老教师群体，她开始有意识地放话：鼓励大家出去，谁愿意走都放人。这是这场流动风波带来的权力控制变化。

（三）权力的失控

随着S园长的年龄越来越不占优势，S园长也不免担心自己的权力失控，开学遇到了核心圈两位成员对她权力的挑战，对此，S园长倍感焦虑。这天，由于区教育局组织登革热防护检查，对于在意外在形象的S园长来说，她如临大敌，在落实执行的过程中，又遭遇了两位副手的消极抗命。S园长很是恼火，于是一直在园内担任专业顾问的Q2成了她倾诉的对象。在一次正常的工作电话沟通中，S园长向Q2倾诉她的烦恼。

我对A2说，让她核实一下，她说不用。现在T3说会议记录找不到了。所以我说让你昨天打个电话给她，我就怕这些。我今天早上回来和她说，她说会议记录没了。我说怎么没了。她说她给了S1，S1说没有。她到处找都没有找到，（只好）让她补吧。因为我有一个习惯，不管是准备好了没有，如果第二天有活动，我都要上来看一次。因为昨天下午是A2去开会，我叫她打电话落实，A2说不用打，A1可能正在煮饭。我说A2，要不这样吧，我现在在外面，要不然你把它发到我的QQ上，她说不用了，我已经交代S2了。昨天这样做事，我不是太高兴，你知道吧？没办法说，她们不愿意这样麻烦。她

① 彼得·M. 布劳. 社会生活中的交换与权力[M]. 李国武，译. 北京：商务印书馆，2012：251.

② 彼得·M. 布劳. 社会生活中的交换与权力[M]. 李国武，译. 北京：商务印书馆，2012：252.

说她已经交代了 S2。我说具体什么样的要求，（如果）表我拿到了，看了，心里踏实点。我昨天就上网，把以前的表打印出来，等下我自己拿去对一下，就按那个要求，看看还差什么。她说还差个会议纪要。我说要不 A2 你打个电话给 T5，让她明天早上准备会议纪要，她说不要了，那些都是现成的，我想算了，她说不要那就不要。结果今天还是有问题，所以我昨天应该反思自己，不管行不行，都得主动点，现在这样看来就时间紧了。（W-2014-10-11-001）

刚好这几天这些事情，这一个月吧，我也反思，像以前，A1、A2 都喜欢求情的，不愿意在这里把工作做完，回家又不做，工作计划拖着不交，29 号也就是今天中午我才收到的。9 月总结我完全没有收到，我也没有催，作为 9 月存在的问题。前天 A1 又跟我说，园长，如果会议也没有，什么也没有，人与人之间沟通也没有，容易出现问题，我就没出声。我上次这么要求，她们几个人反对，到后面，我是真的有点生气。（W-2014-10-11-001）

这个学期开学之后，遭遇了老师集体离职带来的教师荒，同时也遇到了几例家长投诉案例，且全发生在经验丰富的老教师班上。开学后，行政两位副手对 S 园长布置工作的敷衍也让 S 园长颇为恼火。偏偏在这种时候，还被 T9 和 T14 两位老教师问及准备何时退休，这是 S 园长最忌讳的话题，因为她似乎没考虑要退。问题的积累，多事之秋的开启，让 S 园长也很烦心。（D-2014-10-17）

稳定的团队与得力的中层队伍一直是 S 园长在工作上感到放心的地方。哪怕是在评估最关键的时候，S 园长因病不在幼儿园达 1 个月之久，A1 和 A2 对 S 园长权力的维护是显而易见的。然而，新学期开学，在经历了评估的辛劳之后，由于缺乏新的愿景引领，整个团队陷入疲态，大家的心里颇有些“多一事不如少一事”的想法，这是 S 园长始料未及的。在一些工作的执行上，自然遭遇到诸多的消极抵抗，对 S 园长而言，这是对她权力地位的直接挑战，她多少有些心慌。

（四）权力的失衡

S 园长的担忧倒也不无道理，由于年龄问题，上级权力层已经在考虑管理梯队的培养问题。

班子的建设也是（必须有）的。一是园长她年龄也大了；二是作为发展来讲，你没有年轻人跟上也不行，就是 Z 总其实也很支持这一点。这一点，其实我也跟 S 园长交流过几次，S 园长认为也是，所以后来没多久我们慢慢就从年轻人中将 A1 挑了出来。因为她还是一个比较好的苗子，第一她做事情比较公心；第二她做事情责任心比较强；第三她平衡各方关系也是很不错的，很难得培养出这样一个苗子。我说我培养人要有公心、责任心，还要有这种灵气，有些人她没有这种灵气也不行啊！那是白费力气。那她这个人有这种灵气，一点她就很明白，我觉得还是挺幸运的，可以找到这么好的一个人才。所以当时成立党支部，我说让她当党支部书记，给她压压担子。作为幼教这一块，其实你个人成长了、园长成长了就等于整个幼儿园在成长了。现在回过头来你发现你培养了她，她眼界开阔了，教育教学的理念她就更加提升了。（FQ1-2014-11-18）

在队伍的建设上，S 园长的专业能力也遇到了在专业顾问 Q2 引领之下的比较，虽然 Q2 不会对 S 园长的权力地位产生威胁，但两相对比之下多少会有些影响。

这个团队，特别是我们上市一级，作为幼儿园来讲，“走出去，请进来”我觉得我们请了一个好业务园长，这一点真的给我们添了很多新鲜的血液，因为她原来在公办园，而且是一个很有经验的园长。我接触比较多就是 S 园长生病的那段时间没有来，你也看到我经常下去，有时听她讲一讲，觉得她的一些教学理念还是很新鲜的。所以包括上了市一级之后，我们 S 园长说还继不继续聘她，我说继续聘她。因为你需要这样一个有经验的人，而且你给的钱也不多，是不是？她经常来给你点化点化是不一样的，老师也觉得可以学到东西，包括 A1 也能学到东西，因为 S 园长她已经固化了，到这个年纪她的经验该展示的已经差不多了，那么请了个 Q2 过来，我觉得对我们整个老师的提升就起了非常关键的作用。我没有认真去考核过她们怎么样，但我凭我的感觉，是吧！特别在教学这一块，（她的）教学的思维、教学的方式方法、教学的理念，可以锻炼、培养我们这些年轻老师。我觉得 A1 应该会感觉到，我没有跟她交流过，应该就是请了 Q2 来以后，她会有很大的一个提升，我是这么认为的。因为当时我接管的那段时间去幼儿园，跟请了 Q2 以后再看幼儿园，幼儿园的那个活动角及各个方面比较先进一点，还是很不错的，所以真的就是外请一些人还是有好处的。（FQ1-2014-11-18）

而从专业顾问 Q2 的角度来看，S 园长的整个管理存在一些不足，她提到了 6 点需要改进的地方。

1. 缺乏计划性

教学就是走到哪算到哪或者突然介入，没有计划性，没有做到规范管理。周计划里面议到每天一些，好像我园长开会、好像老师外出，她的外出有什么要求，就是有目标、有计划的工作。

2. 缺乏规范管理

从如何规范管理这个角度讲园长（的作用）是非常重要的，所以核心是园长，领头羊是园长。一句话形容，要求很多，效率很低；出现问题才管，遇到事情才做；（对于）想在前，考虑问题在前，教育培训在前，这一块还比较缺失；这是园长现在存在的问题，如果能解决这一问题她就是一个非常优秀的园长！

它缺的是规范！因为她的投入是很多的，自己跟自己比的话可能她在幼儿园只是一小块，但是每个人都是为幼儿园做出贡献的，这一定要被认可，所以作为管理者一定要认可每位员工的工作。

3. 缺乏层级管理

执行力是比较到位的，就是有时候层级管理这一方面没有发挥作用！

4. 缺乏预见性

市级评估完以后，要重新开始，但是重新开始的关键是怎么开始，就是岗位职责应该重新调整。当时我也有跟她们提过好多次，从制度上进行调整，上了一个台阶原来的管理制度是不是要调整、是不是要改革？

她知道这个团队在波动，她应该想老教师起什么作用，应该怎么干，新来的第二层的教师学习怎么样去跟进，传承我们幼儿园。现在对新教师就说明要求，老教师就没要求，所以好了，她的整个环境变了，她就觉得辛苦了。因为什么？她要带新教师，因为不是只带她，每个人都有自己的工作，新来的教师不熟悉。那么你就要有周密的计划，好！老教师要解决好新教师 9 月的常规工作，那老教师就会提醒，新教师也会不断地学习。所以你要根据学期划分不同层次的岗位培训和学习。如果你不跟上，问题就自然而然来了。那为什么她说今年特别多家长问题，家长会看的嘛，会对比的嘛！为什么？就是上了市一级以后放松了！提出三点意见，那作为园长就要写出四年的整改计划，向你的主管、你的员工做出说明，员工会更有目标，觉得这个团队有希望。

5. 缺乏制度保障

第一年一定要鼓励，第二年应该是引导，福利也要跟着上，比如现在招聘员工，不同的学历层次保底工资是不一样的，制度须透明。要让老师们了解，我做了一年或两年后我的待遇怎么样，这需要有制度但是它的制度没跟上。

6. 信息传递缺乏严肃性

S园长的方法缺乏严肃性，她觉得需要抓她就抓，但又没坚持，你有没有这感觉？或者有时拼命说，不该说的也全都说出来，所有人都知道。作为管理者哪些能说，哪些不能说，要把握一下。行政班子的分工要明确，哪些该是后勤园长管的归后勤园长，该是哪个负责都要分好工，每个人都有自己的职责，是吧？（FQ2-2014-12-18）（根据Q2的访谈资料整理）

在这样一种危机四伏的情境中，S园长的权力地位也在经受着现实的考验。如何突围？如何重新定位？这些也是S园长在从业30多年后需要思考的问题。

综上所述，本章对S园长权力影响的三个方面进行梳理，结果如表5-3所示。

表5-3　S园长的权力影响

权力影响					
	资本交换		人情交换	恩报交换	
权力的交换策略	S—员工	管理仪式	礼尚往来	施恩	工作肯定
		协商性行为	报之规范		个人成长
	S—家长	授权仪式	做人情		关心生活
		互惠互利			关心孩子
	S—外界	角色套系		回报	干好工作
		加强关系			安心工作
权力的权威影响	整合效应		凝聚效应	依赖效应	
	创造图景		印象策略	滞后效应	
	权力协调		信念表征	合法权威	
	形成秩序		社会赞同	替代选择	
	随机能力				
权力的分化影响	权力的双向发展	权力的失效	权力的失控		权力的失衡

第三节　园长权力影响的多个案比较

在S园长的权力影响中，我们详细呈现了作为规则产物的权力交换策略、作为形塑过程的权威影响，以及作为历史产物的权力分化。在补充的几个个案当中，笔者主要采取深度访谈的形式来收集资料，唯有Y园长因工作便利关系，对其下园观察了两日，并延伸访谈了4位老师和4位保育员，从中可以稍详细了解Y园长权力影响，但整个权力过程只能从一日的观察和访谈中来呈现。本次的补充个案有位男性园长，在权力的影响方面，作为男性园长有其独特的性别色彩。

一　性别角色下的权力影响

（一）细腻的人文关怀

在谈到团队建设的时候，作为男性园长的 Q 园长的做法，相较于很多的女性园长，有了更多细节方面的考虑。对不同年代的教职工，他更多从对方的视角去进行幼儿园的文化建设，有针对性地展开人文关怀。

> 现在“90 后”与“80 后”不一样。我们那时园长叫加班都没问题，但现在的“90 后”来这里合就干，还要看幼儿园的文化建设和人文关怀。比如有没组织一些拓展，这些很重要。周末哪怕是烧烤，唱歌，（能营造）畅所欲言（的氛围就行）。有时候，有些老师情绪各方面突然间爆发出来，让你脸面上挂不住。作为园长要包容他们。比如有些女老师，每个月生理期时不舒服，我会特批她们找个地方休息一下，但是人不能离开，我会安排医生去班上帮忙，不离园。有些老师的孩子考试，我都会给一天的考试假期，老师通常都很感动，很少有一下子走两三个人的情况。特别是保育员，保育员我们都有后勤会议，有时候会叫上她们的先生，开个座谈会，除了感谢工作的支持，还要鼓励让太太进修。有时候加班，比如放长假，会提前半天回来，保育员很辛苦，要做卫生工作。这些家属没意见，没意见的同时，能支持妻子的工作。得到家属的支持，对幼儿园来说也是一个很好的助力。（FPQ2-2017-07-03）

女性角色常遇到的生理期，作为同性的园长有些司空见惯，很少会去考虑这个特殊阶段的照顾，Q 园长却注意到了这些细节。保育员群体在幼儿园当中是不可或缺却又被边缘化的群体，很多幼儿园对保育员的关爱相对较少，而 Q 园长却能从幼儿园的整体角色来考量，有意识地满足这个群体的关注和认同需求。

（二）家长角色

在团队建设中，Q 园长多次谈到“家长”这个词。在他看来，作为园长的他，就是幼儿园的一家之长。“家长”的话语带有明显的性别特色，同时也隐含着中国文化中的父权意识。男人在中国文化的语境中，是“一家之长”“顶梁柱”，Q 园长在园长的角色中有意无意地带入了他的性别角色。

其实做园长，就是做一个家长，有时老师病了，不好意思说，我会主动问一下，是不是不舒服。我们的保健室长期准备常用药，比如抗病毒口服液等，如果旅游，我会买两瓶蜂蜜，如果哪位老师喉咙不舒服，可以自己去泡蜂蜜水。以前都会叫朋友买一些回来，让他们自己泡，会营造一种家的感觉。幼儿园就是一个大家庭，里面有老的，有小的，有家长，你作为园长，就是家长，家长要懂得如何去关心下面的一家人。（FPQ2-2017-07-03）

布迪厄在其《男性统治》一书中谈到，男性秩序的力量体现在他无须为自己辩解这一事实上：男性中心观念被当成中性的东西让大家接受下来，无须诉诸话语使自己合法化。[①]性别角色的区分在工作场域中还是不可避免，而个体本身和社会也默认这种角色的区分。这是男性园长在权力影响中会不自觉地把家长角色融入自己工作角色中的原因。

（三）角色的前台与后台

当管理团队间发生矛盾时，Q 园长直言关起门来会吵架，甚至拍桌子，但所有的矛盾只在内部解决，出了门必须维护园长权力的唯一性。

男人的思维和女人不同，有一种包容心。我也会和我的副手吵架，当然我说我们吵架限于高层，基于园长的思维，没有争吵这所幼儿园是不能前进的。有问题摆在桌面上，关上门，哪怕拍桌子，但出了门，我就是你的上司，你必须在各方面尊重我的选择。在开会时，你不能否定我的选择，开会后可以再讨论，所以我的中层进步得挺快。（FPQ2-2017-07-03）

Q 园长特别注意到角色扮演中的前台与后台，在后台中发生的事情，不可带到前台。在后台沟通交流中，Q 园长的方式也会带有男性的角色意识，他特意谈到“包容心”，而大众对于男性的“拍桌子”有着更高的容忍度。人们对于绝大多数的女性园长来说，很少会用这样的方式来和管理团队交流。同样的行为，人们对于女性的解读可能成了“泼妇”，这对女性园长来说是一个污名，而很少对男性有这样的解读，更多地会认为这种行为是男性真性情的一种表现。

在基本由女性组成的团队中，男性园长的加入会带来不一样的管理风格和权力影响。受调查材料的限制，本书未能深入展开进行比较，在以后的研究中，我们可以对男性与女性园长权力的影响进行进一步的研究。

---

① 皮埃尔·布迪厄. 男性统治[M]. 刘晖，译. 北京：中国人民大学出版社，2011：8.

二 弱势话语权下的权力影响

在本次补充的个案中，Y 园长是唯一一位独生子女，从小即受到家庭的保护与关爱，成长路上的人生规划几乎都是被安排好的。相较于其他几位园长，Y 园长的个性比较温和，遇事习惯选择隐忍，这也从另一个侧面反映了弱势话语权下的权力关系会呈现出不一样的权力影响。

（一）上级权力关系：式微的话语权力

1. 不被认可的权力资本

Y 园长在上级的权力场域中，完全是弱势的主体存在，一方面是由于其个性所致，另一方面也是由于其工作业绩所致。

> 最苦恼的是生源，不能体现自己的成绩。开园后 3 年才满园，没有出现排队的现象。现在花了些心思，也制定了一些策略，按学期收费，对老师来说，人员相对稳定。（FPY-2017-06-12）

民办园的生存来源于稳定的生源，生源稳定满园后，才能为投资者带来收益。因此，民办幼儿园园长的话语权力毫无疑问来自幼儿园的生源是否饱满。

> 每年年终，我都得花些心思来向老板汇报。因为他不经常在，平时也没时间听你汇报工作，唯一只有年终会和老师们一起聚一下。前两年生源不多，看成绩、经济效益，即时就把所有活动做成电子相册：家长篇、成长篇，让老板知道你在做什么。每年会有个年终报告，谈实际问题。做的电子相册还是很感人。通过区一级、市一级评估后，争得荣誉。今年发展到第五年，要体现园长的专业性，没做电子相册。用开学初的计划，对照计划我们做了什么，要有大主题。用了两个人，老员工，为什么离开，为什么留下，以老员工的身份分享，边讲边哭，全场掉眼泪。从新老师的视角谈如何选择幼儿园。老板当时很高兴，说：园长今天你的总结会让我很感动。（FPY-2017-06-12）

坚持不懈地用了 5 年时间，Y 园长才迎来了投资者的一次肯定，这对她来说是莫大的鼓励。从另一方面来看，在这之前，Y 园长的付出与努力并未能得到投资者的首肯。

> 每年都会抓住这个机会，让老板知道我在做什么，一年才来一次，他就会想，今年你让我听什么？今年他当着公司财务人员的面，强调专业的事情

要专业人员来做。今年过年后，5 年来第一次说，“园长很辛苦，你们要配合她的工作。”这对我来说也间接是一种鼓励。（FPY-2017-06-12）

与 S 园长不同的是，Y 园长并没有在维护上级权力关系上花太多的心思，而是坚持用自己的方式来展现自己的工作成果。单一的呈现方式让 Y 园长承受了多年不被认可的压力。

2. 不对称的话语权力

2016 年，Y 园长遭遇了开园以来最严重的队伍动荡，因为工资水平普遍低于周边幼儿园，大批老师提出辞职。调资结果出来之前，信息的不对称导致下属情绪不满，也导致上层质疑 Y 园长的能力，在人员难留、不得不调资之后，投资者独独没有调整 Y 园长的薪资。

在事情处理好之前，会一个一个找老师谈，大部分老师还是留下来了，当时教学主任很着急，说“再见不到老板，人都走光了”。她的话传到了老板耳中，老板很生气，就说“人走光了，就这水平！”我就说：“我这水平不好，你找别人来做。”第一次这样和老板说话。后来工资还是加了，但独独没有加我的。当时心里很不舒服。（FPY-2017-06-12）

面对来自上层权力的各种不公，Y 园长选择了忍，未能寻找更适合的机会和渠道去沟通，争取自身合法权益的最大化。

从这点来看，Y 园长既无法像 S 园长那样拥有强有力的下级权力的支撑，也未能获得来自上级权力认同的支持，Y 园长本人在遇到不公时，也缺乏相应的对策。同样作为园长的 Q 园长，也遭遇了几次答应的薪资承诺未能兑现的问题，在处理这个问题时，Q 园长选择的是用骑驴找马来表明自己的态度。

因为我觉得，作为一个人，事情谈好了，就朝这个目标去做。一个人通过威胁投资者来增加待遇，不太合适。大家目标一致，就一起努力。投资人一年见不到一次面，也不行，对团队来说，老板重视，大家才觉得有希望。当然每个人的性格不一样，有些人喜欢闹、吵，我觉得我只能静静地离开。当然在我离开前，肯定要有个更高的单位来接收我。你再怎么调整，我也不会回头。但我也不会辞职来找工作，因为对家庭来说，我要保障家庭的正常运作。所以既然我答应来新单位，你再出什么条件都没用。（FPQ2-2017-07-03）

尽管 Q 园长不会据理力争，但至少表明了态度，也通过不断转换获得了更高的成长空间。而 Y 园长由于缺乏明确的表达，导致上级权力压倒性的话语权力。

（二）下级权力关系：权威的不自信

正是在上级权力关系中的弱势主体形象，导致 Y 园长在下级的权力关系中也显示了其不自信的地方。

1. 被掩盖的过程

在 2016 年队伍动荡导致的调资事件中，Y 园长做了很多努力，也帮团队成员争取到了相应的薪酬待遇，避免了队伍的离散。但整个过程及 Y 园长的处事态度使其失去了塑造权威的难得机会。

> 最不能忍受的事情，就是去年教师队伍很动荡，走的原因是周边幼儿园的工资涨得很高。做人做事我还是有德，“人不在要留下好名声”。很多人都要辞职，之前我也跟老板提过调整工资的事情，但未获得重视。（FPQ2-2017-07-03）

虽然身处一线的 Y 园长很早就意识到问题所在，并向投资者提出了解决方案，但并未获得投资者的重视。这当中既有来自上级的忽视，也有 Y 园长在呈现问题时并未选择合适的方式方法。

> 现在情况很严峻，老板也了解到，所以给老师加了工资，如何与工作挂钩，老公提醒我“知识转变为生产力”。现在要“如何把经济转变为生产力”。所以我在生源提成奖上做了很大幅度的调整，达到 25 人，月奖 700 元，每多一个人多 50 元，多的一个班级主班拿了 900 多元，配班 500 元，保育员 400 元。岗位与职责、薪水挂钩。以前都一样，老师们没动力，就会向你提要求，推不动。自从实施新政后，多出来的幼儿大家都抢着要，后面的工作就好开展很多。（FPY-2017-06-12）

经过努力争取后，Y 园长同时采纳了其先生的提议，让工资结构与相关业绩挂钩，提高教师的工作积极性，收到了良好的效果。

> 去年发生了动荡，经过与老板协调，集体调整薪资，幅度也比较大，主班 800 元，配班 500 元，保育员 300 元。与老板谈了很久，他既不反对，也不发表意见，定了方案，同意就签名，不签名他以后就会不认账。如果宣布了，老板不认账也不好，所以在签好名之前不会和老师们说。（FPY-2017-06-12）

在帮老师争取福利上，Y 园长与上级的沟通一直是非常被动的。在处理调资的问题中 Y 园长并没有太大把握，一直以来的弱势话语权让她习惯于做好了以后再将结果告知老师。

在管理上有几点提议：①对老师来说，很多事情要先做准备，否则面对突发的情况会不知所措。比如什么时候放假，只会提前一两天通知，外省的需要提前订票，这会带来一些不方便。②工资、福利其他幼儿园每年会上升，但我们幼儿园不会。加班工资也很少。去年很多人想离职，加工资是事后才公布的，应提前告知，因为对老师们来说，做生不如做熟。其他第一次加 300 元，第二次加 500 元，1～2 年会申请一次。对于幼儿园这边的程序不太明白，园长如何去沟通的也不清楚。（FYT1-2017-06-12）

在整个过程中，Y 园长自己的努力并未让下面的团队有所了解，她选择默默承受所有的委屈，这也导致团队对于她的权威并未形成依赖效应。

2. 蜻蜓点水的专业指导

Y 园长的权威不自信，除了来自上级权力的不认同，还有来自下级权力的微弱影响。在观察的一天当中，Y 园长对于团队的专业指导更多流于表面，未能给予相应的专业支持，这在一定程度上也弱化了个人的权力影响。

Y 园长急匆匆地来到厨房，直接进入工作间，看到工作台上的一盆包菜，询问厨工怎么回事（有老师在群内说今天送过来的菜，叶子很老。现场目测确实不太嫩）。（D-2017-06-12）

Y 园长让厨工拍照发回给供应商反馈，却并未给出明确的解决措施。

从厨房出来，Y 园长经过美术走廊，看到老师们因天气热把户外自主游戏移到了室内，自言自语一句：天热移到了室内，不错。（D-2017-06-12）

对于老师积极的做法，Y 园长未能当面反馈。

Y 园长上楼进入小 A 班，无人，用手探了下空调，用遥控器关掉后发现空调叶片仍在动，询问班级老师怎么回事。老师告知空调一直是这样的。随后 Y 园长指出班上的电扇太脏，说你们怎么搞的。（D-2017-06-12）

Y 园长对于班级存在的问题，指出来后未能进一步提出要求。

经过各个班的走廊，发现很多孩子的被子凌乱地堆放着。Y 园长解释幼儿园每两周需要拿被子回去清洗，今天刚好家长带回来。因为班上的床还未进行消毒处理，所以被子只能放在外面。（D-2017-06-12）

Y 园长对于被子凌乱摆放未引起重视，从管理的角度，应要求各班整齐摆放。对于管理的细节缺乏一定敏感性。

园长多下班指导，新教师需要多关心，了解需求。（FYT3-2017-06-12）

Y 园长对工作的处理停留在了解表面，未能真正解决问题。园长在幼儿园属于主心骨，教师在某种程度上对园长有一定依赖，并希望在遇到困难，尤其是专业困难时，能得到来自园长的支持和帮助。Y 园长在这方面做得有些不到位，不能给予教师有效的指导，同时由于教学主任的缺位，更让教师的专业诉求未能得到满足。

3. 模糊的权力边界

对于面上存在的问题，Y 园长缺乏一定的敏感性，也缺乏相应的指导，这样会导致问题不了了之。但在某些具体问题上，本应由教师面对和解决的问题，Y 园长又表现得越俎代庖，模糊了权力边界。

> 进入美术走廊。孩子刚结束游戏，有几位老师在收东西。Y 园长遇到一位老师，问是否有发信息给家长，让其发信息，告知家长电话是多少，她是园内公开竞聘上岗的，家长有事可以沟通。同时告诉该老师她也会向家长发信息。老师显得有些惶惶然。（D-2017-06-12）
>
> Y 园长说这名老师这个学期从中 A 班副班调整到小 B 班做主班，很多家长表示不理解。主班这个学期初就离职了，当时班上有两位老师，用了两个月发现都不能胜任主班岗位，所以这个月临时调整这位老师来小 B 班任职主班。结果当天家长就跑到园长室表达不满，说经常换老师。Y 园长觉得家长有些小题大做，这是幼儿园内部的调整问题。（D-2017-06-12）

Y 园长对于问题缺乏预见性，学期初的问题放到期中来解决，缺乏对家长的告知，导致信息滞后，家长对园方的管理提出质疑。

> Y 园长回到办公室座位上，开始在电脑上处理工作事务，编辑校讯通回复家长的异议。“某某家长：您好！由于班级蒋老师因家庭原因不能及时回幼儿园工作，所以幼儿园计划调整原中 A 班梁老师代理小 B 班工作，有问题可以直接与班级老师沟通。稍后梁老师会把联系方式告诉家长，希望家长能继续配合与支持班级工作。Y 园长。”（D-2017-06-12）
>
> Y 园长编辑完信息，又开始帮老师编辑信息，担心老师写不好。“各位家长：您好！我是小 B 班梁老师，很高兴能有机会与你们认识，从这个月开始我将会和您的孩子在幼儿园度过美好时光，虽然我暂时还不能把您和孩子一一匹配，但我相信用不了多久我们就会成为朋友，成为孩子教育的合作伙伴，下面是我的联系方式……有问题或建议可以随时与我联系。谢谢您对我工作的支持。梁老师。”（D-2017-06-12）

Y 园长在管理上重心偏低，因为担心教师不会编辑信息而代为编辑，这样教师会形成依赖，反倒让教师缺乏了工作的主动性及应对能力的培养。Y 园长似乎没有意识到这个问题，在管理的权责边界上把握得不太好。

4. 滞后的问题意识

这个学期中，幼儿园的教学主任和后勤主任先后提出辞职，导致幼儿园的相关工作无人对接，Y 园长在这个过程中也疲于应对。从上面谈到的家长质疑一事就可看出，Y 园长的工作做得滞后，中层的缺位导致园长直接面对家长，这不是一个好的管理架构和回应方式。在回应的短信中也暴露了管理上的问题，较难以取得家长的认同和理解。

目前后勤和教学主任都不在，食谱有点乱。水果有时都不太新鲜，有向园长反映过，有时还不够分，未得到改进。自从分管后勤的小林走了之后，经常出现坏的水果，其他方面还好。（FYT3-2017-06-12）

幼儿园管理上，食堂后勤需要改进，后勤供应不即时，孩子吃得不够。（FYT2-2017-06-12）

面对层出不穷的问题，Y 园长选择的是一个人承担。但显然，个人的精力有限，如此多的问题堆积在一起并未得到有效解决，而这些问题已然影响到日常教学管理工作。

Y 园长开始在电脑上看中 B 班老师一周的总结并反馈：“游戏挺有趣，老师在游戏的过程中注意观察自己班年龄段的孩子对哪个游戏感兴趣同时有效，建议一次不用做太多游戏。”Y 园长反映说今天本应该都要上交的，不知道为什么只收到一份。（D-2017-06-12）

对于教师材料上交的拖拉状况，Y 园长似乎没有相对应的措施。这从一个侧面反映了 Y 园长在团队有限的权威影响。管理上有些事情一定要有时间节点概念，若不坚持，则会造成很多工作的滞后。

经过二楼的一个超市角色游戏区，现在空置。Y 园长表示这个学期一直空置，之前开展发现孩子们玩不起来。Y 园长认为主要是材料提供不够。（D-2017-06-12）

公共区域角色游戏区空置一个学期悬而未决，这在幼儿园中不是个小问题。Y 园长既未想好解决方案，也未组织教师主动思考解决方案，任由问题搁置在那。

孩子们在餐前游戏中，有个男孩子哭了，老师正在安慰。Y 园长说这个男孩经常哭。班级内有几组孩子玩建构颗粒，不好好收拾，全弄到地上，两位老师都集中在哭的男孩那组，未能关注其他组的孩子。这时主班看到 Y 园长在门外，带着哭的孩子出来，对着 Y 园长说：你问问园长这样对不对？Y

园长看着孩子，未有任何回应。（D-2017-06-12）

Y 园长对于教师发出的求助未能回应。很多时候，Y 园长对于问题的回应是迟缓甚至缺乏的，这也是她权威影响下降的原因。

在幼儿园出现突发情况时，Y 园长缺乏一定的应对意识和应对方案，这些情况教师都看在眼里。这也导致 Y 园长很难在下级权力场域中建构起强有力的权力支撑和权威影响。

5. 印象策略的初步建构

在 S 园长的权力关系影响中，谈到了印象策略的使用，有助于园长权力凝聚效应的提升。Y 园长在团队建设中通过情感的交流和投入，印象的初步建构取得了一定成效。从对教师和保育员的访谈过程中，我们可以看到，Y 园长努力营造和谐的氛围，让团队成员能够安心地工作。

2012 年开园前，也就是 2011 年 8 月底我过来的，已经 6 年了。去年结的婚。在这里有家的感觉，有来自幼儿园的关心，比如生病时，园长会像亲人一样去慰问。（FYT1-2017-06-12）

（我是）2012 年 12 月入园，是在幼儿园做得最久的，和班上的老师接触得比较多，其他班的比较少。保育员参加活动，基本是搞卫生，聚餐时闲聊几句，挺和谐。3 个班主任都挺好，老师脾气都很好。在幼儿园的管理上，园长人挺好，很和气，班上的情况没有太大的压力，员工之间相处没有压力，很和谐。（FYN1-2017-06-13）

（我是）2012 年开园中来的，当时在中 B 班。喜欢幼儿园的氛围，像个家庭，挺开心，与幼儿相处，幼儿天真、活泼，与同事相处也挺好。人际关系和睦，相处挺好的，没有什么矛盾。（FYN2-2017-06-13）

前期刚进入，觉得环境挺好，认可幼儿园的教育方式，人际氛围轻松，刚开始进入班级，诚心待人，小集体挺好。（FYN3-2017-06-13）

（我是）2016 年 12 月来的幼儿园，想找个好的幼儿园，就过来了这边。来了后，换了新环境，各方面都不那么顺手。与同事相处挺好，他们都很热情，有需要都会沟通。（FYN4-2017-06-13）

（我）之所以留下来，是因为园长和主任对我帮助特别大，有积极努力的氛围。刚开始还不适应，从上到下帮助很大，每天都能学到新的东西，而不是说你不会就有人来指责你，每个人都很融洽。（FYT2-2017-06-12）

（我是）2011 年 9 月入园。当时未开园，在之前的幼儿园没有学到任何东西，很少学习，很少关心员工。这边的学习机会很多，专业方面提升很快。

园长很关心人，晚上有时会打电话问候，生活上会给予帮助。（FYT3-2017-06-12）

我们将员工对幼儿园和 Y 园长的描述的关键词收集，结果如表 5-4 所示。

表 5-4 Y 园长形象及团队氛围描述关键词

人员	描述关键词
T1	家，关心，亲人
N1	和气，和谐，没有压力
N2	家庭，开心，和睦
N3	轻松，诚心待人
N4	热情，热心
T2	积极努力，融洽
T3	关心，帮助

在 S 园长的形象描述关键词中，人们特别谈到"工作执着，有责任心"（表 5-1）。我们可以看到，Y 园长缺了这最重要一块，即对其工作的肯定和描述。Y 园长在幼儿园建构了亲和力的印象与和谐的氛围，对于团队的凝聚力有一定作用。但是单一的情感付出，在现实问题出现的时候，例如遇到薪资比较或职位诱惑的时候，缺乏一定的对上沟通和解决能力，还是很难去凝聚队伍。

纵观 Y 园长的权力影响，其主要的问题表现在以下几个方面。

1）管理重心偏低，节奏滞后，中层缺位。幼儿园有一定凝聚力，但整体的状态就如同 Y 园长一样，平平稳稳，教师缺了一种向上的热情，工作在大家的眼中只是一份工作，这应该有相互影响的成分在里面。

2）Y 园长对于投资者的无所适从，也充分展现了园长与投资者之间的不对等关系，投资者具有绝对的话语权，而 Y 园长所选择的应对是忍让。和 Q 园长不同，她缺乏拒绝的勇气，这也是她一再在这种关系中失去话语权的重要原因。

3）管理上事情的处理缺乏预见性，未能关注教师的需求。园长对上沟通过于神秘，员工不了解其中的难度，工作缺乏一定技巧。

4）园长的专业指导还不够强。管理存在漏洞，在人员缺位后表现明显。两名中层管理员在学期中先后辞职，在管理上是很大的问题。缺乏对团队的凝聚力和预见性。危机产生后也缺乏一定有效的应对。

在对园长个案的补充中，我们发现，并非所有的园长权力都处在一个正向的有利位置，不同的园长由于各自的权力资本不同，权力的稳定性、有效性也大不相同。当遇到一些问题，权力关系与权力习性也会对园长权力造成影响，从这个层面来说，权力资本、权力场域和权力习性是相互建构的过程。

第六章 园长权力：见树又见林

森林就是一堆树的组成；可是，也没这么简单。森林不只是一堆树的组成，这些树还是以一种特别的关系在组合。[①]

——艾伦·约翰逊《见树又见林：社会学作为一种生活、实践与承诺》

从微观政治学的视角解读园长权力的关系及其影响，是对园长权力自身内在关系的探讨。文化是政治的表达，从微观政治学的视角研究权力，离不开对文化的解读，文化与政治的关系是我们需要厘清的关系。跳出个案研究去看园长权力，是使我们的研究走得更远的思考，这是对当前与未来的关系的思索。

第一节 解读权力的制衡：交互的影响

由于个案的丰富，年龄层次、家庭结构、性别角色、个性特征等的不同，不同个案在权力资本构成中的表现也会有差异。个体、家庭、社会构成相互制约的关系，作为园长的个体，同样受到家庭、社会因素的多方制衡和影响。综合各位园长的权力资本建构过程，我们发现个体的性别角色、家庭结构、社会的宏观政策等因素会影响到个体的权力资本建构。

一 性别角色的影响

性别是我们在与社会交往过程中形成的，并且因时而变。性别具体的社会性、

① 艾伦·约翰逊. 见树又见林：社会学作为一种生活、实践与承诺[M]. 成令方，等译. 台北：群学出版有限公司，2003：15.

符号性意义，随着文化、时间及其与另一种性别的关系改变而改变。①

（一）男性的性别角色影响

有关男性的刻板印象：顶梁柱、斗士、养家的人②。Q 园长是本研究中唯一一位男性园长，独特的性别角色让 Q 园长在权力资本的建构过程中也深受男性刻板印象的影响。

1. 顶梁柱

在 Q 园长的职业生涯中，曾经有过一次创业的梦想，然而突来的家庭变故让他的梦想被打断，他不得不承担起家庭的责任。

> 2008 年，我曾有想法出来自己办幼儿园，但当时弟弟在当兵探亲过程中出了车祸，落下残疾。由于家庭的变故，我无法做一些冒险的尝试，只能选择继续留在幼儿园。（FPQ1-2017-06-26）

Q 园长来自农村，是家中的长子，下有一个弟弟和两个妹妹，彼时的他虽然已成家立业，但作为男性长子，仍然需要背负来自原生家庭的责任，这是社会性别赋予他的责任。男性气质固化和稳定的内容至少包括三个部分：地位、坚强和非女性化。坚强代表力量和自信。③所以当 Q 园长聊起这件事情时，他并未显示出太多遗憾，更多的是一种坦然的责任意识，觉得这是他必须承担和面对的。

2. 斗士

> 在此期间，因为我是男的，经常被外派出差，最难谈的、最不好做的项目都让我去，频繁出差。
>
> 两年时期负责了两家新园的开办，其中有一所一直招不到生源，我去了一年多的时间，扭转了局面，自己成了“救火队员”。（FPQ1-2017-06-26）

由于男性的特殊身份，在工作任务的分配上，Q 园长也遭遇了“特别”对待。由于社会对性别的定义渗透进公共生活和个人生活，我们视之为自然、正确的定义。①

---

① 朱丽亚·T. 伍德. 性别化的人生：传播、性别与文化[M]. 6 版. 徐俊，等译. 广州：暨南大学出版社，2005：8.

② 朱丽亚·T. 伍德. 性别化的人生：传播、性别与文化[M]. 6 版. 徐俊，等译. 广州：暨南大学出版社，2005：170.

③ 佟新. 社会性别研究导论[M]. 2 版. 北京：北京大学出版社，2011：26.

3. 养家的人

Q 园长在自己的核心家庭中是一家之主，这样的双重角色也让他在择业过程中会顾及自身的这种性别角色。

> 2016 年底，我还是选择了离开，离开的原因主要是两点：一是老婆觉得远，不能照顾家庭；二是当时的工资待遇也就 1 万出头，住房公积金买得很少，才 100 块。（YPQ1-2017-06-26）

Q 园长这次离职完全出于养家的考虑，包括对家庭的照顾及工资收入对家庭的支撑。男人的收入仍然被看成家庭收入的主要来源。若想成功地履行男性角色，男人就必须努力工作，赚取收入，但却不要求女性角色如此。[①]性别是一系列相互关联的复杂的社会观念。这些社会观念规定了性别的社会意义。[②]

（二）女性的性别角色影响

女性气质内容包括三个部分：与家庭或关系相关的一切，温柔、爱整洁、依赖男性，以及与一切男性气质相对立的特征。[③]在对几位女性园长的研究中我们发现，女性园长在权力资本的构成过程中受到家庭或相关关系的影响较大，其中主要聚焦于两个方面：妻子和母亲。

1. 妻子

> 在 D 镇中心幼儿园待了 6 年，后来选择离开，是因为在 N 市安了家，D 镇去 N 市交通不方便。（FPH-2017-09-19）
>
> 1994 年时是有一个工作调动的想法的，因为当时的男朋友不是本地人，想和他一起去他的城市。（FPW-2017-07-10）
>
> 园长以前是歌舞团的，喜欢参与，大部分是排练表演，这种企业与之前的中心幼儿园没法比。2002 年我结婚，结婚后，老公不喜欢我参加这些活动，就淡出了。（FPW-2017-07-10）

女性园长在个体的成长过程中，遭遇到的第一个性别角色的影响即妻子。在对女性园长的访谈当中，我们发现，她们在工作角色与妻子角色发生冲突之时，

---

① 朱丽亚·T. 伍德. 性别化的人生：传播、性别与文化[M]. 6 版. 徐俊，等译. 广州：暨南大学出版社，2005：33.

② 朱丽亚·T. 伍德. 性别化的人生：传播、性别与文化[M]. 6 版. 徐俊，等译. 广州：暨南大学出版社，2005：8.

③ 佟新. 社会性别研究导论[M]. 2 版. 北京：北京大学出版社，2011：26.

一致选择了向妻子角色妥协。

2\. 母亲

> 在这待了两年。还是距离的原因，当时路程需要 1 个多小时，老板人也挺好，同意打车报销。因为孩子要上小学，要跟功课，路程太远，晚上很晚回来。（FPH-2017-09-19）
>
> 2004—2008 年做了 4 年，还是因为离家远，因为要生儿子，就辞职了。（FPY-2017-06-12）
>
> 我为什么不把机会给自己呢？应该给我的孩子也有种榜样的作用，让我的孩子知道学习的重要性。孩子班主任就觉得非常理解我，觉得我对孩子的这种教育不是说，而是用行动去感化孩子。（FPW-2017-07-10）

当女性园长们成为母亲后，工作角色与母亲角色发生冲突时，她们仍然会选择向母亲角色妥协。但并非所有的性别角色间都会出现冲突，有时候，工作角色与母亲角色也能较好融合，W 园长的自身经历就向我们展示了融合的一面。

研究表明，两性有不同的感受，男性的压力多来自工作本身和养家糊口，女性则是多种角色冲突或角色超载[①]。这些性别角色的影响，同样在园长们的权力资本构成过程中表现明显。

二 家庭结构的影响

家庭是政治、经济、（社会）道德哲学的交汇体，它扮演着满足个体需求、调节人际关系、抵御社会风险、预防社会问题及促进社会团结等多重角色[②]。家庭结构会影响到个体的成长，也会对个体的权力建构过程产生影响。Y 园长在个案中有其独特性，她作为第一代独生子女，成长的环境及原生家庭对其园长权力建构的影响比其他几位园长要明显。

（一）对父母权威的服从

所有人都是在各种权威结构中成长起来的。孩子在人生的初期受父母的管教，人们培养了孩子对成年人权威的尊重。服从的力量超越了任何具体道德内容的力量。[③]

① 佟新. 社会性别研究导论[M]. 2 版. 北京：北京大学出版社，2011：208.

② 吴小英. 家庭与性别评论[M]. 北京：社会科学文献出版社，2015：38.

③ 斯坦利•米尔格拉姆. 对权威的服从：一次逼近人性真相的心理学实验[M]. 赵萍萍，等译. 北京：新华出版社，2015：151-152.

我属于第一代独生子女，那个年代对独生子女很排斥。有时候会听到周围的人议论，说不能跟她说，她家就一个孩子，万一有什么事情，很可悲。玩伴对你也会排斥。所以玩泥巴是不能玩的，弄伤了就赔不起。直到长大都觉得很孤独。（FPY-2017-06-12）

从小就很自卑，可能很多是缘于母亲。现在比较自信了，可以绕过父母的层面，以前总是担心父母不高兴，想做又有负罪感。（FPY-2017-06-12）

独生子女家庭成长的 Y 园长，从小经历了孤独和来自父母的过度保护，使其很多时候是隐忍而温和的，在遇到不公的时候也缺乏一定的反抗力。

婚姻也是父母介绍的，刚开始不喜欢，但被人追的感觉很好，有很多细节的东西让你感动。没多久就结婚了，事后感叹：好在我们都不坏。Y 园长说到这笑了。（FY-2017-06-12）

婚姻的选择也来自父母的安排，Y 园长并未表现出太大反抗，只是在婚后庆幸父母还好没选错人。

（二）家庭代际关系的功能依赖

家庭代际关系是家庭关系在纵向上的表现，包括亲子关系、婆媳关系、岳婿关系和祖孙关系。其实质和核心是亲子关系，即父母与子女的关系。[①]Y 园长由于爱人的工作需要长年出差，在抚育孩子上对父母有一定的功能依赖关系，因此在遇到职业选择的时候，也会受到来自父母的干预，甚至这些影响起到决定性的作用。

当时想自己办幼儿园，跑教育局拿了资源。因为妈妈觉得地方太远，有事照应不过来，老公又不在家，当年我 25 岁，想着一个人做很难，就放弃了。（FPY-2017-06-12）

在 Y 园长想要自主创业并付诸行动的时候，最终让她打退堂鼓的是来自母亲的反对。核心家庭与主干家庭的功能依赖关系，让 Y 园长不得不重视母亲的反对意见。研究发现，对 80 后、90 后来讲（Y 园长是 1979 年出生，接近 80 后的独生子女），父母是他们最可信赖的人，也是他们最先要听取建议和忠告的人。如果他们遇到困难，父母是他们最先想依赖的人。[②]

① 石金群. 独立与依赖：转型期的中国城市家庭代际关系[M]. 北京：社会科学文献出版社，2015：10.

② 吴小英. 家庭与性别评论[M]. 北京：社会科学文献出版社，2015：253.

（三）个体自我与家庭代际关系的矛盾

Y 园长一方面表现出对主干家庭的依赖，另一方面又表现出在主干家庭的控制中的反抗意识。家庭结构层面的变化和急剧的社会变迁弱化了一切固定的、结构性的东西，社会规范尤其是那些与家庭代际关系相关的角色和规范发生断裂并多样化，使个人很容易对自己在家庭生活中扮演的角色产生不确定感。[①]

> 30 岁前发自内心地感激母亲，很喜欢给她惊喜。母亲撑着大家庭，也不容易，但老爱管着我，受不了。这种改变不知道怎么说，现在因为有思想了，不会那么听话。（FPY-2019-06-12）

代际关系矛盾心境理论认为，处在特定家庭代际关系中的个体常会经历一种矛盾的心理体验：既想独立，又不得不延续家庭承上启下的角色需要；既要考虑个人利益，又不得不考虑自己的道德责任或“在社会环境中的具体表现”；既爱对方，同时又感到为维系情感而不得不付出代价和承受精神上的压力；既渴望自由，同时又期望得到源于家庭的支持。[①]Y 园长的这种矛盾心理同样影响了她的权力资本建构过程。

三　宏观政策的影响

个体的发展离不开社会的发展，几位园长在职业生涯中，都共同地遭遇了一个时间：2000 年前后这个时间段，给各位园长的发展带来了更多的机会，也改变了长久以来的择业观念，同时为他们从教师走上园长岗位提供了更多的可能性。1996 年到 2000 年是中国幼儿园艰难、曲折发展的时期，经济体制从计划经济向社会主义市场经济转变，学前教育社会化，学前教育被迫与企业、事业单位、政府和市场之间重新协调关系，公办幼儿园数量迅速减少。2001 年幼儿园数量达到同期历史最低水平。2001 年开始，幼儿园发展进入稳步恢复时期，在政府主导下学前教育事业回归本位。[②]在这前后，几位园长都经历了他们人生的重大转折。

（一）身份认同的改变

W 园长 20 世纪 70 年代初出生，她在毕业的时候是带着编制进的公办幼儿园，后来任职的那所幼儿园也是国有企业办的公办幼儿园。10 年的时间，她一直在体

---

① 石金群. 独立与依赖：转型期的中国城市家庭代际关系[M]. 北京：社会科学文献出版社，2015：170.

② 刘彦华. 中国学前教育史[M]. 北京：光明日报出版社，2010.

制内的幼儿园工作，突如其来的政策变革让她的身份迅速发生转变，相对于 S 园长的纠结和犹疑，W 园长要坦然很多。

> 2000 年，幼儿园转制，利益冲突来了。然后很多东西搞出来了，我看到了很多真实的东西，在这种体系下，很多黑暗的东西都可以看到，所以促成我转向民办幼儿园。（FPW-2017-07-10）

对于出生于 20 世纪 70 年代末期和 80 代初期的几位园长，他们在进入职场的时候已没有了取得体制内身份的机会。没有了身份的束缚，在遇到各种变化的时候，他们会有更多的自由选择空间，相对也少了很多对身份认同的纠结。

> 2000—2003 年主要在 Z 市的某集团幼儿园，后来集团被收购，幼儿园被推向市场，内部斗争，开始遣散员工，发了赔偿金。当时的单位一个人承办，搞内斗，把原来的园长踢走了。2003 年我生完孩子 3 个月后就回去工作了，以前的同事自己做园长，第二天让我去送校车，我就辞职不做了。（FPY-2017-06-12）
>
> 当时 N 市有所镇中心幼儿园是公办的，N 市也有入编的指标，学历达标，但没设幼儿教育专业，进不了编，2000 年前后幼儿园推向市场，一直就没入编。（FPH-2017-09-19）
>
> 2001 年我去了 S 镇中心幼儿园，中心幼儿园虽然是公办园，却并没有编制。（FPQ1-2017-06-26）

S 园长也是在 1999 年主动离开体制内的公办幼儿园，选择去民办幼儿园任职。她当年的选择经历了重重思考和权衡，做出这个决定，在她的同龄人中实属不易，因为那个时期的 S 园长已是人到中年，而 H 园长、Q 园长还未入职场。Y 园长进入职场 5 年，遭遇到幼儿园改制，对于家庭的稳定和处于青年期的 Y 园长来说，身份也不那么重要，因为她进入职场的时候就没有编制。W 园长虽然进入职场 10 年，但在那时仍属青年阶段，对未来没有那么多的顾虑和恐惧。

身份认同的改变，带来了更多的择业选择，园长们也在时代潮流的推动下，或主动或被动地卷入职业发展的上升期。

（二）职业岗位的稀缺

幼儿园经历了短暂几年的发展滞后期后，开始在 2001 年进入缓慢的恢复期，园长们有了更多的选择。由于园长岗位的稀缺，他们各自抓住了机会，开启了权力资本重要的积累时期。

Y园长2003年去了一家民办幼儿园，直接推荐自己做园长助理，投资者在了解了Y园长的一些经历后，也认同了她的专业水平。2004年，Y园长毛遂自荐当上了园长，一当4年，完成了重要的文化资本的积累。

2001年，因幼儿园改制被迫离开的W园长，被一所民办幼儿园的投资者赏识，2001—2017年一直在这所民办幼儿园任园长，全程经历了民办幼儿园的发展，并体验了从公办幼儿园到民办幼儿园园长的角色转换。

2008年，虽然没有编制，却一直在镇中心幼儿园的H园长，去了新开的一所民办国际幼儿园任职，面对来自外界的质疑，她自己却没有太多的牵绊。

> 当时很多朋友不太支持，虽然在中心幼儿园没编制，但各方面都很稳定，待遇也好，从公办到民办，朋友们不理解。接触到国际幼儿园还是非常值得的。在这所幼儿园待了4年，共5个年头。每一阶段都知道自己要做什么。（FPH-2017-06-9-19）

2011年，Q园长离开了工作10年的S镇中心幼儿园，开始进入民办幼儿园任职。在短短的2年时间里，他便当上了园长，这是在公办幼儿园没法完成的职业岗位跨越。公共政策的发展给了园长们更多的发展空间，也让他们少了一些不必要的身份羁绊，从被选择开始进入主动选择的过程，也让他们在更短的时间里完成权力资本的建构。

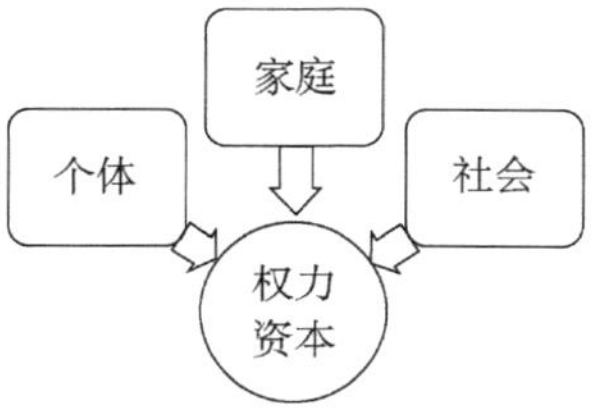

图6-1 园长权力资本的影响因素

纵观园长权力资本的构成，我们发现，园长权力资本的构建呈动态发展，同时受到各种因素的影响，在个体、家庭、社会的相互作用下，交织而成，如图6-1所示。

第二节 揭开权力的面纱：政治的影响

一 资本、场域、习性

皮埃尔·布迪厄构建了一个三维的社会空间，在这个空间中，三个最基本的维度分别是：资本的数量、资本的构成及社会的轨迹。[①]在园长权力的研究中，我们也分别借用他的三维空间来解读微观政治学视角下的园长权力：作为资本的园长权力构成、作为场域的园长权力关系的生成、作为习性的园长权力的影响。资本、场域、习性三者之间基于园长权力而言存在相关性。

（一）资本构成的主观性与客观性

社会行动者并非被外力机械地推来扯去的“粒子”。正相反，他们是资本的承载者，而且，基于他们的轨迹和他们利用自身所有的资本数量与结构在场域中所占据的位置，他们具有一种使他们积极踊跃地行事的倾向，其目的要么是竭力维持现有的资本分配格局，要么是起来颠覆它。[②]

在对园长权力资本构成的研究中我们发现，权力资本的形成与累积有其主观性的因素，也有其客观的影响。在 S 园长的职业生涯中，文化资本、社会资本的累积既有个体主观行事的倾向，也有外在环境的影响。例如，S 园长从公办园到民办园的身份转换，既是在宏观背景下民办园向上发展的态势的刺激影响，也是她个人基于职业选择的一种主观选择，二者共同形成了行动者资本的累积。园长权力资本的构成是长期累积的结果，在这个过程中，离不开行动者主体的建构，也离不开客观环境的影响。

不同种类资本（经济的、社会的、文化的、符号的资本）之间的等级次序也随着场域的变化而有所不同。一种资本的价值取决于某种游戏的存在，某种使这项技能得以发挥作用的场域的存在：一种资本总是在既定的具体场域中灵验有效，既是斗争的武器，又是争夺的关键，使它的所有者能够在所考察的场域中对他人施加权力，产生影响，因而被视为实实在在的力量，而不是无关轻重的东西。[③]在园长权力的研究中，我们发现，园长所拥有的各种资本价值取决于在幼儿园这个特定的场域中的发挥。资本的累积对于权力的影响和权威的形成有着深远的影响。

---

① 戴维·斯沃茨. 文化与权力：布迪厄的社会学[M]. 陶东风，译. 上海：上海世纪出版社，2012：181.

② 皮埃尔·布迪厄，华康德. 实践与反思——反思社会学导引[M]. 李猛，等译. 北京：中央编译出版社，2004：148-149.

③ 皮埃尔·布迪厄，华康德. 实践与反思——反思社会学导引[M]. 李猛，等译. 北京：中央编译出版社，2004：135.

（二）场域区分的层次性与多样性

一个场域并不具有组成部分和要素。每一个场域部分都具有自身的逻辑、规则和常规，而在场域分割的每一个阶段，都需要一种真正质的飞跃。每一个场域都构成一个潜在开放的游戏空间，其疆界是一些动态的界限，它们本身就是场域内斗争的关键。场域是一个没有创造者的游戏，比任何人可能设计出来的游戏都更变动不居、复杂难测。①

哪怕是在幼儿园这个场域，不同体制不同地域甚至不同的管理者，都会对场域形成不同的规则。具体到某个幼儿园，也会分割成不同的场域部分，就像我们在 G 幼儿园所看到的：管理层、上级权力层、同年级的、同班的、同岗位的、同工作年限的等，区分既有层次性又极具多样性。这样的层次区分在幼儿园内既有一定的共性也有相对的个性。

每个场域都规定了各自特有的价值观，拥有各自特有的调控原则。这些原则界定了一个社会构建的空间。场域是诸种客观力量被调整定型的一个体系（其方式很像磁场），是某种被赋予了特定引力的关系构型，这种引力被强加在所有进入该场域的客体和行动者身上。②

在幼儿园的场域中，权力关系的区分同样具有多样性和层次性。在 G 幼儿园中，权力关系包括隐蔽的、委托代理的、象征性的、正式的和潜在的。每种权力关系的表现形式不一样，S 园长对于每种权力关系的维护不一样，每种权力关系中的规则和边界也不相同。

（三）习性影响的自主性与历史性

习性本能地倾向于辨认出所有它能从中认出自己的表现形式——因为习性本能地倾向于生产这些表现形式——尤其是最常规习性的所有典型产品，因为最常规的习性是一代又一代的习性经过筛选而保存下来的，它们具有客观化的内在力量，并享有与习性的任何得到公众认可的现实化联系在一起的权力。③

在园长的权力影响中，园长会主动地形成一些规则，并用个人的权力资源去影响团队中的个体和形成整个团队的信念，这在 G 幼儿园的个案研究中有生

① 皮埃尔·布迪厄，华康德. 实践与反思——反思社会学导引[M]. 李猛，等译. 北京：中央编译出版社，2004：142.

② 皮埃尔·布迪厄，华康德. 实践与反思——反思社会学导引[M]. 李猛，等译. 北京：中央编译出版社，2004：17.

③ 皮埃尔·布迪厄. 实践感[M]. 蒋梓骅，译. 南京：南京译林出版社，2012：156.

动的体现。相信这也是任何一位幼儿园园长为巩固权力地位会刻意为之的行为。

习性的概念具有多重功效。其重要性在于提醒人们：行动者有其成长的历史，它是个人经历和环境教育的产物，它也是集体历史的产物。尤其是，思想类别、知性类别、感知模式、价值体系等，这些都归属于归并社会结构的结果。[①]无论是在何种权力场域，它都受到所在地域的历史的影响。而相对于权力主体来说，个人的成长和教育经历也会对权力的场域和习性产生深刻影响，历史既是个体的，也是集体的。这也是园长权力研究当中我们需要关注的，既要关注权力个体的历史，也要关注权力场域的历史。

（四）资本、场域、习性的相互建构

作为各种力量位置之间客观关系的结构，场域是这些位置的占据者（用集体或个人的方式）所寻求的各种策略的根本基础和引导力量。场域中位置的占据者用这些策略来保证或改善他们在场域中的位置，并强加一种对他们自身的场域最为有利的等级化原则。而行动者的策略又取决于他们在场域中的位置，即特定资本的分配。他们的策略还取决于他们所具有的对场域的认知，而行动者又依赖于他们对场域所采取的观点，即从场域中某个位置点出发所采纳的视角。[②]

在园长权力的研究中，我们可以看到，权力资本、权力场域、权力习性是一个动态的、相互建构的过程，不同的资本在不同的权力场域发挥不同的价值，不同的场域遵循不同的习性，而习性和场域反过来又影响资本的形成与累积。三者对于个体的权力建构是一个相互影响的关系。

在学校的微观政治学研究中，曾有学者建构了研究学校领导的权力控制、权力分享、权力传递的微观政治学模型[③]，我们也以此模型为参照，结合园长权力研究的实践，以权力资本、权力场域、权力习性来建构园长权力研究的微观政治模型图（图6-2）。

---

① 皮埃尔·布尔迪厄. 社会学家与历史学家：布尔迪厄与夏蒂埃对话录[M]. 马胜利，译. 北京：北京大学出版社，2012：82.

② 皮埃尔·布迪厄，华康德. 实践与反思——反思社会学导引[M]. 李猛，等译. 北京：中央编译出版社，2004：139.

③ Smeed Judy L，Kimber Megan，Millwater Jan，et al. Power over，with and through：Another look at micropolitics[J]. Leading & Managing，2009，15（1）：26-41.

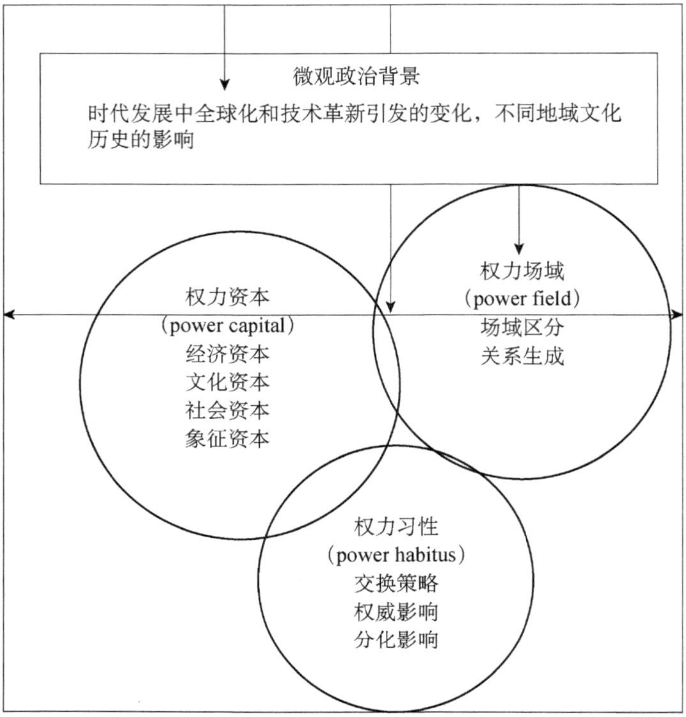

图 6-2　园长权力研究的微观政治模型

二　权力、自由、理性

在有些学者的眼中，权力是“只可意会不可言传”的术语，权力是否可见是权力研究中的困惑。在权力的运行过程中，权力主体拥有合法的权力资格，在一定范围内拥有权力支配的自由。然而权力的特征提醒我们，权力具有限度性，这意味着权力行使具有一定限度，如果逾越这个限度，可能会导致权力的失效。权力同时还具有双向发展性，这也提醒我们，在权力运用过程中，随时要注意维护和巩固权力地位，以免权力作用朝向相反的方向发展，造成权力的失控，这需要权力主体理性地对待拥有的权力资本。因此，在园长权力研究时，我们也需要关注权力、自由、理性三者之间的关系。

（一）空洞的“术语”与真实的“运用”

对于权力一直以来存在不同的观点。布鲁诺·拉图尔认为，“‘权力’是一种

'圆滑的和空洞的'术语"。"权力，它不可能解释是什么使集体行动成为适当的"。[①]在拉图尔看来，我们应当放弃"权力的概念"。卢克斯却认为，"在许多值得注意的方式中权力是真实的和有效的，其中有些方式是间接的，有些方式是隐蔽的"[①]。拉图尔眼中的"权力"是空洞的、隐蔽的。而在园长权力的研究中，我们呈现了园长权力的资本构成、园长权力关系的生成场域及园长权力的影响，园长权力不再是一个"空洞的"术语，在实际的场域里，园长的权力研究变得可见。

（二）自由的意识与理性的策略

伯特兰·罗素将权力定义为"有意实施的产物"，马克斯·韦伯和C. 赖特·米尔斯将权力与有权有势者的"意志"的实现联系起来。显而易见的是，某些能力就是各种使想要的结果发生的能力。不得不承认，园长在幼儿园的权力场域中，在建构权力关系、形成权力影响的过程中，是权力主体有意为之的结果，这是个体自由意识的体现。然而在权力场域中，单纯依靠自由意识是不够的。

我们都是由权力所"构建的"被支配的服从者，现代个人是权力的"结果"，权力需要成为"去面孔的"，合理性是由权力所"渗透的"和"依赖于情境的"，权力不能建立在理性同意的基础上[②]。在权力习性的建构中，权力主体需要进行策略计算，这需要在理性分析的基础上进行选择和实施，既要考虑情境的影响，也要考虑策略的可行性，任何的选择均是一种理性的选择。布迪厄的理性观是一种历史主义的理性观，是历史的产物。这种科学理性所表现出来的政治与现实关怀十分明显。[③]在布迪厄看来，理性并不存在于心智结构或语言结构中，而是存在于一定的历史条件下，存在于对话和非暴力沟通的社会结构中。实践是一种追求理性的现实政治学。[④]在微观政治学的视角下，园长的权力实践同样可以被看作一种追求理性的现实政治学。

（三）权力、自由、理性的相互制约

权力的研究让空洞的权力成为可见的权力，权力主体的自由与理性只有处于

---

① 史蒂文·卢克斯. 权力：一种激进的观点[M]. 彭斌，译. 南京：江苏人民出版社，2012：55.

② 史蒂文·卢克斯. 权力：一种激进的观点[M]. 彭斌，译. 南京：江苏人民出版社，2012：103.

③ 刘拥华. 布迪厄的终生问题[M]. 上海：上海三联书店，2009：202-203.

④ 皮埃尔·布迪厄，华康德. 实践与反思——反思社会学导引[M]. 李猛，等译. 北京：中央编译出版社，2004：248-250.

一种合理的平衡状态，权力的合法地位才会稳定，权力主体资本的数量也直接影响到自由的限度和理性的权衡。因此，三者之间是相互制约的关系。

第三节　穿越权力的迷宫：文化的影响

皮埃尔·布迪厄曾提出，文化不能免于政治的内容，而是政治的一种表达①。不同文化语境中长大的人，对某一特定的事物或情境的反应方式可能会有差异或者迥然不同。他们做这些事情的具体方法、思考这些事情的方式则因社会和文化语境的不同而各不相同。②日常活动的形塑不仅受个人社会地位的影响，而且受人们身处其中的文化情境的影响。③因此，在微观政治学视角下去研究园长权力，抛不开文化对权力的影响，尤其在中国的文化情境中，它对于园长权力的影响会打上深深的中国文化的烙印。

相对于希腊的城邦学传统，中国政治思想的特异性在于，它从一开始就将“政”（政也者，正也，万物之各正性命也）与“治”（治，理之者也）加以分离④。在中国古代，真正意义上的政治生活便在于开发教学的共同体。教学活动本质上是一个文化过程，文化即是文之风化过程。⑤风化的力量将事物保持在自然的过程之中，或者用弗朗索瓦·于连的话来说：“促使自然发生的事物来临”。这就是风化，也就是风气，或者一种气象、一种氛围。风化是一种潜移默化、然而却又无所不至的巨大力量。⑥

在中国，权威的产生和建立首先具有自然成长的一面，即人的自然属性在一事实程度上可以毫无争议地体现权威的高低，比如长辈对晚辈、先生对后生、老资格对小字辈、天子对庶民等。所有这些都意味着中国社会权威的合法性基础不在人间，而在于天性的优势。中国社会网络中的权力研究单方面考虑自然属性或社会属性、正式规则或潜规则、阳面或阴面、刚性或柔性等是不够的，而是要将

---

① 戴维·斯沃茨. 文化与权力：布迪厄的社会学[M]. 陶东风，译. 上海：上海世纪出版社，2012：7.
② 戴维·英格利斯. 文化与日常生活[M]. 张秋月，等译. 北京：中央编译出版社，2010：4.
③ 戴维·英格利斯. 文化与日常生活[M]. 张秋月，等译. 北京：中央编译出版社，2010：5.
④ 陈赟. 政—治、教—学与文—化//刘擎. 权威的理由[M]. 北京：新星出版社，2008：28.
⑤ 陈赟. 政—治、教—学与文—化//刘擎. 权威的理由[M]. 北京：新星出版社，2008：32-33.
⑥ 陈赟. 政—治、教—学与文—化//刘擎. 权威的理由[M]. 北京：新星出版社，2008：34.

两者结合起来讨论。[①]

处在中国文化背景中的幼儿园场域，不可避免地受到文化的影响，研究发现园长权力的运用主要受到威权主义、差序格局、人情关系、恩报交换四个方面的影响。

一 威权主义的意识影响

中国为儒学的发源地，儒家思想向来讲究上下尊卑，通常被视为威权主义的代表。[②]

> 现在跟领导会有一点距离感，自己年龄比较小，就会对领导比较依赖，成熟一点，就会有领导和下属的隔阂，有什么心事，不怎么敢跟他们说。刚开始我觉得很好，领导也会主动找我聊，毕竟她们工作上的事情也挺多，我也有朋友，对这种倾诉的依赖就是她们了，我是这么觉得的。（FT4-2014-09-07）
>
> 今日与T4的访谈发现，在我们的环境中，成熟的表现是：不再与领导模糊边界，而是与领导保持距离，潜意识里的权力文化深刻影响着个体。（D-2014-04-02）

中国人际交往最忌讳没大没小，不懂规矩，而角色操作的最高原则就是忠恕[③]。在园长的权力研究中，我们同样会发现威权主义无所不在的痕迹，这是嵌入个体意识当中的，并会自觉地呈现于个体的行为之中。

二 差序格局的关系网络

中国乡土社会的基层结构是一种所谓“差序格局”，是一个“一根根私人联系所构成的网络”[④]。在以自己为中心的社会关系网络中，最主要的自然是“克己复礼”，“壹是皆以修身为本”，这是差序格局中道德体系的出发点。由己向外所构成的社会范围是一根根私人联系，每根绳子被一种道德要素维持着。[⑤]人们喜欢的是从权力得到的利益。如果握在手上的权力并不能得到利益，或是利益可以不必握

① 翟学伟. 中国人的关系原理：时空秩序、生活欲念及其流变[M]. 北京：北京大学出版社，2011：112..

② 江宜桦. 儒家思想与东亚公共哲学//刘擎. 权威的理由[M]. 北京：新星出版社，2008：11-12.

③ 翟学伟. 中国人的脸面观——形式主义的心理动因与社会表征[M]. 北京：北京大学出版社，2011：207.

④ 费孝通. 乡土中国[M]. 北京：人民出版社，2008：34.

⑤ 费孝通. 乡土中国[M]. 北京：人民出版社，2008：38.

有权力也能得到的话，权力引诱也就不会太强烈。权力之所以引诱人，最主要的应当是经济利益。①

在一个差序格局的社会中，每个人都遵循着社会道德规范，这也是在中国社会背景下的独特性。权力主体会刻意维护自己的"前台"形象，尤其是在为人处世的道德规范上，会着力去维护。这也是差序格局带给微观政治组织的影响。而在一个组织当中，我们也会发现，人的聚集基本是有相关联的，是"一根根私人联系所构成的网络"。在对 G 幼儿园的研究中，我们也可以发现人员之间存在这样一种相关性。笔者将本次研究所涉及的研究对象的相关性汇总如表 6-1 所示。

表 6-1 研究对象之间的关联性

人员	关联性	工作年限（年）
Q1	分管领导，2002 年分管，2010 年正式直管	12
Q2	姐妹园园长，专家顾问，2006 年因评估认识	8
Q3	H 校合作园所，2011 年认识	3
A1	2003 年应聘，2005 年提拔为主任，2013 年提拔为副园长	10
A2	2003 年，之前和 S 在 Y 幼儿园共过事，2013 年提拔为副园长	11
A3	2003 年，之前和 S 在 Y 幼儿园共过事，一直任主任	11
A4	2004 年，在报纸上看到信息应聘，2013 年提拔为主任	10
A5	2013 年，Z 总的亲戚	1
T1	2002 年，前同事介绍	12
T2	2013 年，师姐介绍	1
T3	2002 年，S 去学校招聘	12
T4	2010 年，朋友介绍	4
T5	2003 年，S 在人才市场招聘	11
T6	2012 年，自己应聘	2
T7	2012 年，实习留下	2
T8	2009 年，自己应聘	5
T9	2002 年，实习留下	12
T10	2011 年，同学信息	3
T11	2008 年，父亲朋友介绍	6
T12	2002 年，实习留下	12
T13	2004 年，同学介绍	10
T14	2002 年，S 招聘	10
IT1	2014 年，实习	0.5
N1	2003 年，熟人介绍	11
N2	2012 年，之前和 S 在 Y 幼儿园共过事	12
N3	2012 年，自己应聘	3
N4	2008 年，前同事在园，介绍	6
N5	2004 年，前同事在园，介绍	10

① 费孝通. 乡土中国[M]. 北京：人民出版社，2008：76.

续表

人员	关联性	工作年限（年）
N6	2002 年，老乡介绍	12
N7	2007 年，老公在园，S 提供信息	7
S1	2007 年派到幼儿园，2010 年 S 让其正式入职幼儿园	7
S2	2002 年入园，比 S 还早半年来园	12
S3	2012 年，自己投简历	2
S4	2002 年，亲戚信息，S 招聘	12
S5	2003 年，熟人介绍，S 招聘	11
S6	2007 年，S 让其正式入职幼儿园	7

传统社会中的一个亲属或同乡所给予的一次可靠的信息等同于流动社会中交往不太稳定的内群体所给予的多次相似信息。有学者将中国社会中的信任分为强信任和弱信任。其中有四种强信任：义务性信任，亲属或老乡提供的信息和帮助；熟悉程度中的信任，交往程度越深，信任度越高；来自内群体中的重复信息而获得的信任；结伴同行中的信任，一起在一个地方求职和供职。[①]从表 6-1 我们可以看出这种强信任关系下的信息传递，这也是中国的社会关系中相互关联的一个写照。强信任关系下的组织成员相对也会更稳定。

三　人情关系的基本模式

人情是指人之相处之道，或人与人之关系。其实，这可推源到儒家的社会理论。儒家的社会理论主要是要在人间建立一种和谐的社会秩序。梁漱溟先生指出，儒家的社会理论之特色是：它不从社会本位或个人本位出发，而是从人与人之间的关系着眼。[②]人情是外在于个人而存在的，因此，生活在中国社会的人都会感到身不由己地受“人情”的约束。人情是“制度化的规范”，也即一个人在与他人往来时，会自觉与不自觉地遵从人情的规范而行事。[③]

“人情法则”是建立在“报之规范”的基础上的：“受者”接受了“施者”的“人情”，便欠了对方“人情”，一有机会便应设法回报。“施者”在给予“受者”“人情”时，也能预期对方终将回报。基于这样的“报之规范”，人们才会以“人情法则”和别人交往。其实，“报”是一种普遍存在于人类社会中的规范，也是任何文化公认的基本道德规律，人类的社会关系莫不建立在“报”的规范之上。在中国式家庭中，

① 翟学伟. 人情、面子与权力的再生产[M]. 北京：北京大学出版社，2013：147.

② 金耀基. 人际关系中人情之分析//杨国枢. 中国人的心理[M]. 北京：中国人民大学出版社，2012：61.

③ 金耀基. 人际关系中人情之分析//杨国枢. 中国人的心理[M]. 北京：中国人民大学出版社，2012：79.

依照“需求法则”进行交往的情感性关系，亦遵循着“报之规范”。[①]在G幼儿园，我们可以看到S园长与员工之间频繁的“人情”交往，而“受者”一方总是报有“亏欠”之心，这种人情关系也成为S园长权力维护和权力地位巩固的纽带。

四 恩报交换的原则

恩是一种泛称，史书所说的德、惠、赠予、招待、救济等，都可以算是一种恩惠，大至救命，小至一饭之德，在中国历史或官野史上是常见的事[②]。报在中国社会既是一个常见而重要的概念，也是一种比较核心的文化观念。[③]报在中国文字中有应答、回应的含义。《集韵·号韵》云：“报，生命中也。”《字汇·土部》曰：“报，生命中也，酬也。”[④]

恩惠不论大小，回报是必需的；回报的方式可以相同，也可以不相同，但价值不应低于所受之恩惠；实际回报的条件越优厚，则越受到赞扬；报恩是一种与名利道德攸关的行为，从社会规范而言，几乎已经成为一种强迫式的行为，来而不往，非礼也。[⑤]这个“交换”观念之所以深入人心，不只是因为它是一套礼的仪式，实在是因为它是合乎人情之常的，亦可说是合乎“报”的观念的。毛斯指出，在“社会交换”中有三重义务，即施、受与报。他说每个交换行动不但使这个人与那个人结合起来，而且使社会的这个部分与那个部分相结合。

在对G幼儿园的观察中，S园长对于员工的“施恩”随处可见。而从员工的访谈中也可以看到员工对于S园长的“感恩”之意，有几位直接用了“报”这个词，而且将不报恩归为“做人不道义”之举。可见，在国人的意识当中，“报恩”不仅是个人的一种规范，也是社会规范的束缚。

处在中国这样一种文化背景的国度，任何的微观场域都会受到这个宏观场域的影响。不管是威权主义、差序格局，还是人情关系、恩报交换，即便历史的年轮行进到当代，这种影响依然是潜移默化、代代相传的，这也是本书研究园长权力问题时，不能忽略的存在。微观政治从某种意义上说也是宏观政治的缩影。

---

① 黄光国等. 人情与面子：中国人的权力游戏//杨国枢. 中国人的心理[M]. 北京：中国人民大学出版社，2012：236.

② 文崇一. 报恩与复仇：交换行为的分析//杨国枢. 中国人的心理[M]. 北京：中国人民大学出版社，2012：276.

③ 翟学伟. 中国人的关系原理：时空秩序、生活欲念及其流变[M]. 北京：北京大学出版社，2011：201.

④ 翟学伟. 中国人的关系原理：时空秩序、生活欲念及其流变[M]. 北京：北京大学出版社，2011：204.

⑤ 文崇一. 报恩与复仇：交换行为的分析//杨国枢.中国人的心理[M]. 北京：中国人民大学出版社，2012：273-274.

结语：仰望权力星空的思考

萨谬尔·巴特勒（Butler）说“权力使人陶醉”①，权力研究也如迷宫般吸引着研究者们去探访。在对园长权力的研究过程中，从最初走入权力迷宫去探寻它的权力面孔、解读它的权力游戏，笔者本人也对这个研究问题越来越着迷。本书不是结束，只是个新的起点，指引着笔者深入其中，去仰望权力迷人的星空。

一　园长权力研究的不足

本书对园长权力研究做了大胆的尝试，并以个案的形式力求研究的全面与深入，虽然取得了一定的成果，但仍然要正视研究的不足，只有如此，才会让研究工作进一步完善。本书研究的不足主要体现在三个方面。

（一）园长权力研究的传统伦理与认识视角的融合问题

中国传统是“官本位”文化影响的，传统的威权主义对权力的理解带有中国的文化烙印，在微观政治学视角下，也无法抛开文化对政治的影响。在探讨园长权力的运用中，笔者虽然也从文化的影响进行了剖析，但这种剖析与视角的融合还显得有些生硬，如何将权力研究的传统伦理与微观政治视角融合得更紧密、更深入、更形象，是有待进一步完善的。

---

① 转引自：哈罗德·D. 拉斯韦尔. 权力与人格[M]. 胡勇，译. 北京：中央编译出版社，2013：1.

（二）园长权力研究的一般性和特殊性问题

本书采取个案研究方法，更多呈现的是一个特殊个案的园长权力运用，这当中不乏一般性的权力习性、场域和资本的呈现，但也更多带有权力主体的个人色彩和影响。园长权力研究如何在一般性上更深入呈现，拓展研究的范围，扩大研究的影响，这是以后研究可以努力的方向。

（三）布迪厄权力分析框架下的晕轮效应

本书借用皮埃尔·布迪厄的资本、场域、习性的关键性概念来解读微观政治视角下的园长权力运用，权力与资本、场域、习性之间的三维关系使得园长权力的研究得以施行。有学者指出，在关系视角下，权力研究失去了它清晰可辨的边界，面临某种晕轮效应。在未来的某一时刻可能发生新的比较维度的加入或旧的比较维度的修正，将使已经确立的一切面临被质疑的命运。于是在一种始终变动的、模糊的边界中，我们不堪不断繁衍与增生的知识与话语的重负，陷入无根基的、疲惫的惶恐中。[①]资本、场域、习性的三维关系解读园长权力自然也带有这种分析框架下的晕轮效应，权力是个复杂的概念，权力关系也是复杂的，在这种分析框架下对园长权力的解读，不可避免地会捆绑研究者的思维方式，造成一定的局限性。当新的理论视角或分析框架出现时，或许会质疑现在的理论与框架。但研究总是向前发展的，任何一种视角和分析框架均会有其局限性，我们既要看到理论受限的地方，又要坚持自己的研究方向和认识。唯有这样，研究的领悟才会更深，研究才会走得更远。

二　园长权力研究的展望

任何研究都不可故步自封，在选择合适的研究视角或理论完成研究时，同样需要放眼世界、放眼未来，去思考研究问题的发展方向。微观政治学视角下的园长权力研究仅仅是一个尝试的开启，在当前的理论维度与框架下，自然存在不完善的地方。在政治学不断发展的今天，我们也需要思考是否可以多视角地观照园长权力的问题。

---

① 王树生. 权力的迷宫——埃利亚斯、布迪厄与福柯的比较研究[M]. 北京：中国社会科学出版社，2014：289-290.

当前埃德加·莫兰（Morin）提出的人本政治给了我们一个思考的视角。他在叙述人本政治时谈到，作为多维度的政治，人本政治照管人生老病死方方面面的问题直到超政治的生活意义的问题，在时间上考虑人前后的发展，在空间上考虑全体人类，亦即考虑“生活在世界上的人的不同时间、不同方面、不同地区”。①他指出“政治的中央核心将是处于世界上和发展中的人类”。①生态学思想是埃德加·莫兰人本学的根基之一。一方面人相对地独立于这个世界，而另一方面这个世界是他的世界。我们是宇宙的孩子。②在人类社会圈和生物圈之间愈益建立起一种对话——既互补又对立的关系。③应该停止把人看作超自然的存在，人类处于他构成其一部分的生物圈中。④我们可以汇合成一种新的团结共生的全球意识，这种意识既把人与人联合起来，又把人类与大自然联合起来。⑤莫兰的人本政治将人的个体放在一个更宽泛的人类社会圈和生物圈中去考虑，更强调上位的系统论观点，这也提示我们在园长权力研究中不仅需要观照宏观社会环境、文化的影响，更要看到在共时性的存在中人类社会圈和生物圈的变化及其对它的影响。

换一种理论视角，园长权力有何种的解读与呈现？基于人本政治的园长权力研究，我们如何去观照权力个体的“人”，如何去观照生态学思想下的权力互动，这是非常有意义的研究问题。笔者希望任何的研究都不被局限在某个领域或某个视角，希望有更多丰富的视角去探讨研究问题，所谓“横看成岭侧成峰，远近高低各不同”，只有用一种开放的思维，我们才能站得更高、走得更远。

龙应台曾在谈《我们为什么要学文史哲》中说过一段话：“掌有权力的人，和我们一样在迷宫里头行走，但是权力很容易使他以为自己有能力选择自己的路，而且还要带领群众往前走，而事实上，他可能既不知道他站在什么方位，也不知道这个方位在大格局里有什么意义；他既不清楚来时走的是哪条路，也搞不明白前面的路往哪里去；他既未发觉自己深处迷宫中，更没发觉，头上就有纵横的星图。”⑥不管是处在迷宫中的权力主体，还是陷入迷宫的权力研究，让我们仰望星空，思索出路，追寻园长权力研究的“启蒙”！

---

① 埃德加·莫兰. 人本政治导言[M]. 陈一壮，译. 北京：商务印书馆，2010：译者序.

② 埃德加·莫兰. 人本政治导言[M]. 陈一壮，译. 北京：商务印书馆，2010：136.

③ 埃德加·莫兰. 人本政治导言[M]. 陈一壮，译. 北京：商务印书馆，2010：137.

④ 埃德加·莫兰. 人本政治导言[M]. 陈一壮，译. 北京：商务印书馆，2010：138-140.

⑤ 埃德加·莫兰. 人本政治导言[M]. 陈一壮，译. 北京：商务印书馆，2010：143.

⑥ 龙应台. 我们为什么要学文史哲[J]. 做人与处世，2010，(3)：26-28.

附　　录

附录1：访谈提纲

S园长的深度访谈提纲[①]

第一轮访谈：探询受访者获得经历的背景、家庭环境、学校教育、个人经历。
第二轮访谈：让受访者在其所依背景下重构亲历过程的细节；
从N幼儿园到Y幼儿园的经历。
第三轮访谈：鼓励受访者反思其经历对自己的意义；
G幼儿园的经历及其反思。

半开放式访谈提纲

1. 您是什么时候来到G幼儿园的？
2. 为什么会选择G幼儿园？
3. 对幼儿园的团队是怎样的印象？
4. 您认为这种氛围是如何形成的？
5. 在G幼儿园工作期间是否想过辞职？为什么？
6. 后来为什么选择留下？
7. 在G幼儿园和谁关系比较好？
8. 下班之后会和哪些人交往？

① 埃文·塞德曼. 质性研究中的访谈：教育与社会科学研究者指南[M]. 周海涛，译. 重庆：重庆大学出版社，2009：18.

附录 2：观察记录

观察记录表

观察时间点	观察项目	观察反思
	S 园长的日常管理活动 S 园长组织的园内会议 S 园长外出的交往活动 S 园长与不同群体的对话	

观察日记（节选）

S 园长的观察日记　　2014 年 3 月 13 日　周四　多云

7：46 入园时 S 园长还未到。7：56，S 入园，我们几个均已用完早餐，S 到办公室内用餐	
用餐时，S 谈到最近一直会议多，明天周五（3 月 15 日）一天的会，上午是区里在区政府开三年行动计划规范化幼儿园反馈意见报告会，下午在 113 中学开校长（园长）安全工作培训会议，她会带上 H，这样下午可以抽身出去做理疗。（这学期以来，S 每天下午会定时去医院进行理疗，去年的面部神经炎还有些后遗症需慢慢调理。）	开学初的各种会议，行政事务，身不由己
春天里的“小感冒” 接着 S 谈到最近公司要幼儿园移交所有人的人事档案资料到公司总部统一管理，S 园长说最开始并未多想，后来在周主任的提醒下，了解到刘总可能不再分管幼儿园，将可能由一名新的副总来接管，周提醒，新的副总不太好打交道。S 不想幼儿园的上层管理弄得太复杂，从公司接管以来的 3 年，S 和 Q1 关系处理得很好，Q1 也一直非常支持幼儿园，从 S 的角度，好不容易经营起来的关系，一下子又换人，等于要重新建立新的关系，这是需要花时间和精力的。S 显得对此事有点烦心。不过对于善于外联的 S 来说，曾先后三次经历幼儿园的“易主”，这种内部管理层的调换对她来说应该也不是大问题	对于上方主管的变更，S 很是担心 S 的烦心
作为园长，在园内可能拥有“绝对”的权威，但放在一个系统内，园长也是被管理者，也需要面临不断的动荡和事件的处理。在不断地重新建立关系中，也需要花费心思和精力	
8：25 有家长（H 中学教师）来找 S 咨询替朋友小孩报名之事，S 转介绍 A1 去接待。（职责分明）	
8：35 S 让 A1 约财务 W 中午一起去唱卡拉 OK。W 负责幼儿园的财务，很多财务处理需要经过 W 的同意，而 W 是个原则性很强的人，同时又和 Z 总是亲戚，所以 S 很注意经营和 W 的关系，而 W 喜欢唱歌。（最终 W 因为嗓子不适没去，但行政一行人还是去了，在这过程中 S 特别让 A1 去问 A5 去不去，A5 是 W 的女儿，S 想把这个人情送给 A5。后来在回来路上，顺便问 A1，S 是否喜欢唱卡拉 OK，A1 表示 S 不太喜欢，她们来这几次也是为了陪 W，S 要谈工作，然后行政负责做好相关服务工作。看来园长也不容易，为了园内的发展顺畅些，有时也需要去经营）	权力的可变性 权力的分解，工作安排
8：37 H 打电话后给 A5 约唱卡拉 OK，将电话转给 S 再次说服，让 A5 约她的妈妈 W	权力的维护，关键人物的关系联络

续表

8：40 S 打电话给丈夫，丈夫单位清查财产，需要 S 妈妈这边的财产清查报告。 8：45 S 准备好上学期的工作记录资料，并准备开始巡班。S 询问 H 刚才天河中学老师的事情。（S 对于放权的事情，事后总会去询问，权力的影响无处不在）	权力的影响
8：53 S 开始巡班，一楼小小 A 班、小小 B 班，见到家长打招呼，到班上和小朋友们打招呼。	
在这过程中 S 顺便聊到西安幼儿园给孩子喂药之事，并特意到保健室问医生，是否会有什么问题。	
9：00 S 从保健室出来，发现一楼近厨房走廊铺的地垫有些卷边，S 提醒保安把它收了，今天不潮湿。	
9：01 S 上二楼，中 B 班站口有块纸板，活动室没有小朋友，S 发现活动室的桌上摆放着水果刀，立即找人。在厕所处遇到正洗好橙子出来的保育员，提醒她要收好水果刀，保育员说因为看到小朋友都外出了，所以没太注意，S 提醒小朋友不在也要注意。（S 对幼儿的安全有一种职业的敏感，非常注重细节）	
小 C 班，S 提醒即将外出活动的孩子穿好衣服，以免着凉。（对于细节的关注）	
9：04 S 在小 A 班，蹲下来与孩子聊天，S 在这个班停留时间相对较长，因为 Q1 的外孙女在这个班上，她花了些时间来和孩子互动，同时，刘总的外孙女也在这个班上。	与孩子的亲密互动
9：07 小朋友在拿毛巾时，书包掉了，S 帮孩子们将书包放回架上，发现掉出来的毛巾。	关注细节
小朋友热情地拉着 S 的手看走廊上的照片，S 熟悉孩子们的名字，很多都能叫出名。	关注孩子
9：12 S 发现在中班走廊有个操作材料掉在地上，提醒保育员收拾，并表扬她。	职业敏感，经验，注重细节 对员工的即时表扬
S 上三楼发现大 A 班没人。	
9：14 S 巡班来到大 B 班，发现班上的地很湿。	
S 在大班睡室走廊发现消防箱下面有滴落的锈水，提醒大班老师让保育员即时清理。	关键人物的关注，权力的影响 行为的影响，权力的维护 与孩子亲密互动
S 在四楼走廊捡了个粉笔头。	
9：23 S 下楼，观看户外活动。	
9：35 S 回办公室，准备整理调资方案。	关键事情亲自处理
……	
思考：对目前这所幼儿园，S 的权威是非常稳定的，而中层也非常得力，所以即便是现在基本半天的在园状态，也丝毫不会影响她的权力地位，这也是她特别自信的一点。S 在园内的工作也很琐碎，似乎有些过于关注些小事，而缺乏“章法”。但同时她非常在意园内的安全细节和到园人数，这两点恰恰又是民办园生存的基本之道（财源的保证）。或许正是她这种貌似不经意的巡班，在传递着她所关注的点，也在无形地提醒着员工：关注安全、提醒出勤率。在这种日复一日的影响下，想必员工们也是心领神会的。这或许也是 S 抓大放小的举措。 她很善于经营各种外围关系，力主为幼儿园的发展营造一个宽松的环境，同时在园内，她也以一种似乎很亲和、民主的作风维护她的“绝对”权威。在家长和孩子的眼中，她是一位可亲的园长，时常保持微笑，记得孩子的名字，认识孩子的家长，她经常用鼓励性的话语和孩子交流，尤其是在家长面前。	

后　　记

本书是在我的博士论文的基础上修改而成的，当初因为看了《校长办公室的那个人》，我便萌生出写一本“园长办公室的那个人”的想法，该书的研究方法也让我着迷，生发出想要研究“园长”这样一个群体的念头。最初，我没有具体问题的聚焦，更多的是带着“什么是研究问题”的思考，进入了幼儿园的研究现场。随着个案观察的深入，我慢慢聚焦到“园长权力”这个研究主题，想要了解清楚园长权力是如何生成的，园长权力关系包含哪些层面，园长权力又是如何产生影响的。研究问题在研究方法的推进中逐步清晰。

研究问题清晰之后，随着资料收集的日趋丰富，如何分析园长权力，成为摆在我面前的一道难题，已有的知识结构似乎并不能满足研究问题的阐述。于是，我从权力最近的“政治”入手，开始了广泛的阅读，不断在政治学、社会学中寻找切入点。当视野跳出教育学领域后，研究问题的解读开始慢慢清晰。如何形成园长权力的分析框架，成为研究推进的拦路石。在研究的过程中，交流与分享变得尤为重要。通过与从事教育政策研究的师弟的交流，慢慢寻找到用布迪厄的资本、场域、习性来解读园长权力的资本构成、园长权力关系生成的场域，以及园长权力的影响。

回望自己的生活与求学经历，尽管比别人多走了很多弯路，可我还是很庆幸我比他人有更丰富的生活阅历，以及未被束缚的学术思维，得以尝试跨领域的研究视角与他人极少触及的研究问题。近 20 年，我一直处在求学的渴望中。20 年前，大学刚毕业的我懵懵懂懂进入社会，经过从企业到政府再到团市委的 7 年历练，我积累了丰富社会经验，获得了自我成长。13 年前，怀揣梦想的我，选择考研，舍弃了一份人人羡慕的公职，在众人不解的目光中南下。当年的转身有些许的悲壮。毕业后留校，我的人生开始了新的角色转换，对学前教育专业发自内心的喜爱让我对工作充满了热情。毕业 7 年后再次萌发的求学渴望，让我面对这份追求，多了一份坦然与平静。

博士 3 年的学习自觉是脱胎换骨的过程。硕士学习期间并不厚重的阅读积累是我的硬伤。勤能补拙，了解了自己的不足，我唯有比别人更努力。这 3 年我如海绵般吸收各家之长：在课堂学习中，吸取各位教授的学术经验；在课外讨论中，请教各位同学的学习方法；在自我学习中，博览群书坚持记录读书目录与读书笔记。每一段学习积淀中，我都一小步一小步超越以前的自己。当自己的阅读量越过 100 本、越过 160 本以后，我开始对所学的知识有了一点“融会贯通”的理解。“吾生也有涯，而知也无涯”，我也深知，这仅仅是开始，在攀登学术的高峰中，我仅仅来到了山脚，这也将继续激励自己不断求索。

从读研到读博，感谢我的导师袁爱玲教授。2002 年，我有幸投入袁老师的门下开始硕士研究生的学习。对于跨专业的我，袁老师根据我的专业特长，指导我翻译英语学术专著，专业课上引领我夯实专业理论基础。学前教育是应用性非常强的专业学科，为了弥补我在专业了解上的欠缺，3 年间，袁老师带着我探访了珠三角十几所优质幼儿园，观摩和学习各个幼儿园的课题展示活动，让我从“门外汉”成长为学前教育的专业人员。2012 年，经过 7 年专业实践工作的积累，我有幸再次投入袁老师门下进行专业的博士阶段深造。站在新的起点，袁老师引领我参与她的省级重点课题研究，并让我担任其中一个子课题的主持人，以此积累学术研究经验。为了提升我的专业写作水平，袁老师指导我多次参与学术专著的编写，这为我的学术研究奠定扎实的基础。十几年来，袁老师对生活和工作的认真与热爱，一直感染和影响着我，这种精神力量也将继续指引着我的学术成长。

感谢黄甫全教授、张广君教授、扈中平教授、陈俊教授、谢少华教授、高凌飚教授。在课堂的教学中，我充分领略了教授们风采各异的学术研究风格，他们无私的学术经验分享让我受益匪浅。感谢叶平枝教授、柯森教授、吴坚教授、高凌飚教授、张广君教授对我论文开题的指导，让我能更清晰地把握研究方向。感谢我的同门蒋慧、张莉、李平博士及重庆师范大学的田波琼博士对我的论文提出中肯建议，让我不断完善写作。感谢师妹李艳莉、滕艳、丁妮、李翘楚协助我做资料整理工作，让我有更多的时间来思考论文。感谢我的研究对象 S 园长及 G 幼儿园的全体员工，为我的论文写作提供了全方面的无私配合。感谢我的朋友们在我情绪低落时的相伴，让我在失落中找回自我。

亲人的支持更为厚重。感谢我的母亲对我一路求学的理解，每每学习投入时，她总不忘提醒我注意身体，母亲的叮咛让我感受亲情的温暖；感谢天堂的父亲，我知道，我一直是你的骄傲，也正是你给我的这份骄傲支撑我一路向前；感谢我的先生李韶峰多年的陪伴，相识相知 20 载，他见证了我从青涩到成熟的蜕变；感谢我的宝贝亨睿，“有你的日子，便是晴天”。尤记宝贝在我写作最艰难的时候，用他稚嫩的笔写下“给妈妈的信”，信纸上写着“妈妈你辛苦了！”。每每在我失去信心时，是他带给我简单的快乐和美好的体验！

博士毕业两年来，我一直在思考如何去完善现有的论文研究。感谢华南师范大学政治与行政学院的郭台辉教授，华南理工大学外国语学院的李昀教授，中山大学政务学院的刘骥副研究员，何力武副研究员等学者对我论文提出的建议。2017年，根据学者们的建议，我重新补充了4个不同年龄层次和不同性别的个案资料，丰富和完善了论文的内容，使得研究更为丰满。特别感谢给予我补充研究支持的Q园长、Y园长、H园长和W园长。

感谢科学出版社孙文影女士的辛勤劳动和热心关照，此书的出版也离不开她细心、认真的工作。感谢科学出版社的鼎力支持。

人生，只要有梦想，执着前行，终会等到花开的时候。

廖　莉

2015年初夏成于华南师范大学

2017年深秋改于华南师范大学